JN043948

言語哲学大全

増補改訂版

FREGE RUSSELL

I 論理と言語

飯田 隆

PHILOSOPHY OF LANGUAGE

勁草書房

増補改訂版へのまえがき

いま自分が書いている本をもとに授業したことは、たびたびある。『言語哲学大全』のどの巻も、そのようにして書かれた。しかし、すでに書き上げた本を「教科書」として授業をしたことは、これまでに一度しかない。それは、『言語哲学大全』の第Ⅳ巻が出版された翌年に、第Ⅰ巻を教科書に指定して「フレーゲとラッセル」という題の授業を行ったときである。

ところが、教科書に沿って授業をしたのは最初の一、二回だけで、その後はもう、教科書はあまり関係なくなってしまった。いちばん大きな原因は、自分で話していて退屈してしまうことである。自分がむかし書いたことを取り上げて、批判するのならば良かったのかもしれないが、なかなかそこまで距離は取れない。よって、一度した話を繰り返すのを避けて、フレーゲについては、言語哲学よりは数学の哲学、ラッセルについては、「表示について」の解説よりは、ストローソン以後の確定記述句の意味論という具合に、「教科書」には載っていない話をした。

こうした経験があったので、電子化に伴い、『言語哲学大全』の新版を作るという話をもらって、すぐ考えたのは、もとのテキストに手をつけ出したら、きりがなくなるということだった。したがって、もとのテキストへの変更は最小限にとどめて、現在の時点から補足が必要だと思われる箇所への長めの補註と、初版が出版されて以降の展開について述べた「後記」を付け加えて、「改訂」よりも「増補」の方に力点がある「増補改訂版」とすることにした。

初版のテキストへの変更は、主に、句読点とカッコ類の使い方にとどめた。また、初版より後に出た翻訳への参照、および、文献への指示を、註に付け加えた。こうした追加は、［ ］でくくった。［ ］は、初版で、引用の際に私が補足する場合にも使っていたが、どちらの使い方がされているかは、コンテキストから明瞭だろう。

三十五年も前に出した本を、改訂し増補するなどということが可能になったのは、この間にわたって、この本を求め続けてくれた多くの読者と、この本を出し続けてくれた出版社のおかげである。これからも、この本が、紙の本として、あるいは、電子化された本として、新たな読者を獲得できるならば、まことにありがたいことである。

この増補改訂版を出すにあたっては、勁草書房編集部の土井美智子さんに、すっかりお世話になりました。ありがとうございます。でも、まだ第Ⅰ巻が終わっただけで、あと三巻残っています。これからもよろしくお願いします。

二〇二二年七月一七日

飯田　隆

第一版へのまえがき

本書は、実のところ、まったくの誤算から生まれた。そもそものきっかけは、「分析哲学」とも呼ばれることのある現代の哲学を展望するような、コンパクトな本を一冊作ろうという計画にあった。何人かで手分けして書くつもりで、私がまず目次を作った。その目次は、全体を、「言語」・「存在」・「知識」の三部に分け、各部がまた三章から成るという、三－三構成の綺麗なもので、素晴らしい本になるのは確実だと思われた。しばらくは、この目次を眺めてはひとりで悦に入っていた。それだけのことにしておけばよかったのだが、サンプルとして第一部を少し書いてみようと思い立ったのがいけなかった。書き出して一週間もたたないうちに、考えの甘さを思い知らされた。ともかく当初予定していた枚数ではとうてい収まりきらないのである。ほぼ一カ月たった時点で、各部を独立の巻とするしかないことがはっきりした。それでもまだ考えが甘かったとは、そのときには予想もしなかった。つまり、どういうことになったかと言うと、（少なくとも、私が書く予定だった第一部「言語」に関しては）、初めの構想では比較的短めの章ひとつで済むはずだったものが、本一冊分にまでふくれあがってしまったのである。

私の現在の主な関心は、数学の哲学と、日本語に密着した形での意味論的分析にある。したがって、本書のような、言語哲学の「入門書」を書くことは、実は、私の本意ではなかった。しかも、それが、最初の予定であった、ごく薄い本一冊の、それも、その一部ということから、完全に外れてしまったことは、まことに心外と言うしかない。

本書は、まさしく啓蒙的、ということは純粋に利他的な動機から書かれたものである。したがって、ここに読者が見いだされるのは、本書にオリジナルな新説といったものではない（結局、今となっては「幻の名著」（?）となってしまったコンパクトな現代分析哲学入門は、一時期、『現代分析哲学の常識』というワーキング・タイトルをもっていた）。その啓蒙的精神から言っても、本書が予想している読者は、「フレーゲ」とか「ラッセル」とかいった名前を聞いたことがあるが、そうした哲学者が何をなぜ主張したかについては、ほとんど知らないといった（しかし、知りたいと思っている）人々である。したがって、そうした人々の中には、まず第一に、現代の哲学、特に、現代の分析哲学について興味を抱いている学生が含まれるだろう。だが、この本は、言語の分析、とりわけ自然言語の意味論に関して興味をもっている、必ずしも哲学に専門的関心があるわけではない人々に向けても書かれた。これは私の身びいきも多分にあるのかもしれないが、現代の言語哲学は、言語についての単なる思弁にとどまらず、より具体的な問題と取り組む際にも役に立つような洞察や理論を含んでいる。どうか、「哲学」という名前がついているからと言って敬遠しないで頂きたいというのが、私の望みである。

本書を書き出す前の時点にもう一度戻ると、現代の言語哲学への展望を与えるためには、どれだけのことをしなければならないのか、と考え出して、私は、初め困惑し、しだいに途方にくれた。

現代の言語哲学における議論は、最低限、いくつかの古典的な理論についての知識を前提として進むのが常である（わざわざ「最低限」と断わったのは、古典的な理論についての知識を前提とするのはもちろんであるが、そのうえに過去十年間ぐらいの議論をも前提として、議論が進められるということが、最近ますます頻繁となっているからである）。「古典的な理論」という名称のもとには、少なくとも、次のものが含まれる。すなわち、フレーゲの意味論、ラッセルの記述の理論、タルスキによる真理の定義、カルナップによる様相概念の分析、「意味」概念に対するクワインの批判、等である。これらはすべて、現代の言語哲学を理解するに当たっての「常識」に属すると言える。したがって、これらを前提として話が進められれば問題はないのだが、そうは行かない事情がある。

これまでにこうした「古典的な」理論の紹介がなかったわけではないし、ものによっては、その仕事自体の翻訳がなされてもいる。しかし、わが国においてこれまで決定的に欠けていたと私に思われたのは、第一に、われわれ自身が言語をめぐる哲学的問題に取り組むときに、これらの理論がどのような位置を占めるかについての積極的な評価であり、第二に、そうした評価の前提となるべきもの、すなわち、これらの理論がどのような問題を解決するために提出されたものであるかといったコンテキストの理解である。言語哲学の「古典的成果」なるものの各々に関して、その結論部分を述べるだけで済ませるということならば、ひょっとすると、最初私が考えていたように、薄っぺらな本一冊の中の一章で十分間に合ったかもしれない。

ともかく、こうした欠落を少しでも埋めようと思って、まず、フレーゲの仕事がなぜ重要なのかを、できるだけわかりやすく説明することから取り掛かった。この段階で、自分がどんな仕事を引き受けたことになったのか分かっても良さそうなものだが、それが分からなかったのは、またしても、我ながら、実にあさはかと言うしかない。フレーゲについて予定していた枚数を超過したのは、あっと言う間だった。それ以後も、原稿（と言うよりも、本書はパソコン上のワープロで書かれたので、ファイルのバイト数）は、倍々と増え続け、結局、フレーゲとラッセルを扱っただけで、本一冊分となってしまった。

そうしたわけで、これは、実に全三巻から成る予定の「言語哲学入門」（！）の第Ⅰ巻となったわけである。本書に後続する巻があるというのは、あくまでも予定の話であって、約束できることではない。そうした但書のもとで、いちおう、現在考えているところを述べておく。第Ⅱ巻『内包と外延』は、主に、可能性や必然性といった様相に関する問題を扱う。この問題をめぐってカルナップとクワインの間で長期にわたって行われた論争、可能世界意味論、クリプキ以降の指示についての新しい理論が、扱われる。第Ⅲ巻『真理と意味』は、体系的意味論における真理の概念の位置をめぐる問題を扱う。そこでは、タルスキによる真理の定義、真理の理論として意味の理論を展開するというデイヴィドソンのプログラム、言語哲学における実在論と反実在論をめぐるダメットの議論が、論じられる。これら後続する予定（?）の諸巻に先立って、第Ⅰ巻である本書は、現代の言語哲学において古典的な位置を占める、フレーゲとラッセルの理論を扱う。ただし、本書は、その扱っている範囲に関しては、それ自体で完結しているものと見なせると思う。また、フレーゲとラッセルの理論は、現代の「古典」の位置を占めるとはいえ、現在でも未だに生きている理論である。したがって、これ一冊でも、十分に、現代の言語哲学への入門の役割を果たせるはずである。

ところで、余計なお節介かもしれないが、これから本文を読まれる読者のためにちょっとしたアドバイスをさせて頂きたい。

註をやたらとちりばめるというのが、私の悪い癖なので、最初に読むときには、註は気にせずに本文だけを追う方が良いと思う（もっとも、私自身は、註があるとそれを読まずには落ち着かないという性分だが）。註は、二度目に読むときの楽しみ（?）のために取って置かれると良い。

「＊」の印がついている節が、第1章には二つある（1・4節と1・5節）。これらの節は、最初に読むときには飛ばして結構である。事柄の順序から言って、文の論理形式という話題を第1章で扱う必要があったのだが、こうした「形式的な」話が苦手という読者が多いのではないかと恐れる。そうした読者は、できるだけリラックスして、第1章は、1・3節まで、斜め読みでもよいからざっと目を通すだけにしておいて、第2章から姿勢を正して（?）読んで頂きたい。

本書の原稿は、熊本大学文学部における、「現代分析哲学の基本」（これもまた、一時期の本書のワーキング・タイトルであった）と題された講義と並行して準備された。この講義に出席していた学生諸君の顔色をうかがうことによって、原稿に多くの訂正・加筆が施されたことは、言うまでもない。また、試験答案から教わったことも多い。ここで、まとめて感謝したい（先ほどからタイトルにこだわり続けているついでに、現在のタイトルについて一言弁解させて頂きたい。「言語哲学」については、看板に偽りがあるわけではないと思いたいが、「大全」というのは、さすがに私としても、調子に乗り過ぎという感がしないでもない。要するに、景気をつけるための無意味な掛け声の一種と了解して頂きたい）。

原稿の一部を、どさっと手渡されたり、送りつけられたりして、迷惑を蒙ったはずの人々は、以下の通りである（五十音順・敬称は略させて頂く）。大庭健、岡部勉、岡部由紀子、田畑博敏、丹治信春、土屋俊、新島龍美、野家啓一、野本和幸、松永雄二、山田友幸。

とりわけ、松永雄二氏、ならびに、九州大学の何人かの学生諸氏には、本書の最初の「愛読者」として、激励と貴重な示唆を与えて下さったことに感謝する。土屋俊氏からは、第1章と第2章の第一次草稿に関して、（いつもながらの）忌憚のない批評を頂いた。氏の、大部分もっともである批判に、どこまで答えられているかは、心もとないが、その多くに沿う努力はしたつもりである。しかしながら、その結果に寄せられるであろう氏の批評に対して、幻想を抱いているわけではない。また、校正の段階で、中山将氏ならびに山田友幸氏から、コメントを頂いた。山田氏からのコメントのいくつかは、いくぶん時機を失した感があった（つまり、「いまさら変えようがないよ」と答えるしかないという意味で）が、両氏に感謝したい。熊本大学大学院生であった国本康浩君は、原稿全体にわたって、意味不明の箇所、説明不足の箇所、その他もろもろの欠陥を数多く指摘してくれた。本書の最終的原稿の作成にあたって、それらの指摘は何よりも貴重であった。校正の段階では、熊本大学学生の糸永弥栄子さんにお世話になった。どうも有難う。

最後に、言うまでもなく明らかなことかもしれないが、本書が成るにあたって、私がもっともおかげを蒙っているのは、勁草書房編集部の富岡勝氏である。ともかく、「これ一冊で分析哲学のことならすべて分かる」という本のはずだったのが、あれよあれよと言う間に、ここまでふくれあがってしまったことには（扱っている題材の範囲から言うならば、むしろ「縮んでしまった」と言うべきかもしれないが）、私もびっくりしたが、氏の方が、もっとびっくりしたはずである。それにもかかわらず、この一年間、常に、激励と助言を惜しまれなかったことには、感服せざるをえないとともに、感謝に耐えない。

一九八七年三月二三日

飯田　隆

増補改訂版

言語哲学大全 I

論理と言語

目次

目　次

哲学の課題のひとつが、言語の使用によってほとんど不可避的に生ずる概念間の関係についての誤解を明るみにもたらし、通常の言語の所有するだけの表現手段という軛から思想を解放することによって、人間精神の言葉による支配を打破することであるとするならば、私の記号法は、そうした目的のためにさらに発展させられるならば、哲学者の役に立つ道具となりうるであろう。

フレーゲ『概念記法』序文

「数学的論理学」は、数学者と哲学者の思考をすっかり歪めてしまった。それは、われわれの日常言語の表面的な解釈を、事実の構造の分析として差し出す。もちろん、この点において、それは、アリストテレス論理学を引き継ぎ、その先を行っただけのことである。

ウィトゲンシュタイン『数学の基礎について』（第3版）V－48

序論

ヴィジョンと論証

過去の哲学を振り返るとき、二つの見方が可能である。ひとつは、哲学をある個人なり時代なりに結び付ける方向に進み、もうひとつは、哲学をそうした個別者から切り離し、個人や時代を超越して進行するものと見なそうとする。前者の見方の典型は、哲学上の著作を、個人や時代の哲学的営みを動かしている「ヴィジョン」の表現と見なすものである。これに対して、後者のような見方のひとつは、哲学を、ある程度画定できる範囲に属するいくつかの問題を解決するための営みと規定する。この見方からすれば、哲学の歴史とは、比較的少数の「哲学的問題」の解決への試みの歴史であることになる。当然、ここで重要となるのは、個別の「解決」が、誰によって、あるいは、いつ提出されたかではなく、そうした「解決」が本当に解決であると言えるかどうかである。哲学においては、その問題の解決だけでなく、「解決」として提出されるものの吟味もまた、論証という手段によってなされるために、一時代の哲学が次の時代の哲学に残して行くものは、さまざまな論証の蓄積であると見なすことができる。哲学に対してこうした見方を取るとき、哲学は、問題解決のための共同作業であるという点で、科学、あるいは数学と類似した性格をもつ営みとなる。

もちろん、二分法の常として、こうした分類は、典型化に伴う単純化を免れていない。さらに問題であると思われるのは、前者については、哲学的著作を個人や時代の「ヴィジョン」の表現であると見なすとしても、それを文学作品から区別するものが何であるかが明瞭ではないことであり、同様に、後者についても、哲学的問題の性格が規定されない限り、哲学を科学なり数学から区別することにはならないという点である。折衷的ではあるがそれなりの魅力をもつ解決策は、哲学を、「ヴィジョン」と論証の二つの要素のどちらが欠けても成り立たないものと考えることであろう。(1) 一方で、哲学的著作が個人と堅く結び付けられた「ヴィジョン」の表現でありながら、それが文学作品と異なるのは、そうしたヴィジョンを支えているものが論証であり、したがって、ヴィジョンの評価がその支えとなっている論証の評価と切り離せないという点に求められる。他方、哲学的論証は、他のもろもろの論証と同じく、まったくの真空の中で行われるわけではなく、ある動機のもとでなされるのであり、その動機こそ、個々の哲学者の哲学的営みの全体を支配しているヴィジョンである、ということになろう。

過去の哲学を見るとき、こうした折衷的な、あるいは良く言えば、中庸を得た見方に大きな説得力があることは、否定しがたい。また、哲学が、一方で文学と近く、他方で科学とも近いという二面性を有することが、ある人々にとっては、哲学の魅力でもあろう。しかしながら、私がここで擁護したいと思うのは、この見方ではない。意外かもしれないが、分析哲学の歴史もまた、決して、個性的であって壮大なヴィジョンに欠けてはいない。それにもかかわらず、分析哲学がそうしたヴィジョンと無縁であるという印象を多くの人々に与えるのは、この哲学が、ある種の論証は、それが一見いかに些細なもののように見えても、壮大なヴィジョンを覆すに足りるということを教えて来たからである。つまり、分析哲学の歴史は、もろもろの哲学的問題の解決のための累積的でありうる共同作業として哲学を捉える可能性を指し示していると私には思われるのである。

分析的道具の役割

どのような哲学観を取るにせよ、哲学が、そのギリシアにおける始まりから、論証と切り離しがたく結び付いて来たということは、共通に認められる事実であろう。哲学を、同様に統一的で普遍的な世界理解の試みとしての神話や宗教的体系から分かつものは、その主張が、ある一定の議論なり論証なりに支えられているかどうかということにある。また、理解へ向けての運動がそもそも生ずるためには、まず理解されていない事柄、問題がなければならない。そして、哲学における問題、哲学的問題の典型的な形は、互いに相反する結論へと導く、同様に説得力をもつと見える議論あるいは論証を伴うものである。したがって、哲学的活動のかなりの部分は、提示された論証の吟味に費やされることになる。プラトンの対話篇の多くが、こうした哲学的活動の見事な再現となっていることを、いまさら付け加えるまでもあるまい。

哲学における論証の多くは、単にその前提と結論を見るだけでその正誤が判定できるようなものではない。このことは、同様の説得力をもちながら、正反対の結論へと導く論証の存在が、ある種の哲学的問題（アポリア）の特徴であることからも明らかであろう。だが、それにもまして、哲学における論証の妥当性の判定を困難なものとしているのは、そこに現れる主張や概念の、並外れた一般性と抽象性にある。単なる健全な常識ではまったく歯が立たないような論証に哲学は満ちているのである（もちろん、健全な常識こそが最良の武器となるような詭弁的論証も存在するが）。さらに、二千年以上の長きにわたって、頑強に哲学的問題であり続けて来ている問題の多くは、経験的事実を引き合いに出して解決がつくような問題ではない。その理由は、そうした問題が、もっぱら概念にかかわる問題であるからだと思われる。したがって、哲学的主張の正誤は、もっぱら、目に見えるような事実との合致ということによってではなく、それを支持するような論証が妥当であるか否かによって判定されることになる。ここから、哲学にとっての分析的道具の必要性が生ずる。

では、この分析的道具とはどのようなものか。すぐに思い付かれるのは論理学である。そして、論理学が哲学に強力な分析的道具を提供するということは、疑いなく正しい。しかしながら、哲学の道具として論理学を使うことについては、未だにいくらかの誤解が残っているようである。哲学的論証の吟味ということから、人は、論理学が問題の論証の正誤を自動的に判定してくれると思いがちである。特に、現代の論理学の初歩をいくらかかじったばかりの学生は、哲学的論証の妥当性を決定するためには、もとの論証を記号化して、それが論理規則にかなっているかどうかをみればよいと考えがちである。これは極端な例であるが、これほど極端でなくとも似たような誤解は、しばしば見受けられる（しかも、学生だけとは限らない）。こうした態度は、哲学における分析的道具の適用という点に関する無理解から来ている。ここでは、次の二つの点を強調しておきたい。

第一に、哲学において使われる論理的装置は、単なる論理規則の体系ではない。現在の哲学でもっともしばしば使われ、また、実り豊かでもあるのは、さまざまな意味論的分析の領域で開発された概念や手法である。こうした概念や手法を適用するためには、多くの場合、一連の規則をマスターするだけでは不十分である。必要なのは、そうした概念や手法が何を目的として開発され、どのような場面で成果をあげえたかの理解である。つまり、それらが位置しているコンテキスト、すなわち、その背景となっている理論の理解が、適用のための前提条件である。

第二に、こうした分析的道具自身、哲学的吟味の対象とならざるをえない。哲学的にまったく中立を保つような、哲学のための道具は存在しないのである。その理由は、またしても、そうした道具が何らかの理論をその背景にもつことに求められる。通常の論理ですら、哲学的に中立とは言えないことを、われわれは後に見るであろう（だが、この第二の点は、哲学における分析的道具の有効性を無に帰するものではないかと思われるかもしれない。ここで直ちにこの問題に深入りすることは得策ではない。この段階では、次のようにだけ述べておこう。哲学的理論の評価は、それが用いる分析的道具が前提とする理論をも込みでなされる。そして、哲学的理論を自動的にランクづけするような、簡単な基準など存在しないのである）。

分析的道具が一定の理論を背景にもつということは、他方で、分析的道具自体が哲学的問題の解決であるという可能性を含む。そのもっとも目ざましい例は、現代の論理学そのものである。これは、中世の論理学者を悩ませた難問を解決したのである（本文1・1節）。これはまた、哲学的問題がそもそも解決されることもあるのだということを、事実として示すものでもある。問題解決の営みとして哲学を見るとき、哲学における進歩とは、何よりもまず、解決された問題の数によるであろう。だが、残念ながら、哲学において解決済みの問題は実に少数にとどまる。これが、哲学を問題解決の営みとして見ることに対するもっとも強力な反論のひとつであることは、言うをまたない。

哲学における進歩

問題解決のための共同作業として哲学を見ることは、哲学において進歩がありうると認めることである。だが、これこそ事実によって否定されることであると感ずる人々は、少数にとどまるまい。

哲学における「進歩」という概念に対する根強い抵抗の一部は、理論的問題の解決というもの一般についての誤解にも由来していると思われる。理論的営みのどのような分野においても、問題の「最終的な」解決といったものはありえない（物理学の問題のすべてを最終的に解決するような「最終的理論」などというものが考えられるだろうか）。そもそも、「最終的解決」という概念自体が意味をもちうるかどうか、怪しいものである。[2] したがって、解決済みの問題というものも、それ以上考える必要がなくなった問題というわけではない。新たな理論が登場して来たり、別の問題との関連が新たに見いだされるといった場合には、それまで解決済みとされて来た問題も新たな光のもとで考え直されることになる。

とはいえ、これが、哲学における進歩を否定する大きな理由ではあるまい。むしろ、そもそも暫定的にでも解決済みとされている問題が余りにも少ないことが、第一の理由であろう。これは、たしかに、事実として認めざるをえない。しかし、この事実を説明する理由の一端なりとも示すことができれば、それを哲学における進歩の不可能性を立証するものと見なす必要はなくなるだろう。そうした理由として、二つを挙げることができると思われる。

第一の理由は、当たり前過ぎて拍子抜けするようなものかもしれないが、哲学的問題の難しさである。哲学的問題の解決が困難であることの大きな理由は、どのような哲学的問題を取っても、それを解決するためには、他の哲学的問題をも解決する必要が出て来るところにある。極端な言い方をするならば、ひとつの哲学的問題を解決するためには、すべての哲学的問題を解決しなければならないのである。まずもってどこから手を着けるべきか、それが、多くの場合、哲学的問題の解決のためには最初に考慮されねばならず、そのためには、もろもろの哲学的問題の間の入り組んだ関係を解きほぐす必要がある。では、哲学的問題の解決は、一挙にしか可能ではないのだろうか。包括的な「哲学体系」のみが、考慮に値するのだろうか。私は、必ずしもそうある必要はないと考える。さまざまな哲学的問題のはりめぐらす網の目の部分ごとに、ある程度の問題解決のための歩みは、充分、可能であると思われる。また、ある種の哲学的問題は、他の哲学的問題よりも「基礎的な」問題でありうる。そうした基礎的な哲学的問題の解決は、それ以外の問題の解決のための前提となるが、その逆は成り立たない。そして、私の考えるところでは、哲学における基礎的な問題とは、後に論ずるように、実は、言語にかかわる問題なのである。言語をめぐる哲学的問題は、単に、哲学の一領域に属するだけの問題ではない。それは、多くの哲学的問題の解決にとって、要の位置を占める問題なのである。

哲学において解決されたと見なしうる問題の僅少さを説明する第二の理由として、哲学の歴史の大部分において、問題解決のための有効な分析的道具が不在であったという事情が挙げられる。ここで教訓的なのは、中世における論理的研究である(3)。中世の論理学者達が考察したさまざまな問題、それらの問題を具体化している多くの巧妙な例、そして、問題解決のために考案された、時にはきわめて精巧でもある理論を眺めるとき、現代のわれわれが抱く印象は、一種のもどかしさである。ここには、貴重な洞察も、また、哲学的問題の解決のためには不可欠な、言語的現象についての鋭い観察も、欠けてはいない。しかしながら、ここに決定的に欠けているものは、現代の論理学者にとってはほとんど空気のように当然のものと思われるいくつかの基本的洞察であり、それに基づく分析的道具である。ちょうど、運動についての理論を構築することが、微積分という分析的道具なしには考えられないように(とはいえ、中世の自然学者達は、この道具なしで、そうした理論を構築しようと努力したのであるが）、ある種の基本的な哲学的問題の解決のためには、現代の論理学が不可欠なのである。現代の論理学が出現してから、ようやく百年が経過したに過ぎない。この百年の間になされた哲学的努力の成果を評価するときには、中世の論理的研究がほぼ五百年の長きにわたっていたことを思い起こすべきである。

哲学とその過去

哲学もまた、科学と類似した問題解決のための共同作業であるという主張に対して提起されるもうひとつの反論は、哲学がその過去に対してもつ関係が科学の場合とは決定的に異なるということを根拠とするものである。科学者が自らの従事している科学の過去に問題解決のための手がかりを探そうとすることは、ごく稀である。また、科学者となる訓練のために、数百年も前の科学書を学生が読まされるということも、まず、ない。科学における「古典的」結果は教科書に記されているであろう。しかし、科学の「古典」そのものは、科学史家の研究対象であって、現場の科学者の職業的関心となることはない。これに対して、哲学の場合はどうか。答は明らかではないか。哲学の教育は、時には、実に二千年以上も昔のテキストの読解を中心としていないか。哲学を学ぶことは哲学の過去を学ぶことに他ならないのではないか。

こうした反論の背景にあるのは、ひとつには、先に述べた「ヴィジョン」としての哲学観である。この哲学観の特徴が、哲学を個人や時代といった個的なものと切り離せないものとすることからも分かるように、こうした見方のもとでは、哲学は歴史的な学問となる。そして、われわれは、哲学に対するこうした観点を取ることはしないとしたのであるから、この反論にこれ以上かかずらう必要はないようにも見える。しかし、この反論は、別の根拠をもつこともできる。問題解決の営みとして哲学を捉える哲学者もまた、過去の（時には、二千年以上も昔の）哲学者の説についてひんぱんに論ずる。科学と比較した場合のこうした相違は、たしかに説明を必要とする。

まず指摘されねばならないことは（日本における哲学教育の現状がどうあるかは別として）、哲学のある分野においては、哲学を学ぶことがその過去を学ぶことであったとしても、そのときに学ばれねばならない過去とは、ごく近い過去に限られるということである。つまり、ある分野においては、既に研究の焦点が絞られているために、二、三十年より前の文献に当たる必要がないということすら起こりうるのである。だが、このことが成り立つのが、哲学の中でも比較的限定された分野であることも事実である。哲学の圧倒的に多くの分野では、未だに、遠い過去の哲学者の説を検討することは、哲学的研究の不可欠の条件であり続けている。この事実の説明は、実は、簡単である。要するに、哲学的問題の解決のためになされねばならない作業の複雑さ——ひとつの問題を解決するためには、すべてのとは言わないまでも、関連する多くの問題を考察しなければならないこと——が、問題解決への歩みを遅らせているためである。未解決の問題の攻略のためには、多くの問題が織り成す複雑な網の目を丹念に追跡する必要があり、その導き手としてわれわれに与えられているのは、二千年以上にわたる過去の哲学的努力と、この百年ほどの間に開発された分析的道具なのである。

「第一哲学」としての言語哲学

「分析哲学」と呼ばれる現代の哲学の特徴は、単に、論理学に由来する分析的道具の使用にあるのではない。分析的道具の使用は、この哲学が哲学的問題に対して取るアプローチの仕方からの帰結のひとつに過ぎない。

哲学的問題が概念的問題であるということは、われわれの思考そのものが、まさに、哲学の対象であることを意味する。哲学とは、「思考についての思考」なのである。現代の哲学を、デカルト以来の近代の哲学から大きく分かつのは、思考そのものをどのように捉えるかにある。しかしながら、一九世紀後半から二〇世紀前半の間のどこかで、思考に対する見方が大きく転換したという事実は、意外と良く知られていない。そのことは、思考についての現代的観点が、多くの人にとって、はなはだしく逆説的に映ることからも認められる。未だに多くの人にとって、思考とは、自分の心の中で生ずることである。そして、そうした人々は、自分が何を考えているかは、「内省」という、本人だけに可能な手段によって明らかになるはずだということに疑いを抱いていない（フロイト流の「無意識」について聞いたことのある人は、「内省」によって、すべてが明らかになるとは考えないだろう。しかし、そうした人も、「意識」の領域に関しては、「内省」の有効性を認めるはずである）。思考についての現代的観点は、こうしたことすべてを否定する。思考とは、心の中で生ずることではない。自分が何を考えているかについて、その本人が特権的な知識をもっているわけでもない（ここでは、こう断定するだけにとどめるが、その根拠については、本文の1・3・2節および2・1節を見られたい）。

思考についての現代的観点こそ、分析哲学の基調を形作るものである。それによるならば、思考は（少なくとも概念的思考は――もしも概念的以外の思考の形態があるとするならば）、言語を使用する能力を行使すること以外の何ものでもない。したがって、何が考えられているかは、心の中に見いだされることではなく、その考えられたことの言語的表現がどのように用いられているかを見ることによって明らかとなることである。

こうした分析哲学の基調に従うならば、概念の解明は、その言語的表現の解明を通じてのみ、可能となる。そうすると、言語的表現一般についての理論は、概念の解明にとって不可欠の理論となる。そして、哲学的問題が本質的に概念的問題である以上、こうした理論は、哲学的営み全体の中で、もっとも基礎的な理論と見なされるべきであろう。「言語哲学」という名称で、言語的表現一般についての理論の構成を目指す哲学の部門を指すとすれば、言語哲学は、分析哲学にとっての「第一哲学」であると言ってよい(4)。

言語的表現のもつ、哲学にとってもっとも重要な側面は、それが意味を有するということである。言語の理解とは、意味の理解である。「言語的表現の意味とは何か」という問いが、言語哲学の主導的な問いとなることに不思議はない。この問いを問うに当たって、一番有望と思われる方法は、任意の言語について、その言語に対する意味の理論がどのような形を取るかを考えるというものであると思われる(5)。すなわち、日本語であろうが、英語であろうが、どのような言語に関しても、その言語に属していて、意味を有するとされる表現の各々に対して、その意味を明示的に指定することのできるような理論は、どのような部門から成り、そこでは、どのような理論的概念が必要となるか、といった事柄を示すことである。

なぜこのように回りくどい道がもっとも有望と思えるのかは、「意味」の概念についてわれわれがもっている把握がきわめて脆弱なものでしかないことによる。概念の解明がその言語的表現の解明を通じてなされるべきであるという方針は、ここでも、当然、正しいはずである。この方針をそのままここでも使おうとするならば、われわれが、「意味」という言葉、ならびに、それと関連する言葉を、どのように使っているかを細かく検討するということによって、「意味」の概念は明らかにされると考えることになろう。しかしながら、「意味」の概念に関しては、その典型的な言語的表現がどのようなものであるか、また、仮にそうした言語的表現の類型を列挙することが可能であるとしても、そうした類型の各々に関連する概念が相互にどのような関係をもつのか、見きわめることがきわめて困難である。つまり、われわれが、「意味」とか「意味する」といった表現を用いるさまざまな場合のカタログを編んだとしても、それだけでは、「意味」の概念の解明には、ほど遠いと思われるのである。それに対して、ひとつの言語全体に関して、その言語の意味的単位をなすと考えられる表現のすべてに意味を指定するような理論がどのような形を取るかを考察することは、回りくどい道であるかもしれないが、言語的表現の意味を支配する法則を明示的に提示することを可能とすると思われる。

言語哲学の目標をこのように定めるとき、そうした探求のモデルとなりうるものが既に存在していることに気付かされる。論理学は、本来、推論を研究するものであるが、そのために現代の論理学者が取る手続きは、それ以上のことを達成する可能性を示唆している。論理学者の研究の対象となる推論は、何らかの言語の中で表現される必要がある。したがって、まず、推論がその中で表現されるべき言語を特徴づけることから、論理学者はその仕事を始めなければならない。こうした言語の特徴づけは、二つの側面にわたってなされる。第一に、その言語の文法が規定されねばならない。これは、しばしば、言語のシンタックス（syntax）を与えることであると言われる。言語の文法を規定するとは、その言語の語彙が何であるかを規定し、その言語においてひとまとまりの単位と見なしうる表現が、そうした語彙から、どのような規則に従って構成されるかを示すことである。ひとまとまりの表現と見なされるもののうちで、もっとも重要な種類の表現は、文である。したがって、言語の文法の規定の主要目標は、その言語における「文」という概念を定義することであると言ってもよい。第二に、その言語に属する表現の各々について、その意味が何であるかを規定する必要がある。これは、言語の意味論、あるいは、セマンティクス（semantics）を与えることであると言われる。言語のセマンティクスを与えることは、その言語のシンタックスが既に与えられていることを前提とする。言語のシンタックスとセマンティクスとが与えられて初めて、その中で許容される推論がどのようなものであるかを特徴づけることができる。

たしかに、論理学者が考察の対象として取る言語は、日本語や英語のような、いわゆる「自然言語」ではなく、人工的に考案された言語である。しかしながら、ここには、言語の体系的意味論を与えるということがどのようなものとなるかについて示唆を与えるモデルがある。こうして、現代の論理学は、単なる分析的道具には留まらず、言語の体系的意味論という、哲学にとってもっとも基礎的な理論のための、ひとつのひな型となる。

現代的な論理学の創始者であるドイツの数学者・哲学者ゴットローブ・フレーゲ（Gottlob Frege 1848-1925）の著作が、体系的意味論の構築を目指す現代の言語哲学にとって決定的な重要性をもつのは、こうした事情による。同じことは、イギリスの哲学者バートランド・ラッセル（Bertrand Russell 1872-1970）についても言える。かれらは二人とも、数学の哲学から出発したが、数学的営みの基礎にある論理の体系化という課題に直面した。論理の体系化とは、論理的に妥当な推論を、明確であって、かつ、組織的な仕方で特徴づけることである。そのためには、そうした推論が表現されるべき言語の特徴づけが必要となる。こうした作業を通じて、フレーゲとラッセルは、言語の体系的意味論に貢献する多くの仕事をなした。かれらの遺産は、未だに汲み尽くされてはいない。われわれが現在当面している問題の多くは、かれらもまた当面した問題であり、かれらの与えた「解決」は、現在でも、言語哲学における生きた選択肢であり続けている。したがって、フレーゲとラッセルについて論ずることは、そのまま、現代の言語哲学における論争のまっただ中に身を置くことに他ならないのである。

（1） M. F. Burnyeat, "Platonism and mathematics: a prelude to discussion" to appear in the Proceedings of Xth *Symposium Aristotelicum.* [この論文は現在では、Burnyeat の次の論文集におさめられている。M. F. Burnyeat, *Explorations in Ancient and Modern Philosophy* Vol. 2. 2012. Cambridge University Press.]「ヴィジョンと論証」という対比は、もともと、この論文から借りたものである。

（2） 人間の（脳の容量といった）生物学的な限界を根拠として、科学の発展が近い将来に頭打ちになるという議論を展開することも可能かもしれない（G. Stent, *The Coming of the Golden Age.* 1969, The Natural History Press. 邦訳：ガンサー・ステント『進歩の終焉――来るべき黄金時代』渡辺格・生松敬三・柳沢桂子訳、一九七二、みすず書房）。こうした議論が正しいならば、人間にとっての「最終的理論」というものはたしかに意味をもつ。しかしながら、そうした意味での「最終的理論」が、われわれの問題の「最終的解決」をも与えると主張することはできまい。[ステントのこの議論は、次の本の翻訳をきっかけに、わが国でも一時話題になった。John Horgan, *Facing the Limits of Knowledge in the Twilight of the Scientific Age.* 1996, Addison Wesley. 邦訳：ジョン・ホーガン『科学の終焉』筒井康隆監修、竹内薫訳、二〇〇〇、徳間文庫。]

（3） 中世における論理的研究の概観を得るには、次の書物を通読すべきであろう（この本の厚さから言って無理な注文かもしれないが、論理的研究が中世の哲学の中で占めていた位置を知るには、明示的に論理学を扱っている部分だけではなく、他の部分も不可欠である）。N. Kretzmann, A. Kenny & J. Pinborg (eds.), *The Cambridge History of Later Medieval Philosophy.* 1982, Cambridge University Press.

（4） ここで、ひとつ注意しておく必要があるのは、「言語哲学 philosophy of language」が、いわゆる「言語的哲学 linguistic philosophy」とはまったく異なる概念であることである。言語的哲学とは、時に、「日常言語学派の哲学 philosophy of ordinary language school」と呼ばれることからも分かるように、哲学的問題の解決（あるいは解消）の手段を、日常的文脈における言語の使用の記述に求めるものである。この学派は、一九五〇年代に、オックスフォードを中心として一定の影響力をもったが、現在の時点から振り返るならば、それは、分析哲学の歴史の中の一エピソードに過ぎない。「言語哲学」とは、それが扱うべき哲学の分野に由来する名称であるが、それに対して、「言語的哲学」という名称は、哲学的問題に対処するある特定の方法に由来するものである。こうした性格上の根本的相違とは別に、言語的哲学を、ここで言う言語哲学から大きく区別するものは、前者における、言語についての体系的理論の不在である。それどころか、言語的哲学の実践者の多くには、体系的理論を積極的に拒否する傾向すら見られる（ただし、普通この学派のチャンピオンと見なされているオースティン（J. L. Austin）については、皮肉にも、これは当てはまらない。かれの早逝は、二〇世紀の哲学にとって手痛い損失であったが、残された論文および講義録の随所から、体系的理論への志向を見ることができる）。

（5）Cf. M. Dummett, "What is a theory of meaning?" in S. Guttenplan (ed.), *Mind and Language*. 1975, Oxford University Press, pp. 97-138. esp. pp. 97f. ［現在では次におさめられている。M. Dummett, *The Seas of Language*. 1996, Oxford University Press.］

第1章　フレーゲと量化理論

1・1　ひとつの問題

アリストテレスに始まる論理学の長い歴史を通じて、一九世紀後半に至るまで満足な解決が得られなかったひとつの問題がある。この問題は、中世の論理学者達にはよく知られていたものであり、かれらは、その解決のために「suppositio」とよばれる概念を中心とした理論を構成した。しかしながら、この理論は、結局のところ、問題の解決を与えず、中世のおびただしい論理学書は、現代の論理学が登場して論理学の歴史への関心が高まるまで、ほとんど誰からも顧みられることなく埋もれていたのである。

その問題とは、どのようなものか。それは、ごく単純な例を通じて導入することができる。次の二つの文を考えよう。

(1)　誰もが、誰かをねたんでいる。

(2)　誰かが、誰もからねたまれている。

これらの文は、一方が能動形の述部をもち、他方が受動形の述部をもつ点で相違するのみである。文法的には、(1)と(2)の間の関係は、次の二つの文の間の関係と等しいと思われる。

(3)　太郎が、花子をねたんでいる。

(4)　花子が、太郎からねたまれている。

つまり、「――が、……をねたんでいる」という形の文は、「……が、――からねたまれている」という形の文に変形することができる。能動形から受動形へのこうした変形は、普通には、もとの文の真偽を変えない。(3)が真ならば、(4)も真である。だが、(1)と(2)の場合には、これは当てはまらない。普通、「誰も」という表現が用いられるときには、ある限定された範囲の人に関して、「その誰もが」ということが意味されている。したがって、話を簡単にするために、(1)・(2)で問題となっている範囲の人とは、太郎、次郎、花子の三人だけとしよう。そして、太郎は花子をねたみ、次郎は太郎をねたみ、花子は次郎をねたんでいる、ということが正しいとしよう。そうすると、(1)は真であるが、三人が共通にねたんでいる「誰か」はいないのであるから、(2)は偽である。

このように簡単な例では、(1)から(2)を推論することの誤りは歴然としている。しかしながら、これと同様の推論は、哲学の歴史の中で繰り返し見いだされる。そして、哲学における類似の推論の誤りは、われわれの例ほど発見が容易なものであるとは限らない。ギーチが収集したそのような例のうちから、いくつかを挙げてみよう[(1)]。

(i)　『ニコマコス倫理学』の冒頭近くの有名な箇所（第一巻第二章）で、アリストテレスは、「いかなる行為にも、その究極的目的がある」という前提から、「ひとつの究極的目的を目指して、すべての行為がなされる」という結論へと進んでいると解釈することができる。

(ii) バークレー『ハイラスとフィロヌースの対話』（第二対話）では、「感覚的な事物の存在は、すべて、何らかの精神に依存している」から「ある精神が、すべての感覚的な事物の存在に不可欠である」に移り、この「ある精神」とは神に他ならないという結論が導かれる。

(iii) 一九世紀になって無限小の観念が数字から放逐される前までは、「いかなる有限の量に対しても、それより小さな量が存在する」から「いかなる有限の量よりも小さな量、すなわち、無限小、が存在する」への移行は、珍しいことではなかった。

ここでは、(i)についてだけ、説明しておこう。最初に断わっておかねばならないが、ギーチが言うような誤りを、アリストテレスが実際に犯しているかどうかは、別問題である[2]。

『ニコマコス倫理学』の冒頭で問題となっているのは、まさに、「人生の目的」以外の何ものでもない（論理上の一見瑣末とも取られかねないポイントが、人生の目的をも左右するというのは不思議かもしれないが、古代最大の論理学者でもあったアリストテレスは、それを別に奇異とは思わないだろう）。人間の行為は、いずれも、ある目的のためになされる。この目的は、その行為自身であってもよい。だが、多くの行為は、その行為自身とは異なる別の何かを目的としてなされる。さらに、ある行為の目的とされるものは、それ自体が最終的な目的なのではなく、より大きな目的のための手段である場合もある。たとえば、私が今いつもよりも早く寝床に入っているのは、明朝早く起きるためであり、そのことは、試験の監督に間に合うように出かけるためであり、さらに、そのことは、給料をもらうため、……といった具合いである。こうした「目的—手段」の系列は、無限に続くものだろうか。この系列が無限に続きうるとすることは、人間の行為を、結局は無目的のものとしてしまうことだとアリストテレスは考える。そうすると、「目的—

手段」の系列の最終項として、行為の究極的目的が存在しなければならない。それこそが、人生の究極的目的、アリストテレスの表現によれば、「最高善」である。

さて、こうした議論は正しいだろうか。ここで問題としたいのは、この議論の最後のステップである。すなわち、「目的―手段」系列の最終項として、行為の究極的目的が存在するということから、すべての行為がそれを目指すような人生の究極的目的が存在すると結論する部分である。次のように考えれば、このステップが妥当ではないことが分かるだろう。

いま、ある行為Aの目的B、その目的C、さらに、その目的D、……といった具合いに、目的の系列を辿って行って、この系列の究極的目的Xに達するとしよう。

A―B―C―D……―X

他方、Aとは異なる行為aを考え、先ほどと同様、そこから目的の系列を辿って行って、その系列の究極的目的xに達するとする。

a―b―c―d……―x

問題は、この二つの系列の最終項であるXとxとが同一である保証がどこにあるか、ということにある。上に提示した議論の限りでは、その保証はどこにもない。上の議論は、「いかなる行為にも、その究極の目的がある」から、「ひとつの究極の目的を目指して、すべての行為がなされる」に移行している。だが、この移行は、「誰もが、誰かをねたんでいる」から「誰かが、誰もからねたまれている」への移行と同じく、論理的には許されないのである。

必要なのは、「いかなる――」、「すべての――」、「ある――」（「誰も」、「誰か」、「何も」、「何か」）などの表現が一役買っている推論の妥当性を判定するような理論である。こうした表現を含む推論についての理論が中世以前にもまったく存在しなかったわけではない。アリストテレスの論理学の中心であった三段論法が、これらの表現を含む推論を扱っていたことは、言うまでもあるまい。ただし、アリストテレスの論理学は、(1)や(2)といった文に関しては無力である。(1)や(2)におけるような「誰も」と「誰か」の組合せは、その扱う範囲には入っていないのである。

(1)・(2)に戻って、(1)からなぜ(2)が帰結しないのかを説明し、類似の例にも当てはまるような理論とはどのようなものとなるかを考察してみよう。

ひとつの自然で単純な道は、「誰も」や「誰か」が何を指すかを考える、という方向で理論を探すことであろう。この形の理論として、中世の論理学者達の理論、そして、不思議にもそれとそっくりの、今世紀初めにラッセルが考案した理論[3]を単純化したものを、ここで紹介しよう[4]。

先にも述べたように、「誰も」や「誰か」といった句が用いられるとき、そのコンテキストによって、これらの句の指すものの範囲は決まっている。そうしたもの全部に名前がついていると仮定しよう。先のように、(1)・(2)で問題となっているのは、三人だけであり、かれらには、「太郎」、「次郎」、「花子」という名前がついているとしよう。さて、「誰も」は、問題となっている範囲の人々すべてを指すのだから、この表現は、そうした人々すべての名前を「と」で結び付けて得られる表現と置き換えられる。すなわち、(1)・(2)に現れる「誰も」は、「太郎と次郎と花子」で置き換えることができる。他方、「誰か」は、問題となっている範囲の人々のうちのいずれかを指すのだから、こちらは、そうした人々すべての名前を「か」で結び付けて得られる表現と置き換えられる。ここでの例では、「誰か」は、「太郎か次郎か花子」で置き換えることができる。このような置き換えを施すと、(1)および(2)は次のようになる[補註1]。

(5)　太郎と次郎と花子が、太郎か次郎か花子をねたんでいる。
(6)　太郎か次郎か花子が、太郎と次郎と花子からねたまれている。

これだけでは、まだ、分析はたいして進展したとも思えない。次のステップは、「―と―……と―」および「―か―……か―」という形の表現を含む文を書き換える規則によって与えられる。その規則とは、おおざっぱに述べれば次のようなものである。

(A)　「―と―……と―」を含む文は、「と」で結び付けられている名前の各々が個別に現れる文から成る連言に書き換えられる。
(B)　「―か―……か―」を含む文は、「か」で結び付けられている名前の各々が個別に現れる文から成る選言に書き換えられる。

この規則を(5)に適用してみよう。まず、(5)は規則(A)によって、

(7)　(太郎が、太郎か次郎か花子をねたんでいる) かつ (次郎が、太郎か次郎か花子をねたんでいる) かつ (花子が、太郎か次郎か花子をねたんでいる)。

が得られ、次に、規則(B)を(7)の連言肢の各々に適用することによって、

(8)　((太郎が、太郎をねたんでいる) または (太郎が、次郎をねたんでいる) または (太郎が、花子をねたん

でいる））かつ
（（次郎が、太郎をねたんでいる）または（次郎が、次郎をねたんでいる）または（次郎が、花子をねたんでいる））かつ
（（花子が、太郎をねたんでいる）または（花子が、次郎をねたんでいる）または（花子が、花子をねたんでいる））。

が得られる。

同様にして、規則(B)・(A)を、この順序で(6)に適用して得られるのは、

(9)　（（太郎が、太郎からねたまれている）かつ（太郎が、次郎からねたまれている）かつ（太郎が、花子からねたまれている））または
（（次郎が、太郎からねたまれている）かつ（次郎が、次郎からねたまれている）かつ（次郎が、花子からねたまれている））または
（（花子が、太郎からねたまれている）かつ（花子が、次郎からねたまれている）かつ（花子が、花子からねたまれている））。

である。

もとの(1)と(2)ではなくて、(8)と(9)を比較することの一番の利点は、後者が、(3)あるいは(4)といった形の文から連言と選言によって作られていることであり、(3)と(4)は論理的にはまったく同値であると考えてよいことである。たとえば、(9)に現れている受動形の文は、すべて、(8)の要素である能動形の文に書き換えても論理的には何ら異なることは

ない。そのうえで、(8)と(9)を比較するならば、(8)と(9)とが論理的に同値ではなく、(9)が(8)から帰結しないことは、連言と選言を支配する論理法則だけから知ることができる。[5] 要するに、こうした分析は、われわれが要求する条件を満たしているように見える。

しかしながら、この分析には根本的な欠陥がある。まず、話題となっている範囲の人や物にすべて名前があり、それを書き出すことができるという前提が問題となろう。ただし、必ずしも各々のものに既に付いている名前を用いる必要はないのであるから、話題の範囲に属するものが有限個である場合には、すべてのものに名前を（何らかの体系的仕方で）案出することができれば済む。とはいえ、数学に出て来るような文については、この問題は避けて通れない。だが、われわれの当面の目的にとってこの分析のもつより重要な欠陥は、規則(A)・(B)の適用の順序をどのようにして定めるのかという問題である。

(1)・(2)から(8)・(9)への変形における規則(A)・(B)の適用の順序は、この例で見る限りは、文を先頭から見て行って、適用できる規則を順次適用して行くという手続きによっている。この手続きは、たしかに、「誰も」と「誰か」の両方を含む日本語の文の多くについて妥当な分析を与える。しかしながら、この手続きが常に妥当な分析を与えるとは限らない。次の例を考えよう。

(*)　その一味の誰もが、誰かから金を受け取っていた。

この文に対して、ここで考えているような手続きを適用するならば、それは、ほぼ次のような事態を指しているということになる。すなわち、「その一味」で指されているグループに属する全員が、各々、必ずしも同一人物とは限らない人々から金を受け取っていた、という事態である。だが、(*)には、もうひとつの解釈が十分に可能である。その解釈に従えば、(*)の述べている事態は、むしろ、一味の全員が、ひとりの人物から金を受け取っていたというものである。要するに、(*)は、多義的なのであり、文の先頭から規則(A)・(B)のうちの適用できるものを順次適用して行くという方法では、この多義性は無視されてしまう。(補註2) とはいえ、何もこうした手続きを踏む必要はないと反論されるかもしれない。(*)に対して、(A)・(B)の順序ではなく、その逆の順序で規則を適用すれば、(*)のもうひとつの読みは出て来るというのが、その根拠である。この反論に答えることが、これまで考察して来た理論の根本的な欠陥を明らかにすることになろう。

すなわち、この理論が、言語的現象を説明するための理論として決定的に不十分であるのは、それが、(*)におけるような多義性がどのようにして生ずるのかを説明しないという点にある。たしかに、規則を適用する順序を変えることによって、多義的な文の異なる読みを導くことはできる。だが、これは与えられた文をパラフレーズするための手続きを与えるに過ぎない。与えられた文がなぜそうしたパラフレーズを許すのかは、まったく説明されないままである。必要なのは、パラフレーズの可能性を根拠づけるような「文の構造」についての理論である。これまで考察して来た理論にそうした要素がまったく欠けているわけではない。しかしながら、それが含む、文の構造についての考えは、未だに原始的な段階にとどまっていると言わざるをえないのである。

1・2 文の論理形式

中世の論理学者達に、そして一九〇〇年前後のラッセルに欠けており、フレーゲには確実に備わっていたと思われる(ただし、ある留保のもとで)本質的な洞察がある。それは、文がそれを構成する語の一次元的な並びではなく、一連の段階を経て構成されるものであるという洞察である。(6)

われわれの最初の例にもどろう。(1)と(3)は、「——が、……をねたんでいる」という形式を共通にもっている。他方、(2)と(4)は、「……が、——からねたまれている」という形式を共通にもつ。(3)と(4)は、これらの形式に現れている空所を名前で塡めることによってできる文であると考えられる。このように、いくつかの空所をもつ以外は文と同じであり、それらの空所を名前で塡めれば文となる形式を、「述語」と呼ぶことにしよう。普通の名前を考えている限りは、「――が、……をねたんでいる」と「……が、――からねたまれている」とは、論理的にまったく等価であるとしてよい[7]。したがって、もう一段抽象化を進めて、これら二つの述語は、実は、同一の述語であるとして、「F(―、…)」という記号で表すことにしよう。そうすると、(3)・(4)はともに

(a)　F(太郎、花子)

と書き表すことができる。(3)・(4)が同じ表現を与えられるということは、それらが論理的に同値である事実と合致する。しかし、「誰も」および「誰か」が、普通の名前と同様であるとするならば、(1)・(2)は、論理的に大きく異なるにもかかわらず、この記号法では、ともに

(b)　F(誰も、誰か)

で表されることになってしまう。ここで、文の段階的形成という考えを使おうとするかもしれない。すなわち、(b)の場合には、「F(―、…)」の二つの空所を補塡するのに、「誰も」と「誰か」のどちらが先に来るかによって、異なる文ができるという考えである。このアイデアは、真実からそれほど遠くはない。また、興味深いことには、中世の論理学者にもこうしたアイデアが浮かばなかったわけではないという[8]。

たしかに、(1)・(2)は、述語の空所を、「誰も」「誰か」という表現で補塡して作られた文であると見える。これまで考察して来た理論は、「誰も」および「誰か」を、複数個の対象を特別の仕方で(連言的あるいは選言的に)指すもの

として、名前と類比的に扱うことから出発している。しかしながら、これらの表現は普通の名前とは異なる振舞いをする。それは、(3)と(4)は論理的に同値であるのに対して、(1)と(2)はそうでないという、そもそもわれわれの考察の出発点となった事実からも明らかなはずである。なすべきことは、「誰も」や「誰か」を名前と類比的に扱うことをきっぱり断念することではないだろうか。

ここで啓発的なのは、(1)・(2)の言おうとしていることを次のように言い換えてみることである。(1)は、話題となっている人々のうちのどのひとについても、そのひとが誰かをねたんでいるということを言うものである。それに対して、(2)は、話題となっている人々のうちのあるひとについて、誰もがそのひとをねたんでいるということを言う。

(a)・(b)と類似の記法を使うならば、(1)は、

(c)　どのひとについても、F（そのひと、誰か）

(2)は、

(d)　あるひとについて、F（誰も、そのひと）

と書くことができる。この書き換えにおいて、「F（—、…）」という述語は現れているが、文全体がこの形式をもつことにはならないことに注意されたい。こう書き換えることの利点は、(1)や(2)が真となるのはどういう場合であるかが、きわめて見やすくなることである。またしても、ここで話題となっているのは、太郎と次郎と花子の三人だけであるとしよう。そうすると、(c)からわかることは、(1)が真となるのは、「太郎が、誰かをねたんでいる」、「次郎が、誰かをねたんでいる」、「花子が、誰かをねたんでいる」がすべて真であるときである。他方、(d)からは、(2)が真とな

るのは、「誰もが、太郎をねたんでいる」、「誰もが、次郎をねたんでいる」、「誰もが、花子をねたんでいる」のいずれかが真である場合であることが、見て取れる。さらに都合のよいことには、(1)あるいは(2)が真となる場合を述べているこれらの文についても、今度はそれらが真となる場合の条件を同様に見て取ることができる。たとえば、「F（そのひと、誰か）」という形式の文が真となるのは、「そのひとが、太郎をねたんでいる」、「そのひとが、次郎をねたんでいる」、「そのひとが、花子をねたんでいる」のいずれかが真となるときである。つまり、(1)や(2)のような文が真となるための条件は、二つのステップを経て明らかにすることができ、より複雑な文についても、こうしたステップを順次適用することができる。

さらにもうひとつの記号法を導入しよう。(c)および(d)に現れる「そのひと」という代名詞は、先行する「どのひと」あるいは「あるひと」を受けるものである。その関連を明示するために、(c)・(d)を次のように書き換えてみよう。

(e)　どのひとxについても、F（x、誰か）

(f)　あるひとyについて、F（誰も、y）

ここで用いられている文字「x」や「y」を、数字にならって、「変項variable」と呼ぶ。また、「F（x、誰か）」および「F（誰も、y）」が、それぞれ、次のように書き換えられることも、これらの文がどのような場合に真となるかを思い出せば明らかであろう。

(g)　あるひとyについて、F（x、y）

(h)　どのひとxについても、F（x、y）

ここで、代名詞が先行するどの句を受けるかを明示することの利点が明らかとなる。(g)・(h)を、それぞれ、(e)・(f)に埋め込むことによって、最終的に得られるのは、次のものである。

(i) どのひとxについても、あるひとyについて、F（x、y）

(j) あるひとyについて、どのひとxについても、F（x、y）

これらの表現は、(1)・(2)のそれぞれが、どのような段階を経て形成された文であるかを示すものであると見なすことができる。(1)について述べれば、次のようになる。

（i－1） F（太郎、花子）

といった形の文のいずれかが正しいことから、

（i－2） あるひとyについて、F（太郎、y）

といった文の正しさがわかる。次に、（i－2）の形の文が、太郎についてだけでなく、話題となっている人々のすべてについても正しいということから、

（i－3） どのひとxについても、あるひとyについて、F（x、y）

という文の正しさがわかる。

　これに対して、(2)の場合は、（i-1）の形の文から出発するのは同じであるが、「あるひと y について」と「どのひと x についても」という句（これらの句は、「量化子 quantifier」と呼ばれる）によって示されている操作の適用の順序が異なる。

　文を一次元的な語の並びと見なしている限り、(1)と(2)の相違は、述語が能動形かそれとも受動形であるかの相違に尽きる。したがって、同様な相違を示す一組の文(3)・(4)の場合にどちらを選ぼうとも論理的振舞いは同じであることと比較すると、(1)と(2)とが示す論理的振舞いの相違は不思議に思える。ところが、いったん(1)と(2)を、それぞれ、(i)・(j)といった形に書き直してみると、(1)と(2)の相違は、量化子の適用の順序の相違であることがはっきりする。「適用の順序」という考えは、文が、表面的には語をつなげて作られると見えようとも、実は、段階的に形成されるのだという考えを前提とする。文は、形成史をもつのである。

　文の形成史が重要であるのは、それが、表面的には類似している文の間に存在する論理的振舞いの相違を説明するからである。(i)や(j)のような記法は、そこから文がどのような段階を経て形成されたかを一目で読み取れるゆえに、文のもつ論理的ポテンシャルを示していると考えられる。文のもつ論理的ポテンシャルを、文の「論理形式 logical form」と呼ぶことにすれば、（i）・（j）は、それぞれ、（1）・（2）の論理形式を示すものであると言えよう。

　ここで当然出て来る考えは、こうした文の論理形式を一目瞭然である仕方で表現できるような体系的記号法という考えである。そのための要素は、既に導入されている。すなわち、述語と名前とから単純な文ができているという考え、および、量化子と変項という対が、そうした論理的記号法を形作る基本要素に属するものである。

　(1)・(2)を、論理的記号法で表現するための最後のステップを完了しておこう。「どのひと x についても」という量化子（「全称量化子」と呼ばれる）を「$\forall_M x$」、「あるひと y について」という量化子（「存在量化子」と呼ばれる）を「$\exists_M y$」という記号で表そう（「$_M$」という添え字は、変項の範囲がひとに限られるということを明示するためである）。[9] そうすると、(1)・(2)は、次のように書かれる（ここで、突然、縦のものが横になるのは、私としても気持ちが悪いが、どうか御容赦願いたい）。

(k)　$\forall_M x \exists_M y\ F(x, y)$

(l)　$\exists_M y \forall_M x\ F(x, y)$

(1)と(2)の相違は、このような記号法では、量化子の及ぶ範囲、あるいは、スコープ（scope）の相違として一目瞭然となる。(k)〔=(1)〕では、存在量化子が全称量化子に支配されているのに対して、(l)（エル）〔=(2)〕では、逆に、全称量化子が存在量化子に支配されている。このようにひとつの量化子が他の量化子に支配されていることが、過去の哲学からの先に挙げた例にも共通していることであり、このような現象は「多重量化 multiple quantification」という名称のもとに知られている。

結局のところ、われわれが考察して来たのは、多重量化の現象を満足な仕方で取り扱うことのできる理論とはどのようなものとなるかという問題である。中世の suppositio 理論が不十分なものであることは既に述べた通りである。量化子と変項という分析的装置の使用が、多重量化の問題を初めて解決することを可能としたのである。こうした分析的装置を用いる理論は、「量化理論 quantification theory」と呼ばれるが、これこそ、現代の論理学をそれ以前の論理学から区別するもっとも重要な洞察を含む理論なのである。

1・3　フレーゲは言語哲学者か？

1・3・1　思想 Gedanke と論理的記号法

量化子と変項の使用をその重要な特徴のひとつとする論理的記号法は、フレーゲが一八七九年に出版した小冊子『概念記法 *Begriffsschrift*』に、奇跡的にもほぼ完全な形で現れている。[10] この小冊子こそ、現代論理学、とりわけ、その核である量化理論を初めて体系的に提示したものである。フレーゲは、疑いなく、現代論理学の創始者であり、一八七九年は、現代論理学の誕生の年である。だが、このことをもって、フレーゲは同時に分析哲学、特に現代的な言語哲学の創始者であるとしてよいだろうか。

『概念記法』の序文の一節でかれは次のように述べている。

> 私の記号法が通常の言語（Sprache des Lebens）に対してもつ関係は、それを、顕微鏡が肉眼に対してもつ関係になぞらえることで、一番はっきりさせられると思われる。肉眼は、その適用範囲の広さと多様な状況に対してもつ適応力から言って、顕微鏡よりもはるかに優れている。たしかに、光学的装置として見るならば、肉眼には多くの欠陥があり、そうした欠陥は、それがもつわれわれの心的生活との緊密な関係のゆえに、通常は気付かれないままである。しかしながら、科学的目的のためにより高度の解像力が必要となるや否や、肉眼の不十分性は明らかとなる。これに対して、顕微鏡はまさにこうした目的に完全にかなうものである。だが、このことこそ、それが他の目的のためには役に立たない理由でもある。[11]

現代の言語理論の先駆者としてフレーゲを見るとき、この比喩の背後にあるものは、論理的記号法が、通常の言語で表された文の表面を観察している限りは見えてこない「より深い」構造を明るみにもたらすという考えであるという解釈は、きわめて誘惑的である。しかし、この「より深い構造」とは、通常の言語で表されている文が、顕微鏡に類比されるような分析的手段を通して観察されるときに呈する姿である、と考えてよいだろうか。文の表層構造（surface structure）と深層構造（deep structure）という、チョムスキー以来馴染み深いものとなったアイデアを、フレーゲに帰することは妥当だろうか。

フレーゲが論理的記号法を必要とした直接の理由は、算術の基礎をめぐる問題、とりわけ、算術の命題が純粋に論理的な手段で証明できるものであるかどうかという問題を解決するためであった[12]。だが、かれは、自分の発明した記号法がより広い応用範囲をもつものであることに十分気付いていた。『概念記法』の序文は、その応用が可能である分野として、算術以外の数学の分野、物理学の諸分野を挙げ、さらには、哲学にまで言及する。

> 哲学の課題のひとつが、言語の使用によってほとんど不可避的に生ずる概念間の関係についての誤解を明るみにもたらし、通常の言語の所有するだけの表現手段という軛から思想（Gedanke）を解放することによって、人間精神の言葉による支配を打破することであるとするならば、私の記号法は、そうした目的のためにさらに発展させられるならば、哲学者の役に立つ道具となりうるであろう[13]。

こうした箇所から見る限り、フレーゲにとっての論理的記号法の価値は、それが、思想（Gedanke）を純粋な形で表現することを可能とすることにある。論理的記号法という顕微鏡は、通常の言語で表された文に向けられるものではないのである。そして、それが明るみにもたらすものも、文の構造ではなく、思想の構造なのである。論理的記号法も通常の言語も、同一の対象、すなわち思想に向けられている。しかし、通常の言語が、思想を表現するためにはきわめて不十分な道具でしかないということは、フレーゲの著作の随所で繰り返される主張である。この主張は、ずっと後年の論文に付された註の中では、次のような極端な形を取る。

私が読者に提示できるものは、それ自体は感覚の対象でない思想に、知覚可能な言語的外被をまとわせたものに過ぎない。言語のもつ比喩的な本性がここでの困難の原因である。感覚に属するものが常に侵入して来ることによって、表現は字義通りのものとはならず、比喩的なものとなってしまう。こうして言語との不断の戦いが生ずる。私は、依然として言語とかかわり続けねばならないが、それがここでの私の本来の仕事ではないのである。(14)

思考の表現手段としての言語への不満は、近代の「観念」の哲学においても、しばしば表明されて来た（現代により近い哲学者の中では、ベルグソンが、その顕著な例である）。フレーゲがここで述べているのも、それと同様の不満なのだろうか。

1・3・2 言語と哲学

ここで必要となるのは、言語と哲学との関係についての若干の歴史的展望である。現代の哲学の観察者が異口同音に言うことは、現代の哲学の中心的問題が言語の問題であるということである。言語の問題は、どのような意味で、現代において、哲学の「中心」なのだろうか。

だが、哲学において言語が問題となるのは、何も現代に限ったことではないと言われるかもしれない。たとえば、哲学的に重要と思われる概念を表現する言葉をどう定義するかは、古代ギリシア以来、ほとんどすべての哲学者の関心事であった。また、近代の体系的な哲学書の多くは、必ずと言ってよいくらい、言語について論じた章をもっている。しかし、哲学の歴史を通じて、言語が常に哲学的考察の対象であり続けたとしても、それは、言語が哲学的考察の中心であったということを意味しない。

次のように考えれば、言語の問題が、哲学的考察の中である位置を占めることに不思議はない。哲学の議論は、議論である以上、言語を用いてなされる（それ以外に、どう、やりようがあろう）。議論においてまず避けなければならないのは、言語の不注意な使用によって混乱に陥ることである。特に、同一の言葉が、時によって異なる意味で用いられるようなことがあれば、誤りに導かれることは容易である。哲学における議論の場合には、そこで扱われている事柄の抽象性からいって、こうした危険は、他の分野での議論におけるよりも格段に高い。したがって、哲学的議論は、理想的には、そこで用いられる言葉の意味の確定、できれば、明示的な定義から出発すべきである。たしかに、哲学的議論に参加しようとする者にとって、こうした心構えは奨励されるべきものであろう。だが、それは、多かれ少なかれ、他の分野での議論についても当てはまることである。したがって、これだけでは、言語の問題が哲学において中心的位置を占めることの理由とはならない。

哲学が言語とどのような関係に立つかに注目して、哲学の過去と現在を眺めてみるとき、デカルト以降の近代の哲学と現代の分析哲学との間に大きな対比が存在することに、いやでも気付かざるをえない。いずれにとっても、哲学の問題の多くは、概念にかかわる問題である。つまり、哲学の問題とは、その解決が、経験的な事実の探求によって与えられるような問題ではなく、われわれが所有している概念がどのようなものであり、それが他の概念とどのような関係にあるのかを明瞭とすることによって初めて、解決への糸口が与えられるような問題である。近代の哲学と現代の分析哲学との間の大きな相違は、概念の明瞭化という、哲学にとっての第一の任務を果たすために取られる手続きにある。

デカルトを始めとする近代の哲学者たちにとって、概念の明瞭化に至る道は、個々人の心の内省によって見いだされるとされる、観念（idée, idea, Vorstellung）の明晰化・判明化にあった。「明晰かつ判明な観念」の獲得は、デカルトからカントに至るまでの哲学者たちにとって、概念を解明するためのもっとも重要な手段であり続けた。たしかに、観念を他人に伝達するためには、言語を用いざるをえない。だが、言語は、観念を表現するための手段に過ぎない。

言語を不注意に用いることは、せっかく明晰かつ判明なものとまで精錬された観念を正しく他人に伝達できないという結果を招くかもしれない。しかし、言語を正しく使用しさえすれば、こうした結果に陥らなくとも済むはずである。あるいは、言語がそうした任務に耐えないとしても、明晰かつ判明な観念を他人に伝達することは、概念の解明にとっては副次的なものに過ぎない。観念の言語的表現は、言語に由来する歪みから完全には免れていないかもしれない。しかし、いったん明晰判明に把握された観念は、その観念を所有している者にとっては誤りの余地のないものである。言語が登場するのは、そうして得られた観念を他人に伝達する場面であり、それは、哲学の課題である概念の解明にとっては、いわば「外面的な」ことに過ぎない。

こうした主張を、近代の哲学者のうちのある特定の人物に帰することはできないとしても、ほぼ似たような考えは、多くの近代の哲学者たちに分けもたれていたと思われる[15]。だが、概念の解明を、観念という、個人の内的生活を構成する要素の観察に基づけようとすることには、基本的な欠陥がある。

第一に、観念は、誰かの心に浮かぶとか、誰かによって把握されているとかいった意味で、必ず、誰かによって所有されている観念である。誰かの心に浮かぶわけでも、誰かによって把握されるわけでもない、それ自体で存在しているような観念はない。観念は、その所有者という意味での担い手（Träger, bearer）を必要とするのである。だが、そうすると、観念の観察を通じて得られるものはその観念の担い手に相対的なものに過ぎないのではないか。観念が本質的にその担い手に相対的なものであるとすると、同一の観念が、相異なる担い手によって担われる（＝所有される）ということが、不可能となる。たとえば、私のもっている「赤」の観念と、他人がもっている「赤」の観念とが、同一の観念であると言えるだろうか。片方は私のもつ観念であり、他方は他人のもつ観念なのだから、これだけで、両者が異なるものであるとするに十分ではないだろうか。だが、そうすると、両者がともに「赤」についての観念であるということを、観念そのものの同一性に基づけることはできない。このように考えると、次のような疑いが出て来る。すなわち、「赤」の観念は、概念「赤」の解明に役立つどころか、それを前提とするのではないかという疑いである。ある観念が「赤」についての観念であることが言えるためには、既に概念「赤」が、観念とは独立に規定されている必要があるのではないか。

担い手が異なるならば観念の同一性は失われるとしても、単独の個人のもつ観念の同一性に概念の同一性を基づけるという道がまだ残されているように見える。だが、これは、概念の解明を観念の観察に基づけようとすることの第二の欠陥を明らかにするだけである。すなわち、観念の観察によっては、せいぜい、その担い手の心的生活についての「事実的」報告がもたらされるだけであり、それは、概念の解明を与えることとは無関係である。いま、時点 t_1 で私がもつ観念Ａと時点 t_2 で私がもつ観念Ｂとが相互に完全な合致を示すことによって、観念Ａと観念Ｂとが同一であるとされたとする。しかも私は、このどちらの観念についても、それらが「赤」の観念であると明晰判明に知覚しているとする。このことをもって、観念Ａと観念Ｂとは、同一の概念「赤」にかかわるものであると結論することができるだろうか。答は、否である。その理由は、観念の同一性が知られる仕方と、概念の同一性が知られる仕方の間の根本的相違にある。

概念の同一性は、それが適用されるさまざまな場面において、ある一定の規則に従っているということに存する。こうした規則を離れて概念の同一性を言うことはできない。これに対して、観念の同一性は、それが生じている各々の事例を通じて見いだされる規則性とは独立に考えることができる。概念の示す「規則性」と観念の示す「規則性」とは、まったく異なるものである。

例を出して説明しよう。ある道路が一方通行であるということは、その道路を走る車が一方向だけに進行すべきであるという規則の存在によって決まる。たまたま、その道路を走る車がすべて同一方向に進行するという「規則性」が常に観察されたとしても、そのように進行すべきであるという規則が存在しなければ、その道路は「一方通行である」とは言えない。これに対して、天体の運行が従う「規則」は、まったく違う性格のものである。それは、天体の観察からの一般化によって得られる規則である。火星が「従うべき」規則などは存在しない。その運行がこれまで知られていた規則から反するようなことがあっても、そのことによって、火星が火星でなくなるわけではない。一方通行道路に関する規則は、規則の存在自体が「一方通行道路」ということを成り立たせるものである。こうした規則は、「成立的規則 constitutive rule」とも呼ばれる。成立的規則の特徴は、それが「正しく」適用されているか、それともそうではないか、といった評価の次元を備えた規範的規則であることである。これに対して、天体の運行の規則のようなものには、天体が規則に従って「正しく」運行しているか、といった問題は生じない（天体がこれまでのような規則性を示さないことがあったとしても、そのとき「間違っている」のは、天体の方ではなく、そうした事態を予想できなかった天文学者の方である）。

概念が従う規則とは、明らかに、天体が従う規則のようなものではなく、成立的規則である。「赤」という概念が正しく適用されているかどうかといった問いは、その概念が適用されている場面のいずれに対しても提起できる。これに対して、観念の従う規則というようなものがあったとしても、それは、個人の心的生活の事実に見いだされる規則性以上のものではないと思われる。

問題は、概念が従うような規範的規則を、個人がどのような観念をもっているかといった、個人の心的生活の観察から引き出すことが可能かという点に集約される。それは、以下に述べるような理由から、不可能であると言わざるをえない。なぜならば、ひとりの人が自分の所有する観念をどれだけ明晰判明に把握しようが、そうした観念の存在が確認されるだけであって、その観念について、「正しい」とか「正しくない」と言うことができるために必要なものは見いだされないからである。たとえば、ある人が、「三角形」について明晰判明な観念を抱いたとしよう。だが、それが、まさしく「三角形」の観念であって、「四角形」の観念ではない、つまり、「三角形」の正しい観念であるということは、どうやって正当化できるだろうか。観念の正誤ということが言えるために必要なものは、その観念がそれ自身とは異なる別の何かと比較できることであろう。考えられるのは、(i)観念が、観念以外の「物」と比較されること（三角形の観念を、「実在の」三角形と比較すること）、(ii)ひとりの個人が有する観念が、他の個人の有する観念と比較されること（私の三角形の観念と、あなたの三角形の観念とを比較すること）、および、(iii)ひとりの個人がある時点で有している観念が、同一の個人が他の時点で有する観念と比較されること（私が今もっている三角形の観念を、私が昨日もった三角形の観念と比較すること）という三通りの可能性であろう。

だが、これらはどれも、個人の心に見いだされる観念から出発するときには、許されていない可能性である。(i)から(iii)の三つの選択肢は、近代の哲学の三つのアポリアに対応していると言っても過言ではない。(i)のような比較が可能であるためには、観念とは独立に存在する実在が必要となる。だが、外界の存在がいかにして証明できるのかという問題が、近代哲学の大問題のひとつであったことを、いまさら注意する必要はあるまい。他の二つについても、簡単に予測がつくと思うが、手短に述べておけば、(ii)に結び付いているアポリアは、他人の心（それは、他人にとっての観念の器のはずである）の存在をどのようにして導くのかということであり、(iii)は、記憶の信頼性への懐疑、ひいては、過去一般の実在への懐疑にどうすれば打ち勝てるかというアポリアと結び付いている。

分析哲学の基調は、概念の解明がその言語的表現の解明ということを抜きにしては考えられないという立場を取ることによって、こうした「観念の道 Way of Ideas」からきっぱりと訣別することにある。われわれがある概念を所有しているということは、われわれがある種の言語表現を使用できるということ以外のことではない。そして、言語表現の使用は、ある一定の規則に従う。こうした規則を明らかにすること、それが、概念の解明に至る道なのである。ところで、こうした分析哲学の基調をなすと考えられるテーゼは、いったい、いつ、誰によって、哲学の中に導き入れられたのだろうか。こうして問題となるのが、哲学史上のフレーゲの位置である。

1・3・3　フレーゲの位置

フレーゲを分析哲学の起点に置きたいという誘惑は実に強いものである。しかし、かれの関心事が言語にあると言うことは妥当だろうか。かれ自身、自分の本来の仕事は、言語とかかわることにあるのではなく、それによっては不十分にしか表現されない「思想 Gedanke」にある、と述べているのではないか。

まず第一に注意されなければならないことは、フレーゲの言う「思想 Gedanke」が、デカルト以降の近代哲学を支配した「観念」とは決定的に異なることである。前節でも述べたように、観念は必ずその担い手を必要とする。観念は、誰か（それは、神であるかもしれないが）の観念である。それに対して、思想は、必ずしも把握されることを必要としない。思想は、認識者とは独立に存在するものである。「思想 Gedanke」という語は、「誰かによって思考denken されたもの」といった含みをもつと思われるかもしれないが、フレーゲはそうした含みを認めない。フレーゲの言う「思想 Gedanke」の典型は、たとえば、ピタゴラスの定理のような数学的命題である。かれによれば、こうした数学的命題は、誰かによって思考されることを必要とせず、それ自体で存在するとされる。

第二に、観念を明晰判明に知覚することは、原則的には、言語の助けを必要としない。いったん明晰判明に知覚された観念を他人に伝達するには、言語が必要となるが、それは、他人の心に同様な観念を生じさせるための外在的手段に過ぎない。そして、ここで問題となるのは、せいぜい「同様な」観念である。観念が本質的にその担い手に依存している以上、「同一の」観念が他人においても生じているかは確かめようのないことである。これに対して、フレーゲは、同一の思想が複数の認識者によって把握されることを強調した。思想は、伝達可能なものでなくてはならない。

このように、フレーゲの言う「思想 Gedanke」は、(1)認識者とは独立に存在するという意味での客観性と、(2)伝達可能性という二つの側面をもつ。そして、実は、思想と言語の関係が主題となるとき、これら二つの側面の間には、ある緊張が生ずる。また、それが、フレーゲと分析哲学との間の関係について明確な結論を述べることを困難としている一因であると思われる。

分析哲学の基調は、概念の所有ということがある種の言語表現を使用できることに他ならないと認めること、その結果、思考とは言語使用能力の発現以外の何ものでもないとすることであった。「思想 Gedanke」が本質的に伝達可能なものでなくてはならず、その伝達が言語以外の手段によっては考えられないとするならば、「思想」の解明は、その言語的表現の解明によってなされざるをえまい。このように考えるならば、「思想」の伝達可能性の強調によって、フレーゲは、分析哲学の基調をなすテーゼを準備したことになる。

だが、他方で、「思想」がいかなる認識者からも独立に存在しうると認めることは、そうした思想が、われわれの所有する言語的表現手段を超えて存在する可能性を認めることである。フレーゲがこうした可能性を真剣に考慮したかは疑わしいにせよ、思想がその言語的表現手段を超え出る可能性が残されている限り、それは分析哲学の基調からは外れることになる。

ダメットの「超人的」とも言える努力[16]にもかかわらず、分析哲学の基調をなすテーゼをはっきりとフレーゲに帰することには無理があると思われる。しかしながら、フレーゲを抜きにして、現代の言語哲学を論ずることが不可能であることも事実である。それは、何よりも、フレーゲによって構成された論理的記号法と、その基礎をなす意味論的考察に由来する。そして、論理的記号法を構成するに当たってのフレーゲの実際の手続きを見る限り、かれにとっても思想はその言語的表現と切り離しえないものであった、と言い切りたくなるのである。[17]

1・4 | Argument と Function*

フレーゲの論理学の直接的対象が、かれの言う「思想 Gedanke」であるとするならば、思想の表現である言語は、思想の構造を反映している限りにおいて、論理学の間接的な対象となりうるのみである。だが、これがフレーゲの公式的見解であるとしても、思想の純粋な表現を目的とするかれの論理的記号法（概念記法）は、既に存在する言語をモデルとして導入されざるをえない。通常の言語は、論理的な観点から眺められるとき、絶望的なまでに欠陥に満ちているというのが、フレーゲの診断であるとしても、かれの作り上げた論理的記号法の各要素は、通常の言語においてもその対応物を見いだすことができる。すなわち、フレーゲ本来の意図はともあれ、かれの論理的記号法は、言語のモデルとしての機能をもちうるのである。したがって、ここで、そうした観点から、これまでに出て来た論理的記号法の各要素を簡単に振り返っておこう。

量化理論を可能としたものが、量化子と変項という対であることは、既に確認した。そして、量化子と変項によって文を分析することの可能性は、その基礎に二つの方向での文の分析方法を前提とする。ひとつは、複合的な文をより単純な文へと分析することである。複合的な文は、否定や連言や選言といった文結合詞によってより単純な文から構成される。もうひとつは、文を、変項に置き換えることのできる部分表現とそれ以外とに分析することである。たとえば、「太郎が、花子をねたんでいる」の「花子」を変項で置き換えることの可能性が認識されて初めて、「太郎が、誰かをねたんでいる」といった量化を、量化子と変項の対によって分析することが可能となるのである。この二種類の分析方法は、互いに独立であることに注意されたい。一方で、「誰かは、太郎と次郎のふたりともからねたまれている」といった文の分析は、「太郎が、花子をねたみ、かつ、次郎が、花子をねたむ」といった複合的な文の二箇所に現れる「花子」を同一の変項で置き換えることができることを前提とする。他方、「誰もが誰かをねたんでいるわけではない」といった文の分析は、まず、この文が「誰もが誰かをねたんでいる」の否定であるということから始まらざるをえない。

文結合詞によって、より単純な文から複合的な文が形成されること、また、そうした構成法に応じた論理的推論が存在することは、古代のストア派や中世の論理学者にもよく知られていたことである。(18) しかし、もう一種類の分析、文を、変項に置き換えることのできる部分表現（= Argument）とそれ以外（= Function）とに分析することは、フレーゲの独創である。こうした分析方法を、かれは、「Argument と Function」への分析と呼び、それが、主語と述語という、それまでの分析方法に対する根本的な革新であることを強調しているが、(19) それはまったく正しい。(補註3)

伝統的論理学における文の分析は、すべての文を単一の鋳型にはめこむ。[20] それに従えば、すべての文は、「主語」と呼ばれる項（term）と「述語」と呼ばれる項とを繋辞（copula）で結合することで形成される。主語と述語とがともに「項」と呼ばれていることからも推察されるように、主語と述語との区別は、単に、それが繋辞の前に来るか、それとも後に来るかの違いでしかない。もちろん、ある文の主語と述語とを交換して得られる文は、一般にもとの文と意味を異にするが、文法的に適正な文であることには変わりない。すべての文は、時には「名前」とも呼ばれる二つの項を繋辞で結合することでできていると考えるのであるから、このような分析は「二項理論 two-term theory」とも呼ばれる。どのような文をも、「主語－繋辞－述語」という鋳型に当てはまるようにパラフレーズするためには、多くのマヌーバーを必要とする。ルイス・キャロルの『記号論理学 *Symbolic Logic*』（一八九七）から例を借りれば、[21]

> 足の悪い小犬に縄跳びの紐を貸してあげると言っても「有難う」とは言わない。A lame puppy would not say "thank you" if you offered to lend it a skipping-rope.

は、次のようにパラフレーズされる。

> すべての足の悪い小犬は、縄跳びの紐の貸与を感謝しない小犬である。All lame puppies | are | puppies not grateful for the loan of a skipping-rope.

この例からもわかるように、パラフレーズの結果得られる文の「論理形式」は、もとの文が呈示する「文法的形式」から大きくかけ離れることになる。したがって、伝統的論理学で言われる「主語－述語」は、伝統的な文法（「学校文法」）で言われる「主語‐述語」とは一致しない。その違いをもっとも明瞭に示すことのひとつとして、伝統的論理学での「述語」は、「主語」と同じく、主張力をもたない「項」に過ぎないという事実が挙げられる。主張力はただ繋辞にのみ宿るのである。これに対して、伝統的な文法では、文は、「主語‐述語」の形式に分析され、主張力は、このようにして取り出された述語に宿るのである。伝統的論理学のではなく、伝統的文法におけるような「主語‐述語」の区分の方が、優れているだけでなく、哲学的にも由緒正しいものである。プラトンは、『ソピステース』の中で、もっとも単純な形式の文は、onoma と rhema という根本的に相違する二つの要素から成るとしている。われわれの議論の脈絡に関する限り、これらは、それぞれ、「名前」、「述語」と訳することができよう。『命題論』におけるアリストテレスもまた、この区別を継承し、両者の大きな違いとして、時（時制）が問題となるのは後者であること、文を否定するためには後者を否定すべきことを挙げている。つまり、「名前」と「述語」とは、伝統的論理学における「主語」・「述語」のように相互に交換可能なものではない。こうした洞察が論理学の中で回復されるためには、実に多くの年月を必要としたのである。

伝統的論理学は、「項論理学 term logic」と呼ばれることからも分かるように、さまざまな項が、それが現れうる文とは独立に存在することを基本的な前提としてもっている。二つの項が繋辞で結合されることによって文が作られる。項は、主語となることもできれば、述語となることもできる。伝統的論理学による文の分析のもっとも注目すべき特徴は、次の二つである。(i)項は文に先立って存在する。語がまずあって、それをつなぎ合わせることによって文ができるのである。(ii)したがって、文は、語の一次元的な並びである。

文とは独立に存在する項のストックから出発するこうした文の分析に対して、フレーゲによる文の分析はまったく異なる出発点をもっている。晩年のフレーゲが自らの歩みを振り返って書き留めた覚書には、次のように書かれている。

論理学に対する私の見方の独自性は、「真（Wahr）」という語の内容を首位に据えて、そこから直ちに、一般に真理性（Wahrsein）を問いうるものとして思想（Gedanke）を導入したことから見て取れよう。こうして、私は、概念（Begriff）から出発してそれから思想あるいは判断を組み立てるのではなく、思想の分解（Zerfällung des Gedankens）を通じて思想の部分に至ったのである。このことが、私の概念記法を、ライプニッツやその後継者たちによる同様な産物から区別するものである[22]……

「真理性を問いうるものとしての思想」は、言語においては、文によって表現される。思想の分析が、言語の分析を手がかりとして進まざるをえない以上、思想の分析は、文の分析を手がかりとして進められる。同じ覚書のもう少し先には、次のようにある。

文を思想の写像（Abbildung des Gedankens）と見なすことができるのは次の仕方においてである。すなわち、思想と思想の部分の間の全体対部分の関係は、大体において、文と文の部分の間の同じ関係と対応しているのである[23]。

このように、フレーゲによる思想の分析は、その言語上の対応物としての文の分析を伴う。こうした文の分析は、フレーゲが自身の観点の独自性としているものを当然もつはずである。したがって、それは、伝統的論理学のもとでの文の分析のように、文から独立に存在する項から出発するものではない。それは、反対に、文から出発して、その文の真理性に寄与する要素として、文の部分を分析によって取り出すという道を取る。

前々節で見たように、量化を含む文の真理性は、量化の変項を名前で置き換えて得られる文の真理性に依存してい

る。たとえば、

(10)　誰もが、太郎をねたんでいる。

すなわち、

(11)　どのひと x についても、x は太郎をねたんでいる。

という文の真偽は、

(12)　花子は太郎をねたんでいる。

といった文の真偽に依存している（このような形の文がすべて真か、それとも、偽である文がひとつでもあるか）。(10)の「論理形式」が(11)で示されると言えるためには、量化をまったく含まない(12)のような文に関しても、そのある部分が変項に置き換えられるような構造をもっているとしなければならない。つまり、(12)は、

(α)　花子
　　　――は太郎をねたんでいる

という二つの部分に分解できるとしなければならない。そして、変項に置き換えられることが予想される表現（この

場合は「花子」がArgumentであり、それ以外の文の部分（「——は太郎をねたんでいる」）がFunctionである。ところで、⑿を(α)のように分解するのは、⑽のような文の真理性が問題となるからである。いま、

⒀ 花子は、誰もをねたんでいる。

といった文の真理性が問題となるならば、⑿は、むしろ、

(β) 太郎
　花子は……をねたんでいる

という二つの部分に分解される必要があり、ここでは、「太郎」がArgument、「花子は……をねたんでいる」がFunctionとなる。それだけではない。

⒁ 誰もが、誰もをねたんでいる。

のような文を考えれば、⑿は、また別の仕方で、つまり、

(γ) 太郎
　花子
　——は……をねたんでいる

のように、二つのArgumentと、空所を二つもつFunctionとに分解される必要は明らかであろう。Argumentになりうるのは、「太郎」や「花子」のような名前だけではない。

(15) 真っ白なカラスが存在する。

という文は、

(16) あるxについて、xは真っ白なカラスである。

と書き換えることができる。ここで、「――は真っ白なカラスである」という述語に注目し、これを別の述語、たとえば、「――は禁酒主義の哲学者である」で置き換えるならば、

(17) 禁酒主義の哲学者が存在する。

といった文ができる。こうした操作が示唆していることは、述語をArgumentと見なし、その述語が現れている文の残りの部分をFunctionと見なすことの可能性である。(15)と(17)は、

(18) あるxについて、$\Phi(x)$

という構造を共通にもっていると考えられる。ここで、「Φ」は、述語によって置き換えられるべき変項であり、(18)の残りの部分は、述語を Argument として取る Function であり、これは、述語についての述語であるから、「二階の述語」と呼ぶことができよう。ところで、この例から得られるもうひとつの教訓は、(18)に現れている二階の述語は、存在を表現するものであると見なせることから引き出される。すなわち、「存在する」は、述語ではあるが、「ねたむ」や「カラスである」のような、個体について言われる一階の述語ではなく、こうした一階の述語について言われる二階の述語なのである。[24]

（一階の）述語を Argument と見なす必要が生ずるのは、本来、それに対する量化が必要とされるからである。一階の述語に対する量化の必要性は、たとえば、

(12) 花子は太郎をねたんでいる。

から、

(19) 花子と太郎の間にはある関係がある。

すなわち、

(20) ある関係Φについて、Φ（花子、太郎）

という結論を引き出すような場合である。そして、ここに現れている量化は、一階の述語に対するものである（この

例では、「――は……をねたんでいる」という一階の述語が、述語変項「Φ」に置き換えられた）から、「二階の量化 second-order quantification」と呼ぶことができる（不注意な読者に対しては混乱の種をまくだけかもしれないが、二階の量化の言語表現自体は、三階の述語である）。

そうすると、⑿は、これまで出てきた三通りの分解の仕方、(α)・(β)・(γ)を許すだけではない。⑿は、そのうえ、

(δ)　「――は……をねたんでいる」という一階述語が Argument
「Φ（花子、太郎）」という二階述語が Function

という仕方でも分解できることになる。[(25)] それだけではない。⑿は、さらに高階の述語を含んでいると考えることもできる。いくらでも高階の述語が考えられるから、⑿のような単純な文に関してすら、それを Argument と Function とに分解する仕方は、無限にあることになる。[(補註4)] こうした多様な分解の仕方について、フレーゲの言うところは、次のものである。

［Argument と Function の］区別は、概念内容にかかわるものではなく、単に見方の問題（Sache der Auffassung）に過ぎない。[(26)]

ここで次のような疑問が生ずる。――ひとつの文が、かくも多様な仕方で Argument と Function とに分解できるということは、たしかに、伝統的な「主語－繫辞－述語」といった固定的な分析に対して、比較にならないほどの大きな柔軟性を与えることになろう。しかし、そうすると、文の「論理形式」というものはいったいどうなるのか。文の分析が思想の分析の手がかりを与えるのは、文の構造が思想の構造を反映するからであると先に言われていた。しか

し、文の構造が、「見方」によって無限に変化しうるのならば、各々の文に固有の「論理形式」などは存在しえないし、文の分析が思想の構造を明らかにするということも不可能であろう。(27)

こうした疑問に答えるための手がかりは、ダメットも指摘しているように(28)、『概念記法』からの上の引用が取られたと同じ節（第九節）の中にある。

> 同一の概念内容について、ある時にはこれを、別の時はあれを、という具合いに、異なるArgumentを取るFunctionと見なせるさまざまな仕方があることは、FunctionとArgumentが完全に確定されている（völlig bestimmt）限りは、われわれにとって何の重要性ももたない。しかしながら、「「四個の平方数の和として表現できる」のArgumentとして任意の正整数を取ってもよく、その命題は常に正しい」という判断におけるように、Argumentが確定されていない（*unbestimmt*）場合には、FunctionとArgumentの区別は、内容的な意味（*inhaltliche* Bedeutung）をもつ。反対に、Argumentは確定されているが、Functionが確定されていないという場合もありうる。どちらの場合においても、確定（*Bestimmten*）対不確定（*Unbestimmten*）、あるいは、確定度の大対小によって、全体は、単に見方によってではなく、内容（Inhalt）によって、FunctionとArgumentとに分解されるのである(29)。

ここで、FunctionとArgumentが完全に確定されている場合とは、まさに、

(12) 花子は太郎をねたんでいる。

のような、量化を含んでいない文の場合である。それに対して、Argumentが確定されていない場合とは、フレーゲ

自身が挙げている例からもわかるように、

(10) 誰もが、太郎をねたんでいる。

のように、量化を含んでいる文の場合である。[30] この場合には、「全体は、単に見方によってではなく、内容（Inhalt）によって、Function と Argument とに分解される」と言う。つまり、文の表現している内容自体が、こうした分解を要請するのであり、ここでの Function と Argument の区別は、文本来の構造、すなわち、その論理形式、に属するものであると解釈できよう。

だが、なぜ、量化を含むか含まないかで、このような相違が生ずるのだろうか。この問いに答えるためには、もう一度、Function と Argument の区別の本質的な特徴に戻って考え直さねばならない。

混乱を避けるためにまず第一に強調されねばならないのは、『概念記法』における Function と Argument の区別は、言語表現どうしの区別である、ということである。この区別を定式化している箇所を次に引こう。

ひとつの表現（それは、必ずしも、判断可能なものである必要はない）において、単純であろうが複合的であろうがひとつの記号がひとつ以上の場所に出現しており、われわれが、その記号を、これらの場所のすべてあるいはいくつかで、他の記号で（ただし、どこでも同一のもので）置き換えうると考えるならば、そのとき、もとの表現中の変化せずに現れている部分を Function と呼び、置換可能な部分を Argument と呼ぶ。[31]

Function と Argument の区別が言語表現どうしの区別であることを強調する必要は、『概念記法』におけるこの区別が、より後年の区別、概念（Begriff）と対象（Gegenstand）の区別、より一般に、関数（Funktion）と対象の区別と混同されかねないことから来る。後者の区別は、言語表現の指すものの間の区別であって、言語表現の間の区別ではなく、言語表現どうしの区別として用いられるもの、「関数」を対象と対比して用いられるものとする）。

第二に、Function と Argument の区別は、本質的に、相対的なものである。この区別の相対性をもっとも明瞭に示すのは、一階の述語は、単称名を Argument として取る Function ともなれば、二階の述語の Argument ともなる、という事実である。この本質的に相対的な区別に対して、文・単称名・一階述語・二階述語……といった区別（「文法的カテゴリーの区別」と呼ぼう――これについては、次節で、検討する）は、相対的なものではなく、絶対的なものである。ただし、これらの二つの区別は、次のような仕方で相互に関係している。すなわち、文法的カテゴリーの中には、決して Function となることができず、Argument となりうるのみ、というものが存在する。それは、文と単称名である。これらは、「飽和した gesättigt 表現」と呼ばれる。これ以外の表現は、すべて、Argument となることも、Function となることもできる。こうした表現は、「不飽和な ungesättigt 表現」と呼ばれる。そして、後年の「関数－対象」の区別は、この表現の分類に対応してなされる。すなわち、飽和した表現の指すものが対象であり、不飽和な表現の指すものが関数である。だが、この区別を、『概念記法』における Function と Argument の区別と混同してはならないことは、(i)後者は言語表現間の区別であるのに対して、前者は言語表現の指すものの間の区別であること、および、(ii)関数は、Function と見なされる言語表現の指すものとなることもあれば、Argument と見なされる言語表現の指すものとなることもある、という二つの事実から明らかである。

そうすると、文の論理形式、したがって思想の構造に関与するものは、文法的カテゴリー間の区別であって、本質的に相対的な区別でしかない、Function と Argument の間の区別ではない。では、Function と Argument の間の区別は、文の分析に対して本質的な役割を果たしていないのだろうか。答は、もちろん、否である。この区別は、次の二点において、文の分析の基礎となるものである。

(i) 文法的カテゴリーの生成は、「飽和した表現」の一部を Argument と見なし、残りの部分を Function と見なすことに、依存している。たとえば、文中の単称名を Argument と見なすことによって、一階述語というカテゴリーが生成される。実際、基礎的な文法的カテゴリーとされる文と単称名以外のすべてのカテゴリーは、Argument と Function への分解によって生成されるのである。

(ii) 量化を含む文の分析には、その文が形成される過程で存在する量化を含まない文を、Argument と Function とに分解する必要がある。先の例では、

⒀ 花子は、誰もをねたんでいる。

という文の分析のために、この文の形成史中に現れる、

⑿ 花子は、太郎をねたんでいる。

のような文を、「太郎」が Argument、「花子は、——をねたんでいる」が Function であると分解する必要がある。このように、量化を含む文の分析においては、その量化の変項が何であるかに応じて、（もとの文が多義性を含んでいない限り）ただ一通りの Argument と Function への分解方法が決まる。すなわち、このとき、「全体は、単に見方によってではなく、内容（Inhalt）によって、Function と Argument とに分解されるのである」。

Function と Argument への分解は、文の構造の分析とは直接かかわらない仕方であるが、もうひとつの重要な役割をもっている。それは、

(iii) 量化にかかわる推論の妥当性を見分けるためである。たとえば、

⑿　花子は、太郎をねたんでいる。

の文の論理形式だけが問題であるときには、この文は、二つの単称名と二座の一階述語（「二座の」と言うのは、二つの空所をもつ、という意味である）からできていると言うのが正しい。しかしながら、⑿から、

⒆　花子と太郎の間にはある関係がある。

を結論する推論が与えられているとき、この推論の妥当性を了解するためには、この推論が、

$F(a, b)$
よって、$\exists\Phi\Phi(a, b)$

というパターンに従うものであることが知られねばならず、⑿から⒆への移行にこのパターンを見いだせるためには、⑿中に現れる「——は、……をねたんでいる」という一階述語を Argument と見なすことができなければならない。

言語の中に存在する無限に多様な推論の可能性は、同一の文が多様なパターンのもとに包摂できることに依存している。したがって、ひとつの文の論理形式を明示するためになされる分析（Analysis）はただ一通りの結果に至るとしても、その文を含む推論の無限にまで豊富な多様性を正しく捕捉するためには、さまざまな仕方での Argument と Function への分解（Decomposition）が可能でなくてはならないのである。

文がさまざまな仕方で Argument と Function とに分解できるという事実が、文が一定の構造、「論理形式」、をも

つという主張に対する反証となるといった考えは、結局のところ、ArgumentとFunctionという区別を、それに基づいてはいるがそれとは異なる区別、すなわち、文法的カテゴリーの間の区別と混同するところから生じたように思える。よって、フレーゲにおける文法的カテゴリーの体系がどのようなものであるかに、簡単にでも触れておく必要があろう。

1・5* 文法的カテゴリー

伝統的論理学における文の構造についての考え方は、基本的に文が語の一次元的な並びであるといったものであった。量化という現象に関して、こうした考え方が無力であることは、既に何度も強調した点である。また、量化の問題を離れても、文は、個々の孤立した語だけを単位としてできているわけではない。文の部分として、複数の語から成るひとまとまりの単位を見いだすことは容易である。たとえば、「花子の母親はよく気の付くひとだ」といった文では、「花子の母親」はひとまとまりの表現であると思われるが、「付くひと」については、そのようなことは言えない。完全な文ではないが、ひとまとまりの単位を形成すると思われる、文中の表現を「句」と呼ぶことにしよう。句は、単一の語からできていてもよいことにすれば、文の構成単位として必ず句が見いだせると考えることができる。

句は、次のような仕方で分類することができる。すなわち、句Aが現れている文において、Aを別の句Bで置き換えても、もとの文が文法的に適正なものであり続けるときには、AとBとは、同種の句であると考えることができる。これは、「文法性を保存する相互置換可能性」という基準による、句の分類である。このようにして生ずる句の分類を、「文法的カテゴリー」と呼ぶ。

こうした分類の可能性が、文中のある表現を他の表現と置き換えられうるものと見なすこと、すなわち、ある表現をArgumentと見なすことに基づいていることは、明らかであろう。さらに、ひとつの文法的カテゴリーに属するどの表現も、同種類の変項に代入可能なものとならなければならないから、文法的カテゴリーは、それがどのような種類の変項によって代表されるかで特徴づけられる。

フレーゲにおける文法的カテゴリーの体系は、きわめて明快な構造をもっている[32]。それは、文と単称名というカテゴリーさえ、何らかの仕方で特定できれば、他のすべてのカテゴリーは、ArgumentとFunctionへの分解によって、自動的に生成できる。したがって、文と単称名のカテゴリーを「基礎的カテゴリー」、それ以外のすべてのカテゴリーを「派生的カテゴリー」と呼ぶことができる。文のカテゴリーを「S」、単称名のカテゴリーを「N」と表記することにしよう。派生的カテゴリーは、基礎的カテゴリーに属する表現の部分表現をArgumentと見なすことによって得られる。たとえば、そのカテゴリーがSである文中のひとつの単称名（カテゴリーはN）をArgumentと見なせば、その結果、このArgumentと相対的に決まるFunctionは、ひとつの派生的カテゴリーに属する表現であると考えることができる。これは、実際、一座の一階述語である。このカテゴリーは、そのArgumentのカテゴリーがNであり、Argumentにふさわしい表現を代入した結果得られる表現のカテゴリーがSであることから、「(S/N)」と表記することができる（「単称名（N）を代入すれば、文（S）となる表現の属するカテゴリー」と読める）。「$(N/N, N)$」は、二つの単称名を代入すれば単称名となる表現のカテゴリーを表記するものであり、そうした表現の一例は「xとyの長女」である。同様に、「$(S/S, S)$」は、二つの文を代入すれば文となる表現のカテゴリーであり、ここには、「AかつB」や「AならばB」といった文結合詞（connective）が属する。こうした派生的カテゴリーに属する表現を別の表現中でArgumentと見なすことによって、さらに複雑なカテゴリーが生成される。たとえば、「$(S/(S/N))$」は、(S/N)に属する表現、すなわち一座の一階述語、を代入すれば文となるような表現のカテゴリーである。このカテゴリーに属する表現の一例は、前節で出て来たように、二階の述語と考えられた「存在する」といった量化子である。

このような文法的カテゴリーの体系は、次のようにして定義できる。

1　NとSとはカテゴリーである。これらは、基礎的カテゴリーである。

2　cを基礎的カテゴリー、$c_1, c_2, \ldots\ldots, c_n$ $(n \geqq 1)$ をカテゴリーとするとき

$$(c/c_1, c_2, \ldots\ldots, c_n)$$

はカテゴリーである。このようにして得られるカテゴリーは、派生的カテゴリーである。

『算術の基本法則 第1巻』（一八九三）における用語法に従えば、基礎的カテゴリーに属する表現は「固有名 Eigenname」と呼ばれ、派生的カテゴリーに属する表現は「関数名 Funktionsname」と呼ばれる。[33] このフレーゲ的なカテゴリーの体系は、ポーランドの哲学者アジュケヴィッツ（K. Ajdukiewicz）に発し、近年しだいに注目を集めつつあるカテゴリー文法（categorial grammar）において定義されるような、より一般的なもの[34]と比較して、二つの特徴をもっている。それは、(i)基礎的カテゴリーがNとSの二つだけであること、(ii)派生的カテゴリーの定義において、cが基礎的カテゴリーに限定されていること、その結果、関数名から関数名を作るようなカテゴリーが存在しないこと、との二つである。第一の点に関しては、基礎的カテゴリーの選択に理論的には大きな自由度があるだけのことであり、実際上、NとSという選択はそれほど奇異なものではない（ただし、自然言語のような複雑な言語を扱うためには、より多くの基礎的カテゴリーを必要とするかもしれないが）。フレーゲ的なカテゴリーの体系の特殊性と見えるものがより明瞭に表れているのは、この点よりもむしろ、第二点、すなわち、派生的カテゴリーに対する限定である。しかしながら、この限定は、記法上の煩雑さを招くとしても、言語全体のもつ表現力に対する本質的な限定とはならない。[35]

ところで、この文法的カテゴリーの体系全体の出発点となるのは、二つの基礎的カテゴリー、文と単称名である。いったんこの二つのカテゴリーさえ特徴づけることができるならば、それ以外のすべてのカテゴリー、つまり派生的

カテゴリーの全体は、Argument と Function への分解によって自動的に生成される（もちろん、特定の言語に関して、派生的カテゴリーの全体が必要となることはない。そのうちのごく一部を明示的に認知すれば十分である）。文のカテゴリーを特徴づけることは、細かな点では多くの問題が出て来ることは予想できるが、おおざっぱに言って文が言語行為の単位であることから、それほどの原理的困難を伴うとは思われない。問題は、もうひとつの基礎的カテゴリーである単称名を特徴づけることである。

この問題と取り組むにあたって決して取ってはならない道がある。それは、単称名の特徴づけを、それがどのような種類の物・存在者を指すものであるかの考察から引き出そうとする道である。これが誤った道である理由には、フレーゲの数学の哲学における議論設定からというフレーゲ哲学に固有のものと、存在論的区別を言語的区別に先行させることに反対すべきであるという一般的な議論からのものとの二つがある。本書では、フレーゲの数学の哲学についてはできるだけ触れずに済ませるという方針ではあるが、前者の理由についても、ごく簡単に紹介しておく必要がある[36]。

数学の哲学におけるフレーゲの立場が、われわれの認識から独立に存在する数学的対象を認める数学的プラトン主義の典型であるとは、よく言われることである。しかしながら、フレーゲのこうしたプラトン主義が、ゲーデルにおけるような「数学的直観」に基づくプラトン主義や、クワインおよび一時期のパトナムにおけるような「科学にとっての集合論的数学の不可欠性」に基づくプラトン主義とは、大幅に相違するものであることは、それほど十分には強調されて来なかったきらいがある[37]。フレーゲのいわゆるプラトン主義の基礎を形作る議論は、『算術の基礎』における、数が対象であるということを示そうとする議論である。その出発点となるのは、単称名（典型的には数詞）を含む真である算術の命題があるという事実である。フレーゲによれば、こうした単称名のクラスに対応して、それが指す対象のクラスが存在する。よって、算術の命題の真理性を認めることは、そうした命題に現れている単称名の指す対象、すなわち、数的対象の存在を認めることでなくてはならない。こうしたフレーゲの議論が、いくらかでも説得力をもつために不可欠の条件は、単称名のクラスの同定が、それが指すとされる存在者のクラスの同定を前提としないことである。たとえば、「単称名とは、対象を指す表現である」といった仕方で単称名のクラスが特徴づけられるとする。このとき、対象という存在者のクラスは、前もって規定されていなければならない。そうすると、数詞が単称名であるかどうかは、数詞の指す存在者、すなわち数が対象であるかどうかが、この前もって与えられている対象の規定に照らして判定されることになる。つまり、数が対象であることが言えてはじめて、数詞が単称名であると言えることになる。これは、数詞が単称名であることから出発して、数が対象であると結論する、フレーゲの議論とは、まったく正反対である。よって、単称名の特徴づけを、それがどのような種類の存在者を指すかの考察から始めることは、フレーゲの数学の哲学の基本的な構制をまったく無視することになる。[38]

数学の哲学におけるこうした議論は、数学の言語の特殊性に依存しているものではない。対象を指すものが単称名であるのではなく、単称名の指すものが対象であるという主張は、存在論的カテゴリーに対する文法的カテゴリーの第一義性という一般的なテーゼに裏付けられている。こうした一般的なテーゼをフレーゲが所有していたからこそ、かれは、数詞が文法的には単称名として振舞うことから、数が対象であるという結論を引き出せると考えたに違いない。しかしながら、こうしたテーゼの明確な主張は、フレーゲ自身の著作中には見いだされないという。[39]もしも、こうしたテーゼの背景を欠いたままで、数が対象であると主張されているとするならば、フレーゲの議論は、まったくの論点先取か、あるいは、数学の言語に固有の何らかの特徴に依存してなされているということになる。さらに、後者の場合には、こうした数学の言語に固有の特徴が明示されていない以上、数が対象であるという結論に導くような、言語一般には成り立たないような特徴を、算術の言語に付与しているという嫌疑が濃く、結局のところ、論点先取という非難をまぬかれることは難しいであろう。したがって、フレーゲがかくも単純な推論上の誤りを犯していたという解釈に甘んじない限り、存在論的カテゴリーに対する文法的カテゴリーの先行性のテーゼを、フレーゲに帰することは許されてよいと思われる。

よって、単称名の特徴づけを行うにあたって、存在者全体に対する何らかの分類を前提とし、そのうえで、どのような存在者を指す言語表現であるかを探求するという道を取ることはできない。したがって、たとえば、単称名を、「個別の対象を指示するために用いられる表現」といった仕方で特徴づけることはできない。また、フレーゲ自身による単称名の特徴づけに頼ることもできない。なぜなら、フレーゲ自身は、単称名を厳密に特徴づけるようなことをまったくせず、たとえば、定冠詞の有無や、単数形の名詞であるかどうか、といった、ドイツ語あるいは類似の言語にのみ適用でき、しかも、その場合ですら例外だらけであるような、おおざっぱな特徴を挙げているのみだからである。

単称名を特徴づけるためにきわめて有望であると思われる道は、それが、言語の中でどのような仕方で働くのかを見ることである。より具体的には、言語の中で可能な推論のパターンに注目することによって、そこから、ある言語表現が単称名であるための基準を析出しようという方法である。この線に沿っての試みは、既にいくつか存在する。[40] しかし、ここで、こうした試みを紹介し論評することはできない。[41] この章を終えるにあたって、ただひとつ最後に強調しておきたいことは、次のことである。量化理論を中核とする現代的な論理学は、「述語論理 predicate logic」と呼ばれるが、それを自然言語（の一部）に適用するためには、ここで述べたような文法的カテゴリーに対応する表現がどれであるかが決定される必要がある。（少なくともフレーゲ的な）文法的カテゴリーの全体系は、文と単称名という二つの基礎的カテゴリーから発して、生成されるのであるから、自然言語における単称名とはどのような表現であるかという問いは、述語論理の言語を一種のモデルとして自然言語の理論を構築しようとする場合には、決定的に重要なものである。「単称名とは何か」という問いが、現代の言語哲学の中で、かくも執拗に、かつ、かくも多様な仕方で問われて来たことには、理由なしとしないのである。

（1） P. T. Geach, "History of a fallacy" in P. T. Geach, *Logic Matters*. 1972, University of California Press. 本文での三つの例

は、Geach の挙げている例の(i)・(iii)・(v)に対応する。

(2) 私自身は、アリストテレスがここで単純な推論上の誤りを犯しているとは考えない方に賛成である。もしも誤りがあるとするならば、それは、アリストテレスが、かれの結論に至るために必要な前提のすべてを明示的に示していない、ということにあると考える。

(3) B. Russell, *The Principles of Mathematics*. 1903 (2nd ed. 1937), Chap. V. なお、この書物におけるラッセルの意味論については、3・1節でも論ずる。

(4) Cf. P. T. Geach, *Reference and Generality*. 1962, Cornell University Press, Chapters 3 & 4.

(5)（わざわざ、こうした註を付けるには及ばないかもしれないが、きちんとした説明がなくては満足しない読者のために、説明を与えておく。本文で十分と思われる読者は、この註に目を通す必要はない。）

「∧」を連言を表す記号、「∨」を選言を表す記号としよう。そうすると、(8)は、

(8′) $(P_1 \vee P_2 \vee P_3) \wedge (Q_1 \vee Q_2 \vee Q_3) \wedge (R_1 \vee R_2 \vee R_3)$

という形の文であり、(9)は、

(9′) $(P_1 \wedge Q_1 \wedge R_1) \vee (P_2 \wedge Q_2 \wedge R_2) \vee (P_3 \wedge Q_3 \wedge R_3)$

という形の文である。連言が真となるのは、「∧」で結び付けられた文がどれも真となる場合であるから、(8′)が真であるならば、

$P_1 \vee P_2 \vee P_3$

$Q_1 \vee Q_2 \vee Q_3$

$R_1 \vee R_2 \vee R_3$

が、すべて、真となる。だが、これら三つの文は、いずれも選言文であるから、そこで「∨」で結び付けられている文のどれかが真であれば、真となる。したがって、たとえば、P_1, Q_2, R_3 の三つが真で、他の P_2, P_3, Q_1, Q_3, R_1, R_2 はすべて偽であるとしても、上の三つの選言文をすべて真とすることができるから、このとき、(8′)は真である。しかし、そうすると、(9′)において選言で結び付けられている三つの文、

$P_1 \wedge Q_1 \wedge R_1$
$P_2 \wedge Q_2 \wedge R_2$
$P_3 \wedge Q_3 \wedge R_3$

は、いずれも偽となるから、(9′)は偽となる。すなわち、(8′)が真であっても、(9′)は偽でありうる。よって、(9′)は、(8′)から論理的に帰結しない。

（6）M. Dummett, *Frege: Philosophy of Language*. 1973 (2nd ed. 1981), Duckworth. p. 10.

（7）Cf. G. Frege, *Begriffsschrift*. 1879, Verlag von Louis Nebert. (Reprinted in *Begriffsschrift und Andere Aufsätze*. 1964 (2nd ed. 1977), Georg Olms.) sec. 3 [邦訳：『フレーゲ著作集1 概念記法』藤村龍雄編、一九九九、勁草書房、一二～一三頁]。

（8）Geach, *Reference and Generality*. sec. 65; N. Kretzmann, "Syncategoremata, sophismata, exponibilia" in N. Kretzmann et al. (eds.), *The Cambridge History of Later Medieval Philosophy*. 1982, Cambridge University Press. p. 221.

中世の suppositio 理論と現代の量化理論との比較については、次のような論文を見られたい。G. B. Matthews, "Ockham's supposition theory and modern logic" *The Philosophical Review* 73 (1964) 91-99; G. B. Matthews, "*Suppositio* and quantification theory" *Noûs* 7 (1973) 13-24; G. Priest and S. Read, "The formalization of Ockham's theory of supposition" *Mind* 86 (1977) 109-113. ここに挙げた論文のうち最後のものは、suppositio 理論でも多重量化は扱えるという主張を含む。しかしながら、ある限定された領域で多重量化を扱えるかどうかがそもそも争点ではなかった。また、suppositio 理論の形式化のために、無限個の連言および選言（infinite conjunction & disjunction）を用いることは、アナクロニズム以外の何ものでもあるまい（現代的な分析的道具を用いることが、即、アナクロニズムであると言いたいわけではない。無限個の連言あるい

は選言という概念は、suppositio 理論の中で位置をもちうるとは思えない）。

（9）フレーゲの場合も、また、現在標準的な論理的記法においても、このように明示的に量化子の範囲を限定することはしない。その理由は、量化子と文結合詞によって、量化子の範囲を限定することができるからである。その基本的なアイデアは、次の二つの論理的同値式から見ることができよう。

$$\forall_M x\, A(x) \;\Leftrightarrow\; \forall x[M(x) \rightarrow A(x)]$$

$$\exists_M x\, A(x) \;\Leftrightarrow\; \exists x[M(x) \wedge A(x)]$$

（「$M(x)$」は、量化子の範囲を限定する述語である。）

よって、(k)・(l)は、標準的な記法では、「$M(x)$」を「xはひとである」として、それぞれ、次のように書かれることになる。

(k′)　$\forall x\,[M(x) \rightarrow \exists y[M(y) \wedge F(x, y)]]$

(l′)　$\exists y\,[M(y) \wedge \forall x[M(x) \rightarrow F(x, y)]]$

ただし、自然言語における量化の表現としては、こうした「倹約をむねとする」標準的記法以外の表現の方が適当であると考えられる理由がある。この問題については、次を参照。M. K. Davies, *Meaning, Quantification, Necessity*. 1981, Routledge and Kegan Paul. Chap. VI.［言語学における形式意味論の進展とともに、自然言語における量化はこの間に広く研究され、その理解も格段に深まった。詳しくは、「後記」を参照。］

（10）ただし、フレーゲの記号法（というよりは、むしろ表記法）は、現在標準的なものとは大幅に異なる。フレーゲは、現在標準であるような線形の表記法（論理式を左から右へ直線状に表記する）ではなく、二次元の表記法を用いている。たとえば、現在の表記法で

$$P \rightarrow Q$$

と書かれるものは、フレーゲの表記法では、

```
───┬── Q
   └── P
```

と書かれる。

(11) G. Frege, *Begriffsschrift.* Vorwort. V.（頁数は、初版におけるものである）［『フレーゲ著作集1』四頁］。

(12)「われわれは、正当化を要する真理を二種に分類する。ひとつは、純粋に論理的な手段で証明できる真理であり、もうひとつは、経験の事実に支えられねばならない真理である。……算術的判断がどちらの種類の真理に属するのかという問いを立てたとき、私は、まずもって次のことを探求せねばならなかった。すなわち、いかなる特殊者からも捨象された思考の法則のみを頼りとして、推論だけによって、算術をどこまで展開できるか、ということである。」*Ibid.* III–IV［同二～三頁］。後に『算術の基礎 *Die Grundlagen der Arithmetik*』（一八八四）の根本的な問題設定となる「算術命題は分析的命題か」という問いが、既にここで明瞭に出されていることに注目すべきである。

(13) *Ibid.* VI–VII［同五～六頁］。

(14) Frege, "Der Gedanke" (1918) fn. 4［邦訳：『フレーゲ著作集4 哲学論集』黒田亘・野本和幸編、一九九九、勁草書房、二二三頁］。

(15)『省察』の中で、あれほど徹底的な懐疑を押し進めたデカルトが、その懐疑を表現している言語に関しては、まったく問題を感じていないように見えるのは、昔から私には不思議だった。デカルトのそうした態度は、言語が、思考を表現するための手段に過ぎず、しかも、そのための、いわば「透明な」媒体であるといった（無意識の）前提から来たのではないだろうか。［この問題については、拙論「意味と懐疑」（飯田隆・土屋俊編『ウィトゲンシュタイン以後』一九九一、東京大学出版会、所収）で論じたので、参照していただけるとありがたい。］

(16) M. Dummett, *The Interpretation of Frege's Philosophy.* 1981, Harvard University Press. Chap. 3 "Was Frege a philosopher of language?" ダメットのこうした努力の客観的評価としては、次におけるものが、ほぼ妥当な線ではないかと思う。John Skorupski, "Dummett's Frege" in C. Wright (ed.), *Frege: Tradition & Influence.* 1984, Basil Blackwell. pp. 227–243.

(17) Cf. C. Diamond, "What does a concept script do?" in C. Wright (ed.), *Op. cit.*, pp. 158–183.［現在では、次に収められて

いる。C. Diamond, *The Realistic Spirit*. 1991, The MIT Press.]

(18) ストア派の論理学については、B. Mates, *Stoic Logic*, 1953 (2nd ed. 1961), University of California Press を、中世の命題論理学については、I. Boh, "Consequences" in N. Kretzmann et al. (eds.), *op. cit.* pp. 300-314 を見よ。[どちらの主題についても、この間の研究の進展には著しいものがあるというのが、私の印象である。多くの話題についてと同様、ここでも *Stanford Encyclopedia of Philosophy* の関連する項目を見るのが、いちばん手っ取り早いだろう。]

(19) *Begriffsschrift*. sec. 9 [『フレーゲ著作集1』二九〜三二頁]。

(20) ここで「伝統的論理学」と呼んでいるものは、アリストテレスが『分析論前書』の中で体系化した論理学と必ずしも一致しない。アリストテレスで幸先のよいスタートを切った論理学が、「伝統的論理学」という堕落した形態にまで陥ったいきさつについては、ギーチの面目躍如たる講演 P. T. Geach, "History of the corruptions of logic" (in his *Logic Matters*) を見られたい。

(21) Lewis Carroll, *Symbolic Logic & Game of Logic*. 1958, Dover. p. 14. もちろん、この著作が伝統的論理学の代表的著作であるということではない。しかしながら、現在でも一部の大学では使われているらしい伝統的論理学の教科書の多くよりは、この方が、(i)用語の説明が簡潔である、(ii)読んで楽しい、という二つの大きな長所をもっている。

(22) "Aufzeichnungen für Ludwig Darmstädter" (Juli 1919) in H. Hermes, F. Kambartel & F. Kaulbach (eds.), *Gottlob Frege: Nachgelassene Schriften*. 1969, Felix Meiner. p. 273 [『フレーゲ著作集4』二六三頁]。

(23) *Ibid*., p. 275 [同二六六頁]。

(24) 「存在する」が一階の術語ではなく、二階の術語であることを示すフレーゲの議論は、『算術の基礎』に初めて接する人々の多くが大きな感銘を受けるものであると言う(筆者も幸いにしてその例外ではなかった)。だが、残念ながら、ここでその議論を扱うことはできない。

(25) (12)のような文が、(α)・(β)・(γ)といった多様な分解を許すことについては、*Begriffsschrift*. sec. 9を[『フレーゲ著作集1』二九〜三二頁]、さらに(δ)の形の分解をも許すことについては、*Ibid*. sec. 10を見よ[同三三頁]。

(26) *Begriffsschrift*. sec. 9 [『フレーゲ著作集1』二九頁]。

(27) この問題を大きくクローズアップしたのは、(いろいろと問題はあるにせよ)ベイカーとハッカーの功績である。G. P. Baker & P. M. S. Hacker, *Frege: Logical Excavations*. 1984, Oxford University Press, pp. 154-163. かれらの批判に対して、

ダメットは、「分解 decomposition」と「分析 analysis」を区別することによって答えている。Dummett, *The Interpretation of Frege's Philosophy*. Chap. 15. 本文からも明らかであるように、ここでも私はダメットの味方である。

なお、どの文にもその唯一の論理形式が存在するというテーゼの批判は、新しいものではない。たとえば、P. F. Strawson, *Introduction to Logical Theory*. 1952, Methuen. p. 53では、同一の文に関しても、その文が出現する推論のパターンに応じて、その論理形式が何であるかがさまざまに把握されるべきであるとして、その唯一の論理形式（*the* logical form）などは存在しないと主張されている。こうした批判に対しても、ダメットによる「分解」と「分析」の区別は有効であろう。

（28）Dummett, *Ibid*., pp. 281f. ベイカーとハッカーも、同じ箇所に言及しているが、かれらは、それを、単なる例外的事例としてしか見ていない。Baker & Hacker, *Op. cit*., p. 159.

（29）*Begriffsschrift*. sec. 9［『フレーゲ著作集1』三一〜三二頁］。強調はフレーゲのもの。

（30）「Function が確定していない場合」と言うのは、フレーゲの筆がすべった、という具合いに解釈するのが妥当ではないだろうか。Argument が確定していない場合の例としてフレーゲが挙げているものと類比的に、Function が確定していない場合の例を考えれば、次のようなものが自然であると思われる。「「5」を Argument として任意の Function を取ってもよく、その命題は常に正しい」。ここでの「Function」は、文の分析に用いられる際の意味ではなく、数学的な関数の意味となる。正しくは、この例は、「任意の関数（数学的な意味での）」が Argument に入り、Function は、「Φ(5)」で表現できるような二階の述語である、と記述されるべきであろう。「確定されていない」という表現のもっとも自然な解釈は、「変項として用いられている」ということであろう。そして、変項として用いられるということは、自動的に、それが Argument として用いられることである。しかし、Function が確定されていない場合として、フレーゲがこうした例を考えていたかどうかは、もちろん、推測の域を出ない。同じ箇所を引用しているダメット（Dummett, *The Interpretation*…, p. 282）が、この文だけを省略しているのは、どういうことだろうか。

（31）*Begriffsschrift*. sec. 9［『フレーゲ著作集1』三一頁］。原文は、すべてイタリック。

（32）フレーゲの文法的カテゴリーについての以下の記述は、G. Evans, *The Varieties of Reference*. 1982, Clarendon Press. pp. 9f. にある簡潔なそれに基づいている。この点についての、より詳細な扱いは、Dummett, *Frege: The Philosophy of Language*. Chap. 3 "The hierarchy of levels" に見いだされる。

（33）G. Frege, *Grundgesetze der Arithmetik. I*. 1893, H. Pohle, Jena.（Reprint. 1966, Georg Olms.）sec. 1–2［邦訳：『フレーゲ

著作集３ 算術の基本法則』野本和幸編、二〇〇〇、勁草書房、五一～五四頁〕。また、この分類は、前節で言及された「飽和―不飽和」とも完全に対応する。すなわち、基礎的カテゴリーに属する表現（フレーゲの言う「固有名」）は飽和した表現であり、派生的カテゴリーに属する表現（「関数名」）は不飽和な表現である。

(34) categorial grammar については、D. Lewis, “General semantics” in his *Philosophical Papers Vol. 1*. 1983, Oxford University Press. pp. 189-232 を参照せよ。

(35) また、こうした限定に根拠がないわけでもない。この点に関しては、次を参照。Dummett, *Frege: Philosophy of Language*. pp. 40-44.

(36) この問題については、拙著『フレーゲと分析的存在命題の謎』（準備中）で詳しく扱う予定である。〔これは未だに「準備中」であるが、この主題については、この間に大きな進展があった。一九七三年にダメットの『フレーゲの言語哲学』が出版されたとき、フレーゲの数学の哲学の価値はもっぱら歴史的なものであり、言語哲学におけるような現代性をもたないと考えるのが（ダメットも含めての）数学の哲学の分野の哲学者の大半の意見であった。こうした状況を大きく変えたのは、註38に引いたCrispin Wrightのモノグラフである。ここから「ネオフレーゲ主義」と呼ばれる数学の哲学の研究プログラムが生じ、現在に至っている。これについては、岡本賢吾・金子洋之編『フレーゲ哲学の最新像』（二〇〇七、勁草書房）を見られたい。〕

(37) ゲーデルのプラトン主義については、K. Gödel, “What is Cantor's continuum problem?” in P. Benacerraf & H. Putnam (eds.), *Philosophy of Mathematics: Selected Readings*. 2nd ed. 1983, Cambridge University Press. pp. 470-485 [邦訳：飯田隆編『リーディングス 数学の哲学――ゲーデル以後』一九九五、勁草書房、所収]を、クワインおよびパトナムについては、H. Putnam, “Philosophy of logic” in his *Philosophical Papers Vol. 1*. 1975, Cambridge University Press を見よ。

(38) フレーゲのプラトン主義のこうした特徴づけは、次に負う。C. Wright, *Frege's Conception of Numbers as Objects*. 1983, Aberdeen University Press. より単刀直入な叙述を好む読者は、B. Hale, “Frege's Platonism” (in C. Wright (ed.), *Frege: Tradition & Influence*. pp. 40-56) の pp. 40-41 を見られたい。

(39) 存在論的カテゴリーに対する文法的カテゴリーの先行性のテーゼは、ダメットのフレーゲ解釈の根幹のひとつである。しかし、ダメットも、このテーゼをフレーゲ自身が明確に述べているという主張については、後に撤回している（ただし、このテーゼそのものを撤回しているわけではない）。Dummett, *The Interpretation of Frege's Philosophy*. Chap. 12.

(40) Geach, *Reference and Generality.* Chap. 2; Dummett, *Frege: Philosophy of Language.* pp. 58-69; C. Wright, *Frege's Conception of Numbers*… sec. ix.

(41) これもまだ準備段階にあるものであるが、拙論「固有名と記述」で、関連する諸問題を扱う予定である。[これも未だに「準備中」であるが、関連する議論として第3章補註2を参照されたい。]

第2章　フレーゲ的意味論の基礎

2・1　意味と像

言葉の意味を問題とするのは、何も言語学者や哲学者の専売特許ではない。日常われわれは、知らない言葉に出会えば、その意味を人に尋ねたり、辞書を引いたりして知ろうとするし、知っている言葉でも、それが自分の知っている意味で使われているのか、それとも別の意味で使われているのか疑ったりする。「この言葉の意味を知っているか」とか「この意味を説明して下さい」といった問いや要望は、どんな言語使用者にとっても、ごくありふれたものである。だが、特定の言葉の意味が問題ではなく、言葉の意味とはそもそも一般的に言ってどのようなものであるかと問われたとき、われわれはどうするだろうか。

「言葉の意味とは何か」という問いが、このように一般的なものであることが了解されたとき、それに対して与えられる解答として未だにしばしば出会うものがある。それは、言葉の意味を何らかの心的なイメージ（心像 mental image）であるとするものである。たとえば、「赤」という言葉の意味とは、この言葉に出会ったときに心の中に生ずる赤い（ものの）イメージである、といった具合いである。こうした考え方を基礎とする「意味の理論」は、その洗練度はさまざまであっても、どれも根本的に誤っている。意味の問題を考える際に、このように根本的に誤った方向が長年優勢を占めて来たということは、またしても哲学における「進歩」というものがいかに難しいものであるかという事実を思い出すためのもうひとつの材料となろう。言葉の意味に対するこうした考え方（「意味の心像説」とでも呼ぶことができよう）は、ウィトゲンシュタインが『哲学探究』の中で徹底的に批判したものであり、その批判は決定的なものであると見なすことができる（これは、ウィトゲンシュタインの遺産の中で、比較的その評価が一致しているという点でごく稀な例である）。そして、意味の心像説を批判するに当たって、ウィトゲンシュタインがフレーゲに多くを負っていることは疑いない。

フレーゲが主として問題としたのは、数学の哲学、特に算術の基礎づけにおいて、心理的な要素を持ち込むという当時の風潮（心理主義）であった。だが、かれは、数学における心理主義を批判することを通じて、現代的な言語哲学の前提を用意することになったのである。『算術の基礎』においてフレーゲが出した問いのひとつは、「数詞、たとえば「五」、の意味は何か」というものである。こうした問いに答えるためには、言葉の意味とは何かという、より一般的な問いを避けることはできない。また、言葉の意味とは心的なイメージであるとする、フレーゲ以前に伝統的であった答の弱点がもっとも鮮明に現れるのは、フレーゲが出したような問いにその答を当てはめようとするときである。したがって、フレーゲのいわゆる心理主義批判は、かれ自身が専念した哲学の一分野、すなわち、数学の哲学だけにとどまらず、言語哲学にまで及ぼすことが当然可能である。

では、意味の心像説、より一般に言語哲学における心理主義は、なぜ批判されねばならないのかを見ておこう。そうした考察が、フレーゲ的意味論の前提となるだけでなく、現代的な言語哲学がそもそも可能となるためのもっとも重要な前提のひとつであることを、今一度強調しておく必要がある。(1)

語の意味が、その語と結び付けられている心的なイメージであるとする説が、少しでも説得力をもつのは、そこで考えられている語がある特定の種類のものであるときに限られる。手頃な大きさの具体物の名前や、「赤」といった感覚的性質にかかわるような語が、意味の心像説の説明にしばしば現れるのは偶然ではない。この説を他の種類の語にまで拡張しようとするときの困難は目に見えている。たとえば、「たとえば」とか「しかし」という語が喚起する心的イメージとはどんなものか。また、抽象的なものにかかわる語についてはどうか。「五」の意味が何らかのイメージであるとするならば、それはどんなイメージか。五個のリンゴのイメージ？　だが、なぜリンゴである必要があるのか。五個の点のイメージ？　だが、そのイメージの中ではそれらの点は、たとえばサイコロの五の目のようなある特定の配置をもっているはずである。そうした特定の配置の点のイメージである必要はどこにあるのか。それとも、数詞「五」のイメージ？　だが、これは明らかに、言葉と言葉がそれについて語るものとを混同することに他ならない。さらに、「三角形」のような一般名についてはどうか。それに結び付けられる心的イメージとはどんなものか。われわれに生ずる三角形のイメージは、必ずある特定の形をもった三角形でしかない。だが、それならば、どうしてそうした特定の三角形のイメージが三角形一般を指すはずの語の意味となりうるのか（この最後の議論は、かってバークレーが、かれの『人知原理論』の序論で、ロック流の一般観念の理論に対して持ち出したものに他ならない）。

次に、語の意味が何らかの心的イメージであるとするならば、ある語を理解している人は、その語に出会うたびにそれと結び付けられたイメージをもっていなくてはならないことになる。だが、それは事実と反するのではないか。「進め」という命令を与えられたとき、聞き手がその命令を了解するために、何らかのイメージが聞き手の心の中に浮かぶ必要があるだろうか。この論点は、ウィトゲンシュタインの論法によってもう少し補強することができる。(2)与えられた命令を理解するために、何らかの心的イメージの介在が必要であるとしよう。「進め」という命令に従うときに人が行っていることは、まず、その命令を構成している語によって喚起される何らかの心的イメージを通じて、その命令を了解し、ついで、その了解された内容に従って行動を起こすという具合いであるということになろう。だが、こうした描像は、ウィトゲンシュタインの挙げる例、「赤い色を想像（イメージ）してみよ」を考えれば、その不合理は直ちに明らかとなる。この場合には、イメージの出現による命令の了解とその了解に従った命令の実行という二つの段階を区別することはできない。語の意味の理解がその語と結び付けられたイメージをもつことであるならば、この命令を了解したときには、もう既に命令の実行はなされてしまっているからである。

だが、ここまでは、意味の心像説批判のいわばまだ前哨戦に過ぎない。より決定的な批判はこれからである。次に述べる二つの批判のうちの第一のものはフレーゲのものであり、第二のものはウィトゲンシュタインに由来する。フレーゲのものは、ダメットも言うように、その批判の前提が必ずしも正しいとは言えないものである。(3)だが、それにもかかわらず、デカルト以来の観念（ideas）の理論のひとつの帰結である私秘的な心的語り（private mental discourse）の優位に対して、言語の公共性を明確に打ち出している点で、フレーゲの批判は画期的な意味をもつものである。(4)

『算術の基礎』の中でフレーゲが力説しているのは、言葉の意味が主観的なものではなく、客観的なものであるということである。意味の心像説の説明の際に典型的に現れる「赤」のような色の名前について、フレーゲは次のように言う。

> 多くの場合、色の名前は、われわれのもつ主観的な印象 subjective Empfindung を指すものではない。そうした主観的な印象については、それが他人の印象と一致するかどうかを知ることはできない。なぜならば、同じ名前を用いることが、そうした一致の保証とはならないからである。そうではなくて、色の名前が指すものは、客観的な性質 objective Beschaffenheit なのである。(5)

フレーゲが指摘するのは、もしも言葉の意味が心の中のイメージのような主観的なものであるならば、それはまったくその印象をもつ当人にしか知られず、他人に伝達できないものであるということである（「純粋に直観的なものは伝達不可能である。Das reine Anschauliche ist nicht mittheilbar.」）[6]。言語的伝達にとって主観的なものが本質的な役割を果たしえないことを示すために、かれは、色のスペクトルの逆転の数学版とでも言うべき例を考察している。二人のひとA、Bが、図形の射影的性質についてのみ論じているとする。この例が持ち出された理由は、図形の射影的性質については、双対性が成り立つという事実にある。つまり、そうした性質を述べている文のどれについても、二つの語「点」と「平面」を置き換えて得られる文は、もとの文が正しければ、それもまた正しい。いまAが「点」という語に結び付けているイメージ（フレーゲは「直観」と言うが）は、Bが「平面」という語に結び付けているイメージと同じものであり、同様に、「平面」と結び付けられているAのイメージは、「点」と結び付けられているBのイメージと同じであるとする。このとき、「どのような幾何の定理が成り立つかについて、両者は完全に一致する。かれらは、ただ、各々が自らの直観に従って異なった仕方で語を解釈しているだけである。」[7] どのような定理が成り立つかについての一致が存在する以上、二人の間で「点」や「平面」という語は、共通の意味をもっていると言える。これに対して、「そんなことはない。どのような定理を正しいものと同意するかに限ってのみ、これらの語は二人の間で共通の意味をもつのであり、それ以外の点では、二人にとってのこれらの語の意味は相違している」という反論があるかもしれない。だが、それには、次のように答えられよう。二人の間に相違が存在すると主張されている「意味」の部分、すなわち、「平面」や「点」と結び付けられているイメージなり直観なりは、言語的な伝達の場面で何ら役割を果たしていない、と。それだけではない。フレーゲに従えば、そうした心的な要素は、そもそも他人に伝達不可能であるゆえに、言語的な伝達において役割を果たすことが不可能なのである。

　フレーゲのこうした議論の難点を指摘することは、今では、比較的容易であろう。というのは、ここでフレーゲが前提としている、私秘的な主観性の領域と公共的な客観性の領域という区別自体が、フレーゲ自身が先鞭をつけた批判的流れの中で、その疑わしさが明らかになってきたからである。第一に、他人に原理的に伝達不可能な心的要素の存在ということが疑いの対象となる。ウィトゲンシュタインの私的言語批判がいったい何を確立したのかは、未だに謎に包まれたままであるとしても、フレーゲの議論が一種の私的言語の可能性を前提としているという疑いは強く、その疑いだけで現代の哲学者の多くはフレーゲの議論を全面的に受け入れることを躊躇するであろう。第二に、フレーゲの議論は、言語的伝達の場面での心的イメージの役割がないことを示すには十分であるとしても、心的イメージを一種の「私的意味」として温存する立場に対しては無力であることが、指摘できる。(8)

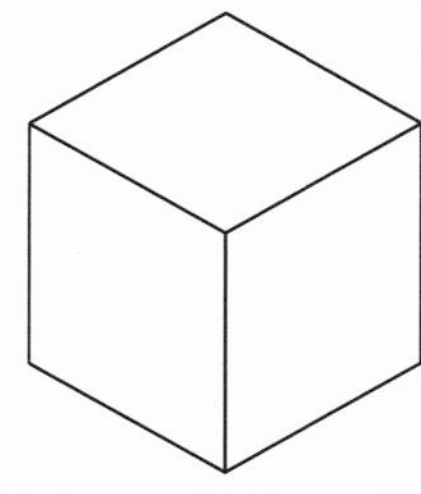

結局のところ、意味の心像説の決定的な批判は、後期のウィトゲンシュタインによってなされることとなった。かれの批判は、フレーゲの場合とは異なり、私秘的な主観性の領域と公共的な客観性の領域といった区別を前提としない。むしろ、ある意味で、すべてを公共性の場に引きずり出すことによって、私秘性・公共性という区別を無に帰そうとするのがウィトゲンシュタインの戦略であるとすら思える。そうした戦略は、意味の心像説批判においては、ほぼ次のような段階を経ることになる。⑴言葉の意味とされる心の中のイメージは、公共的に観察可能な見本や絵に置き換えられる。⑵そうした見本や絵が、言葉の意味であるとするならば、それがどう適用されるべきかが、既にそこに含まれていなければならないことが指摘される。⑶だが、見本や絵については、常に、多様な適用の可能性があり、ただひとつの適用の仕方があるわけではない。⑷したがって、心的な媒体をもつとしても、心の中のイメージは、心の外に存在する見本や絵と同じく、言葉の意味と同一視することはできない。

この点に関する基本的なテキストは、『哲学探究』の第Ⅰ部一三九〜一四一節である（同書の七三〜七四節、八五〜八六節をも参照されたい）。そこでウィトゲンシュタインが問題としているのは、語を理解するということが何らかのイメージ（絵 Bild）が心の中に生ずることでありうるか、である。「立方体」という語が例に取られる。「立方体」という語を聞いたときに、何らかのイメージが心の中に浮かぶとしよう。そのイメージは、立方体を描いた絵であるとしてよい[9]。そうしたイメージの出現は、聞き手が「立方体」という語を理解したというに十分だろうか。答は否である。「立方体の絵」とここで呼んだものは、ある解釈の仕方（投影法）を前提としてのみ、立方体を表示するものであると考えられる。その絵が立方体を表示していると解釈するのが、われわれにとってどれだけ自然であるとしても、それはひとつの解釈であって、立体を平面に投影する仕方は無数にある。投影法が異なれば、それは、三角錐を表示するものであるかもしれない。投影法は、（われわれから見て）どんなに極端なものでもありうる。たとえば、前頁の図を「立方体の絵」と解釈することは、われわれにとって自然であるが、これを次のように解釈することも、論理的には可能である。すなわち、この図は、結局のところ三つの菱形からできている。よって、この三つの菱形の辺の長さの合計を一辺の長さとする正三角錐を、この図は表示しているのだ、と。そうした異なる投影法を身につけた人が、「立方体を指してください」という命令を与えられたとき、「立方体の絵」とわれわれが解釈するイメージをもちながら、ためらわず三角錐を指さすことは、十分に可能である。「立方体の絵は、たしかに、われわれにある使用法を示唆していた。しかし、私がそれを異なる仕方で使用することも可能だったのである[10]。」

ここからまず、次の結論が引き出される。二人のひとが、ある語を聞いて、両者ともにまったく同一のイメージが心に浮かんだとしても、そのイメージを適用する仕方がまったく異なることは可能である（ひとりは立方体を描いたものとしてイメージを解釈し、もうひとりは三角錐を描いたものとして同じイメージを解釈する）。このとき、両者が同じイメージをもつからといって、二人にとってのその語の意味は同じであるといってよいだろうか。そうではあるまい[11]。つまり、語の意味は、その語を耳にしたとき聞き手の心の中に浮かぶイメージではありえないのである。

だが、語の意味は、心に浮かぶイメージとその投影法（解釈の仕方）の両者から成るのであって、語を理解することとは、あるイメージとその投影法の両方が心に浮かぶことである、とすればよいのではないか。だが、投影法が心に浮かぶというのはどういうことか。それは、イメージを解釈するための図表のようなものが、心に浮かぶことでしかあるまい。だが、この図表についても、さまざまな適用の仕方が可能である[12]。つまり、これは、最初のイメージに加えて第二のイメージを持ち込むだけであって、最初のイメージの適用の仕方を一通りに決めることにはならない。それは、矢印が「矢の指す方へ向かって進め」という意味であることを明示するために、第二の矢印を書き加えることが何の役にも立たないのと同じく、無益なことなのである。

ウィトゲンシュタインのこうした議論は、私には決定的なものであると思える。また、この議論が『哲学探究』全体の中で果たしている役割については多くの異なる解釈が可能であるとしても、言葉の意味についてのデカルト以来支配的であった理論をその根底から崩すものとして、それ自身で独立の価値をもつものであろう。そして、ウィトゲンシュタインのこうした議論の源流は、『算術の基礎』におけるフレーゲの心理主義批判に求められるのである。

2・2　文脈原理と合成原理

『算術の基礎』におけるフレーゲの心理主義批判の中で大きな役割を果たしていると考えられている原則がある。それはまず、序論の中で、フレーゲ自身の探求を導く三つの方法論的原則のうちの第二のものとして現れる。

以下の探求において、私は次の（三つの）原則を堅持した。

心理的なもの das Psychologische と論理的なもの das Logische、主観的なもの das Subjective と客観的なもの das Objective とをはっきり区別すべきこと、

語の意味 die Bedeutung der Wörter は、文という関連の中において im Satzzusammenhange 問われるべきであって、孤立して問われてはならぬこと、

概念 Begriff と対象 Gegenstand との区別を常に念頭に置くべきこと。(13)

これら三つの原則のうちで心理主義批判と直接関係するのは、もちろん第一のものである。しかし、一般に「文脈原理 the Context Principle」[14]と呼ばれる第二の原則もフレーゲの心理主義批判にとってきわめて重要であることは、序論のすぐ後の箇所で、第一の原則と第二の原則との関連について次のように述べられていることから知られる。

第二の原則をなおざりにするならば、個々の心に属する内的な像や行為 innere Bilder oder Thaten der einzelnen Seele を語の意味と解することを余儀なくされ、その結果、第一の原則にも反することになる。[15]

つまり、フレーゲに従えば、言葉の意味を何らかの心的なイメージと同一視する傾向は、言葉をそれだけで孤立して考え、「その意味は何か」と問うことから来る。たしかに、こうした設定のもとでは、個々の言葉と出会うときに何が心の中に生ずるのかを観察することによって、言葉の意味が見いだされると考えたくなるかもしれない。しかしながら、文脈原理（＝第二の原則）を遵守しないことが、必然的に意味の心像説につながるかは疑わしい。また、この原理が、先に見たフレーゲ自身の意味の心像説批判の中で何ら役割を果たしていないことにも注目すべきである。そこでの批判は、第一の原則を適用することに尽きている。すなわち、心的なイメージの主観性は、言語的伝達の客観性を保証しないということが、意味の心像説批判の根拠であった。

心理主義批判と文脈原理との関係はフレーゲが言うほど直接的なものではないであろう。しかし、文脈原理を、心理主義的傾向への歯止めとして消極的に使用するのではなく、より積極的に語の意味についてのテーゼとして解釈するとき、この原理の重要性は明らかとなる。事実、文脈原理は、『算術の基礎』の本文において、方法論的原則以上のものとして登場している。この書物の議論全体のひとつの山とも言うべき箇所において、文脈原理は次のような形で述べられている。

語の内容 Inhalt eines Wortes が表象不可能であるとしても、そのことは、その語に意味 Bedeutung を帰することを拒否したり、その語の使用を禁ずる理由とはならない。これとは反対のように見えるのは、まさに、われわれが語を孤立させて考え、その意味を問うことによって、語の意味を何らかの表象 Vorstellung であるとするからである。そうすると、対応する内的な像 innere Bild を見いだすことのできない語は、内容をもたないように見える。しかしながら、常に、完全な文 einen vollständigen Satz が念頭に置かれねばならない。完全な文においてのみ、語は本来意味をもつのである。そのときわれわれに生ずる内的な像は、判断の論理的な構成要素に対応するとは限らない。文が全体として意義 Sinn をもつならば十分なのであり、そのことによって、文の部分もまたその内容を得るのである。[16]

ここで、文脈原理は、心理主義への歯止めとしても用いられてはいるが、同時に、意味についての積極的なテーゼとしても主張されている。特に重要なのは、この引用の最後の部分である。それは、「語の意味とは何か」という問いに対するまったく新たな探求の方向を示唆している。現在一般化している定式化に従えば、意味についてのテーゼとしての文脈原理は、「語の意味は、それが現れる文の意味への寄与に他ならない」と表現できよう。このように解された文脈原理の重要性を、(1)言語における文の中心的役割の認識、(2)文の意味と語の意味の関係についての洞察、(3)文の理解が何に存するかという問いへのひとつの解答、という三点にわたって明らかにしておこう。

(1) 語の意味を、観念、表象、心的なイメージといったものとして捉える伝統的な理論は、語の意味と文の意味との間に原理的な区別をもうけない。こうした類の理論は、単純な観念と複合的な観念との間の区別を立てるが、この区別は、複合的な句の意味と文の意味との間の違いを説明できない。文の意味は、いわば、それを構成している語の意味を単純に加算した結果でしかない（こうした考えの背後には、前章で考察した、文を一次元的な語の並びとする、文の構造についての単純過ぎる理論があることに注意されたい)。

文に対して何ら中心的な役割を与えないような理論は、言語についての理論として初めから失格が決まっているようなものである。言語を用いてわれわれが何かをなすとき、何かを「言う」とき、その基本的な単位は、語ではなく、文である。[17] また、われわれが言語を通じて何事かを理解するときの、理解の単位も、語ではなく、文である。ウィトゲンシュタインの表現を借りるならば、文を発することこそが、言語というゲームの中での「指し手 Zug」を構成するものなのである。[18]

(2) 言語における文の中心的役割が正当に認識されたならば、「語の意味とは何か」という問いに対する答は、語の意味をそれが現れる文の意味と関連づけるという方向で求められることになろう。そして、これこそ、文脈原理の第二のポイントである。意味についての体系的理論を構成するための最初のステップは、語の意味についての一般的な特徴づけを行うことではない。言語的活動における基本的な単位が文を用いるものであると同様、意味の体系的理論も、文の意味の一般的な特徴づけから始まる。文の意味の一般的な特徴づけが与えられて初めて、語の意味は、それが現れる文全体がもつ意味への寄与として、一般的に特徴づけることが可能となる。

語は、固有名や述語といった文法的カテゴリーに分類される。したがって、次になされるべきことは、これらのカテゴリーに応じて、それに属する語の意味が何であるかを一般的に特徴づけることである。これは、語の意味一般の特徴づけ、すなわち、その語が現れる文全体の意味への寄与という観点からなされなければならない。たとえば、「固有名の意味とは何か」という問いに対する答は、固有名が、それが現れる文の意味に対してどのような寄与をなすのかを与えるものでなくてはならない。ある言語に対する体系的意味論は、このような仕方で、その言語に存在する文法的カテゴリーの各々に対して、それに属する語の意味の一般的特徴づけを与えるものである。

体系的意味論において、こうした戦略がほとんど必然的なものである理由は、次の二点にある。第一に、文の意味の一般的特徴づけは、語の意味の一般的特徴づけを前提とせずに行うことができるが、その逆の道を取ることは、言語における文の中心的位置を見失う結果に陥らざるをえない。第二に、このようにして初めて、文の意味に対する、そこに現れている個々の語の意味以外の要素の寄与を正当に評価することができる。すなわち、文は語のリストではなく、ある構造をもつものであり、この構造もまた、文全体の意味に寄与していることは明らかである。

(3) 文が言語において中心的位置をもつことの認識は、言語の理解についての、説明を要するあるきわめて重大な問題の存在の認識へと導く。われわれは、文の意味をひとつずつ覚えていて、その結果、文を理解するわけではない。われわれは、日々、これまでに出会ったことのない文を理解することができ、これまでに発したことのない文を発することができる。ひとつの言語の中で構成できる文は、実に、無限にある。それにもかかわらず、そうした文をわれわれが理解できるのは、いったいどうしてなのか。これは、チョムスキーが強調した「言語の創造性 the creativity of language」の問題である[19]。

この問題は、語の意味を第一義的なものと考える理論にとっては存在しない問題である[20]。そうした理論に従えば、どんな文であろうとも、それを構成している語の意味が知られている限り、その文の意味は、それらの語の意味の総和として直ちに出て来るはずである。だが、もちろん、この問題が問題とならないことは、こうした理論の利点とはまったくならない。たとえば、こうした理論は、まったく同じ語から成りながら、意味の異なる文の存在をどう説明するのか。また、文の意味がそれを構成している語の意味の「総和」であるというのは、正確にはどういうことなのか。語の意味を第一義的なものとする理論は、それが心理主義的な形を取らず、意味の心像説のもつ欠陥から逃れているとしても、実に多くの問題を解決できないままに放置するのである。

ところで、チョムスキーが鳴り物入りで宣伝した「言語の創造性」の問題は、既にウィトゲンシュタインの『論理哲学論考』の中で定式化されている[21]。それだけではない。実は、フレーゲが生前発表した最後の論文の中で、それは、これ以上の明確さはないと思えるほどの明確さで提出され、同時に、解決を与えられている。

言語が成し遂げることは驚嘆に値する。少数の音節でそれは無数の思考を表現することができる。そして、地球の住人にとって初めて把握されたような思考でさえ、その思考にまったく初めて出会うひとにも認められるような仕方で言葉にされることができる。これは、文の構造der Aufbau des Satzesが思考の構造の像Bildとなるように、文の各部分に対応して思考の部分を区分することができるのでなければ、不可能である。(22)

言語にとっての文の第一義性にもかかわらず、われわれが無数の文の意味をいちいち覚える必要がなく（また、それは不可能である）、これまでに出会ったことのない文を理解することができるのは、なぜか。それは、文を構成するものとして、文において語を認めることができ、そして、これが重要な点であるが、語は、文全体の意味に寄与するからである。次のような議論が、この点をより明確にする助けとなろう。(23) 語についても構造を見いだせないわけではない。語は、音節から成っている。たとえば、「あかい」という語は、「あ」「か」「い」の三つの音節から成っている。いま、日本語のすべての音節（五十音表）を習ったばかりの外国人を考えよう。彼女は、これで、日本語のどんな単語をも理解することができるはずだ、などと言えるだろうか。答は、考えるまでもなく、否である。だが、日本語の単語はどれも五十音表に出て来る音だけからできているのではないか。なぜ、音節を覚えることは、それからできている単語の理解に役立たないのだろうか。その理由は、音節は、それが現れる単語の意味に寄与しないからである。これに対して、文脈原理が言うように、語は、それが現れる文に対して意味的な寄与をする。文全体に対する意味的寄与として個々の語が意味をもつゆえに、われわれは、既知の語からのみ成り立っている文については、それがこれまで出会われたことのないものであっても、理解することができるのである。

こうして、文脈原理は、それと密接に関連する、もうひとつの意味論的原則にわれわれを導く。(24) それは、「合成原理 The Composition Principle」と呼ぶことができる原則である。それに従えば、文の意味は、それを構成している語の意味と文の構造（＝論理形式）によって決定される。したがって、文の理解は、それを構成している個々の語の理解とその文の構造の把握によって達成される。原理的に無数の文を理解することが可能であるのは、それらの文が、有限個の語から、これもまた有限個の多様性しかもたない文の構成方式に従って作られているからに他ならない。これが、「言語の創造性」の問題に対する解答である。

だが、ここで、一種の逆転劇が演じられているのではないかという疑念が起こるかもしれない。その疑念は、次のように述べることができよう。――文脈原理を採用して、言語における文の第一義性を認めることから、「言語の創造性」の問題が生じた。そして、この問題を解決するために合成原理が持ち出された。しかし、合成原理は、言語における語の第一義性を再び主張することに他ならないのではないか。よりあからさまな言い方をするならば、文脈原理と合成原理とは矛盾するのではないか。

この矛盾は、外見だけのものである。ダメットが言うように、文脈原理は意味の一般的説明にかかわるものであるのに対して、合成原理は個々の文の理解にかかわるものである。意味の一般的説明においては文が第一義的であり、個々の文の理解においては語が第一義的なものである[25]。このことを明瞭にするために、次のような例を考えよう。

コンピュータのプログラミング言語においては、数を表記するために、2進法や8進法をも用いる。多くのプログラミング言語においては、数は、始めに記法として何が用いられるかを示すための文字（2進法は「b」、8進法は「o」、10進法は「d」など）が置かれ、次に数字を続けるという仕方で表記される。たとえば、「b101」は数5を表し、「o77」は数63を表す。ここでの説明のために、こうした数表現を文と類比することは許されよう（もちろん、こうした数表現そのものが、それが属するプログラミング言語における文であると言うのではない）。これらの〈文〉は、〈語〉から構成されており、それらは二種類のカテゴリーに分類される、と考えることができる。ひとつのカテゴリーには「b」や「o」などが属し、もうひとつのカテゴリーには数字が属する。これらの〈語〉の意味の一般的説明を与えるときにわれわれが行うことはどのようなことか。第一のカテゴリーに属する〈語〉の意味の一般的特徴づけは、「それが現れる〈文〉の中で、それに続く数字をn進法で読むことを指示する」といった形のものであろうし、第二のカテゴリーに属する〈語〉の意味は、「それが現れる〈文〉の最初に置かれている〈語〉の指示に従う数の表記（位取りをも考え合わせたうえでの）」といった形で与えられよう。ここで、〈語〉の意味は、それが現れる〈文〉においてそれがどのような役割を果たしているのか、〈文〉全体の意味、すなわち、ある数の表記に対してどのような寄与をなすのか、を述べることによって与えられている。そして、この例においては、こうした方法以外には、二種類の〈語〉の意味を一般的に与ええないことも明瞭であろう。つまり、「文脈原理」の正しさは、疑いを容れないものである。

これに対して、われわれは個々の〈文〉をどのようにして理解するか。もちろん、それは、その〈文〉を構成している個々の〈語〉を理解することによってである（そしてまた、文の構造の理解と類比できる、位取りということの理解によってである）。「b101」がどの数を指すのかの理解は、「b」が「以下を2進法で読め」の意味であり、最初の「1」が1×2^2を意味し、次の「0」が0×2^1を意味し、最後の「1」が1×2^0を意味することの理解によってなされる。つまり、個々の〈文〉の理解は、それを構成している〈語〉の理解から発するのであり、「合成原理」もまた正しいことがわかる。さらに次のことにも注意すべきである。すなわち、個々の〈文〉を構成している〈語〉の意味をわれわれが理解できるのは、それがどのようなカテゴリーに属する〈語〉であり、そのカテゴリーに属する〈語〉は一般的にどのような意味をもつのかということを、われわれが知っているからである。

この簡単な例は、文脈原理と合成原理とが、互いに矛盾するどころか、ともに言語理解にとって不可欠な原理であることを示すに十分であろう。われわれが日本語の文を理解する際にも、この二つの原理は協同して働いていると考えられる。特定の文に関して、それを構成している特定の語について、その特定の意味が知られてはじめて、その文の理解が可能となる。だが、同時にわれわれは、その文に出現する語が、それぞれ、どういう種類の語であるのか、たとえば、名前なのか、代名詞なのか、助詞なのかといったことを（こうした文法用語に類する言葉を知っている必要はないが）理解している必要がある。そして、名前ならば、名前とは一般的にそれが現れる文の中でどのような働きをするのかが理解できていなくてはならない。このように、語がいくつかのカテゴリーに分類されること、また、そのカテゴリーの各々について、それに属する語がもつ意味が一般的にどのようなものであるのかを理解していることは、日本語の文を理解するための不可欠の条件である。

2・3　意義 Sinn とイミ Bedeutung

2・3・1　区別の導入

われわれは、これまで、「言葉の意味」「語の意味」「文の意味」などについて語って来た。このことは、「意味」ということで単一の現象あるいは問題が指されているという印象を与えたかもしれない。しかし、「意味」という言葉が指す現象あるいは問題は、きわめて複雑なものであり、それについての理論化の作業は、他の多くの場合と同様、いくつかの基本的な区別を設定することから始まらざるをえない。フレーゲは、意味についての理論を構成するに当たって、少なくとも四つの要素を区別している。そうした区別の中でも、もっとも有名であり、今でもフレーゲの名前とわかちがたく結び付いているものは、意義 Sinn とイミ Bedeutung の区別である。[26] この区別は、『算術の基礎』（一八八四）にはまだ見られず、それより八年後の論文「意義とイミについて Über Sinn und Bedeutung」（一八九二）で初めて詳しく論じられている。そして、この区別は、フレーゲの体系的意味論の完成された形を示していると考えられる『算術の基本法則　第1巻』（一八九三）に採用されることとなった。

なぜ、このような区別が必要なのか。

既に述べたように、単称名のカテゴリーは、文法的カテゴリーの体系全体の中で、文と並ぶ重要性をもっている。

したがって、フレーゲもそうしているように、まず、単称名に関してこの区別が導入される経緯を見よう。この議論全体を通じて、「単称名」は、フレーゲが「Eigenname」のもとに了解していたものを指す（ただし、文は除外する）。つまり、「フレーゲ」や「熊本」といった、通常「固有名」と呼ばれるものだけでなく、「日本の首都」や「一兆よりも大きな素数のうちの最小のもの」といった、時に「確定記述」と呼ばれるものも、ここでの「単称名」の指す範囲に属するものとする。

単称名の基本的な機能は、何らかの対象を指す（refer to）ことにあると考えられる。単称名の指している対象を、その指示対象（referent）、あるいは、ウィトゲンシュタインにならい、その担い手（Träger, bearer）と呼ぼう。単称名の意味が、その指示対象、あるいは、その担い手を指すことに尽きるとする説は、それなりに道理にかなったものであるように思える。しかしながら、この説は、ある一群の文の中での単称名の役割を説明できない。これらの文とは、同一性を表現している文である。「意義とイミについて」は、次のように始まる。

同一性 Gleichheit は、それに関連しながらも解答が容易ではない疑問を提起することによって、われわれに反省を迫る。すなわち、そもそもそれは関係であるのか。そして、関係であるならば、それは、対象の間の関係であるのか。それとも、その対象に与えられた名前または記号の間の関係であるのか。(27)

次の二つの文を考えよう。これらは、どちらも、同一性を表現している文である。

(1)　明けの明星 ＝ 宵の明星
(2)　明けの明星 ＝ 明けの明星

ここには、「明けの明星」「宵の明星」という二つの単称名が現れている。そして、両者は、同一の指示対象、すなわち金星を指している。もしも単称名の意味が、その指示対象を指すことに尽きるのであれば、そして、文の意味は、それを構成している語の意味とその文の構造から定まるという合成原理を保持するならば、(1)と(2)とはまったく同じ意味をもつ文であるという結論が出て来るであろう。[28] しかしながら、これに対して、フレーゲは、次のような一般的事実に注意を促す。

……a＝aとa＝bは、明らかに異なる認識価値 Erkenntniswert を有する……すなわち、a＝aがア・プリオリに妥当してカントに従えば分析的 analytisch と名づけることができるのに対して、他方、a＝bの形式をもつ文は、非常に価値あるかたちでわれわれの認識を拡大することを含むことが多く、かならずしもア・プリオリに根拠づけられるとはかぎらない……たとえば、毎朝新しい太陽が昇るのではなく、つねに同一の太陽が昇るのであるという発見は、ほぼ間違いなく天文学における最も重大な成果の一つであったことであろう。[29]

単称名の意味がその指示対象を指すことに尽きるとするならば、「a＝a」という形の文と「a＝b」という形の文は、同じ意味あるいは内容をもつことになる。これらの文が異なる認識的価値をもつという事実に抗してまで、二つの文は意味あるいは内容を同じくすると主張することは、文が表現する意味あるいは内容と、文がもつ認識的価値とを完全に切り離す結果となる。そのような結果は、言語における意味というものを、われわれの言語理解とは無関係のものとすることに他ならない。したがって、「a＝a」という形の文と「a＝b」の形の文が、同じ意味あるいは内容をもつという結論は、何としても避けられねばならない。

この結論を避けるために『概念記法』の中でフレーゲが取った方法は、同一性を表現する文は、記号の間の関係を述べるものであると解釈することである。たとえば、(1)は、「明けの明星」という単称名と「宵の明星」という単称名が同一のものの名前であることを述べていると解釈される。このようにすれば、たしかに、「a＝a」という形の文と「a＝b」という形の文は同じ内容をもつものではない。前者が述べることは「単称名「a」と単称名「a」とは同一のものの名前である」であり、後者が述べることは「単称名「a」と単称名「b」とは同一のものの名前である」となるからである。[30]また、単称名の意味がその指示対象を指すことに尽きるという説を否定する必要もない。同一性が現れるコンテキストでは、単称名はその指示対象を指すのではなく、記号としての単称名自身を指すと考えるのである。『概念記法』から引用しよう。

> 他の場合には、記号は、単にその内容を代理するもの Vertreter ihres Inhaltes であり、記号が現れる結合のいずれにおいても、その内容の間の関係を表現するものであるのに対して、そうした記号が内容の同一性 Inhaltsgleichheit の記号によって結合されるや否や、それらは突然自己自身を露にする。なぜならば、内容の同一性の記号は、二つの記号が同一の内容をもつという事態を表示する bezeichnen からである。かくして、内容の同一性の記号を導入することは、必然的に、すべての記号のイミ Bedeutung の分裂を引き起こす。記号は、その内容を指すこともあれば、それ自身を指すこともあるのである。[31]

この方法は、今や「意義とイミについて」で、ほぼ次のような論拠によって退けられる。いま、「明けの明星＝宵の明星」という文が、「明けの明星」と「宵の明星」という二つの単称名についての主張であるとしよう。そうすると、この文を理解する人は、そのことで何を理解することになるのか。それは、二つの単称名のどちらを使ってもよい、という、これらの単称名の用法についての事実に過ぎない。[32]だが、「明けの明星＝宵の明星」という文は、多分、古代バビロニア人によってなされた画期的な天文学的発見の内容を表すものである。この文は、金星についての事実を述べているのであって、言葉の用法について述べているのではない。同一性が記号の間の関係であるとするならば、

「a＝bという文は、もはや事態そのものに関するものではなくなり、われわれの表示様式に関わるものとなる」[33]のである。

同一性を記号の間の関係であるとすることは、不可能である。同一性は対象の間の関係でなければならない。これを認めたうえで、「a＝a」という形の文と「a＝b」という形の文とが同じ意味あるいは内容をもつという結論を避けるには、どうしたらよいか。それは、この結論へ導く議論の最初の前提、すなわち、単称名の意味はその指示対象を指すことに尽きる、という前提を否定することである。

したがって、記号（すなわち、名前、語結合、文字）に結び付くものとして、その記号によって表示されたもの、すなわち、記号のイミ Bedeutung と呼ぶことができるものに加えて、記号の意義 Sinn と私が名付けるものを考慮すべきである。そして、表示されたものの与えられる様態 die Art des Gegebenseins は、その記号の意義の中に含まれることになる。この考え方に従うならば、……「宵の明星」と「明けの明星」のイミは同一であるが、それらの表現の意義は同一ではないということになるであろう。[34]

このようにして、単称名の意味には、少なくとも二つの要素が区別される。ひとつには、単称名の機能が対象の指示にあることから、単称名の指示対象がそのイミ Bedeutung として立てられる。もうひとつには、単称名の意味がイミに尽きるとするときに生ずる困難を解決するために導入された単称名の意義 Sinn である。では、単称名の意義とは何か。フレーゲは、それが、「表示されたものの与えられる様態 die Art des Gegebenseins des Bezeichneten」を含むと言う。だが、これは一体何か。

この問いに答えるために、「意義とイミについて」でフレーゲが取っている道をそのまま踏襲するのは得策ではないと私は考える。そこでは、フレーゲは、単称名における意義とイミの区別を説明したのちに、文における意義とイミの区別に向かっている。だが、フレーゲの体系的意味論の完成された形では、すべての言語表現に関して意義とイミの区別が存在するのであり、フレーゲ自身の文脈原理に従えば[35]、そうした言語表現一般に成り立つような区別を説明するために取られるべき方法は、まずその区別を文に関して行い、そこからその区別を文以外の言語表現に及ぼすことであろう。だが、その前に、イミ Bedeutung と区別される意義 Sinn が導入されたことの、意味の理論全般にとっての重要性について、いくらか一般的な考察をなしておく必要があろう。

2・3・2　イミ Bedeutung と実在

言葉の意味を心の中の観念やイメージと考えることの不合理に気付くならば、当然、次のような観察の正しさも認められるようになる。すなわち、言葉は心の中の出来事を報告するためよりも、むしろ多くの場合、心の外の物や出来事について語るために用いられる、と。こうした観察から自然に出て来る考えは、言葉の意味が、その言葉と結び付けられている外部の事物や出来事であるとする考えである。つまり、最初単なる音声や紙の上の模様でしかない記号は、世界の側に存在する物や出来事と結び付けられることによって、意味を得て言葉となるという考えである。ここで唯一重要なことは、記号と世界の側の物や出来事との間の結合が何らかの仕方で成立しているということであって、その結合がどのような仕方で成立しているかではない。

言葉の意味がイミ Bedeutung に尽きるとする考えは、一般化するならば、このような形での言葉の意味を扱う見方であろう。こうした見方のもっとも素朴なものは、心的なイメージが心理主義的な意味の理論の中で果たしていた役割をすべて、実在の物や出来事に負わせるだけのものである。それは、個々の語に、それと結び付けられる実在を、その意味として割り当て、文には、それを構成している語の意味である実在の要素から成る複合物（事実、事態）を、その意味として割り当てることになる。この素朴な実在論的意味論は、明らかに文脈原理に抵触する。文の意味とされる複合的実在と、文ではないが複数の語から成っている句の意味とされる複合的実在は、どのように区別されるのか。事実についての形而上学的理論の多くは、悪しき意味論から産まれたのではないだろうか。

意義とイミの区別が導入される前のフレーゲの著作に、こうした素朴な実在論的意味論への傾向をまったく見いだせないわけではあるまい。しかしながら、フレーゲの言語に対する関心が論理的推論の妥当性の問題に発していたことと、文脈原理が働いていたこと（ただし、『算術の基礎』以前に関しては推測の域を出ないが）によって、かれは、事実や事態についての形而上学的思弁からは大部分無縁であったと言える。論理的推論の妥当性にとって重要なことは、もっぱら、複合的な文の真偽、すなわち、真理値（truth-value）が、それを構成している、より単純な文の真理値からどのように決定されるかである。そして、文の真理値を決定するためには、一般には（つまり、「可能である」とか「信じている」といった表現が作り出す、いわゆる内包的文脈を考慮しなければ）、後に言語表現のイミBedeutungに分類されることになるもののみを考えれば済むのである。

先に、意味についてのテーゼとして、故意に一般的な形で述べた合成原理を、イミBedeutungについてのテーゼとして述べ直せば、次のようになろう。

（合成$_B$）　文のイミは、それを構成する部分表現のイミと文の構造によって決定される。

つい今しがたも述べたように、推論の妥当性にとって重要なのは、複合的な文の真理値が何によって決定されるかである。フレーゲが主として扱った推論が数学における推論であったことから、かれは、推論の妥当性に関する限りは、「可能である」や「信ずる」といった表現が役割を果たすような内包的文脈を考察する必要がなかった。(36) したがって、複合的な文の真理値は、それを構成している、より単純な文の真理値によってのみ決定される。フレーゲがその文法を明らかとしたような述語論理の言語において、複合的な文が構成される仕方は、二通りある。ひとつは、否定や連言や選言といった文結合詞によるものであり、もうひとつは、全称および存在の量化子によるものである。前者の方法で構成された文については、その構成要素である、より単純な文を取出すことには何の問題もない。たとえば、「A」および「B」が、「AかつB」といった形の文の構成要素である。これに対して、量化を用いて構成された文については、その構成要素と見なすべき文は、量化の変項をその言語に属する任意の単称名で置き換えて得られる文である。これは、無限個の単称名を形成することができる言語においては、量化によって構成された文の構成要素と見なされる文が無限個あるという一見奇妙な帰結を生み出すが、現代の論理学では普通に取られている考え方である。複合的な文の構成要素と見なされるべき、より単純な文を、このように定義するならば、複合的な文の真理値がその構成要素である文の真理値によって一義的に決定されることは、簡単に見て取れる。たとえば、「AかつB」といった形の文が真となるのは、「A」および「B」がともに真であるときであり、「A」や「B」がもつ真理値以外の特徴は、「AかつB」という文の真理値には何の影響をも及ぼさない。あるいは、量化によって作られる文の場合を考えれば、「$\forall xF(x)$」という形の文が真となるのは、「$F(a)$」、「$F(b)$」、……といった、「$F(x)$」の「x」に、任意の単称名を代入して得られる文のすべてが真となるときである。この場合にも、複合的な文の真理値を決定するものは、その文の構成要素である文の真理値であり、それ以外の特徴を考慮する必要はない。つまり、真理値は、イミについての合成原理（合成[B]）を満足するものとして、文のイミと見なされるべき十分な資格をもっている。それだけではない。言語の理論は、その言語においてどのような推論が妥当であるかの特徴づけを含んでいなくてはならない。推論の妥当性にとって決定的な役割を果たすような意味的要素を文が所有しているとするならば、その意味的要素として真理値を選択することは、もっとも自然な選択であると言える。

では、文よりも小さな言語的単位のイミはどのようにして決定されるか。特に、単純な文の構成要素のイミは何か。この問いに答える際の指針となるのは、イミについての合成原理（合成[B]）と、次のように述べられる、イミについての文脈原理である。

（文脈$_B$）　語のイミ Bedeutung は、それが現れる文のイミ（＝真理値）への寄与である。

だが、これら二つの原理だけから語のイミが何であるかを演繹することはできない。ここでフレーゲが取った道は、かれの意味論の実在論的性格をはっきりと示すものである。すなわち、フレーゲは、単称名のイミを、その指示対象であるとする。たとえば、「アリストテレス」という単称名のイミは、実在の人物アリストテレスに他ならない。単称名は、実在の側の対象と結び付けられているのであり、その結び付けられた対象が、その単称名のイミである。単称名は、その指示対象をイミする bedeuten のである。

単称名のイミをその指示対象とすることは、イミについての二つの原理とも合致する。イミについての文脈原理から、単称名のイミは、それが現れる文のイミ、すなわち真理値、への寄与である。その帰結として、単称名が現れている文の真理値は、その単称名が何を指示しているかに依存しているはずである。そして、このことは疑いなく正しい（ここでも、内包的な文脈は考慮に入れていない）。また、イミについての合成原理が、単称名のイミを指示対象とするときに成り立つことのひとつの証拠として、次のことを挙げることができる。単称名が現れている文において、その単称名を、それと同一のイミ、すなわち指示対象をもつ別の単称名で置き換えても、もとの文のイミ、すなわち真理値は変化しない。たとえば、「アリストテレスはおしゃれだった」という文の真理値は、「アリストテレス」の代わりに、それと同一のイミをもつ単称名「『ニコマコス倫理学』の著者」を用いた文「『ニコマコス倫理学』の著者はおしゃれだった」の真理値と同じである（再び、内包的文脈は考慮の範囲に入っていないことを注意する必要がある――たとえば、「『ニコマコス倫理学』の著者がアリストテレスかどうか疑う人がいる」に現れている二つの単称名が指示対象を同じくするからといって、どちらかひとつだけに統一することは、この文全体の真理値を変えることになるであろう）。つまり、単称名のイミについては、「どのような名前で呼ばれようと薔薇は薔薇」という原則を適用してよいのである。

文のイミと単称名のイミとが決まれば、他のカテゴリーに属する言語表現のイミは、ほとんど自動的に決まる。たとえば、一座の一階述語のイミは、その述語を満足する対象の全体によって与えられ、二座の一階述語のイミは、その関係を満足する対象の対の全体によって与えられる、といった具合いである。

このように考えられた、フレーゲのイミ論は、文のイミである真理値に特別の地位を与えている限りは、文脈原理に抵触する素朴な実在論的意味論とは大きく相違する。とはいえ、単称名のイミがその指示対象であるとする、フレーゲの立場は、言葉と世界の側の物や出来事との結び付きを確保しているという点で、明らかに、実在論的なものである(37)。

2・3・3　イミ Bedeutung から意義 Sinn へ

フレーゲの（イミ論ではなく）意味論全体は、言葉と結び付けられた実在の要素であるイミ Bedeutung だけでなく、意義 Sinn をも導入したという点で、心的な観念やイメージを心の外の実在の要素と置き換えただけの、素朴な実在論的意味論から、さらに大きく相違する。

イミ Bedeutung についての考察が文のイミから始まったように、意義 Sinn についての考察も、まず、「文の意義とは何か」という問いの考察から始めるべきであろう。この問いへの答として常に引かれる箇所は、『算術の基本法則 第1巻』三二節である。

> われわれの記号から適正な仕方で構成された名前 Name には、単にイミ Bedeutung のみならず、また一つの意義 Sinn が帰せられる。真理値のこうした名前のいずれも、一つの意義 Sinn、思想 Gedanke を表現する ausdrücken。われわれの取り決め Festsetzung によって、真理値名が、いかなる条件下で unter welchen Bedingungen 真をイミする bedeuten のかが、規定される。これらの名前の意義、すなわち思想、とは、これらの条

件が充足 erfüllen されているという思想である。(38)

ここで、フレーゲが、文の意義 Sinn をその真理条件 truth condition と同一視しているとする解釈は、近年、激しい攻撃の的となったが、(39)私は、こうした「伝統的な」解釈を取りたいと思う。文の意義をその真理条件と同一視する解釈の核心は、文の真偽という（事実とか事態といった形而上学的荷物を持ち込まないという意味で）ほとんどミニマルとも言える事柄さえ前提とするならば、文の理解ということの一般的特徴づけが可能となるという洞察にある。つまり、任意の文 *S* について、*S* を理解するということは、*S* がどのような条件のもとで真と見なされるかを知ることである。(40)そして、文 *S* の意義 Sinn とは、*S* が理解されているときに知られているものである。

この解釈に関して特に指摘されねばならない二つの点がある。第一に、文の意義 Sinn という概念は、文のイミ Bedeutung という概念を前提としている。文の意義である真理条件は、文の真理値という概念が前もって与えられているものとして初めて有効な概念となる。より一般的に、意義論はイミ論を前提とするのである。第二に、文の意義は、文の理解と緊密に結び付いている。意義は、理解の相関者として導入される。一般に、文に限らず、言語表現の意義は、その言語表現が理解されるときに知られるものである。

語の意義は、『算術の基本法則』から先に引いた箇所のすぐ先で、次のように特徴づけられている。

真理値の名前がそれらから構成されている単純な名前、ないし、それ自体すでに合成された名前は、［その真理値名が表現している］思想を表現するのに寄与する。そして、個々の名前のこの寄与 Beitrag が、その名前の意義 Sinn である。ある名前が、真理値の名前の部分ならば、その名前の意義は、真理値の名前が表現する思想の部分である。(41)

この引用の前半に、意義についての文脈原理を、後半に、意義についての合成原理を見ることは、それほどの拡大解釈であるとは思われない。すなわち、意義についての文脈原理は、

（文脈^{S}）　語の意義 Sinn は、それが現れる文の意義（＝思想、真理条件）への寄与である。

という形で述べられるであろうし、意義についての合成原理は、

（合成^{S}）　文の意義 Sinn は、それを構成する部分表現の意義と文の構造によって決定される。

と述べることができよう。

語の意義は、それが現れる文の意義、すなわち真理条件への寄与として特徴づけることができる。実は、文脈原理についての2・2節の議論の中での、語の意味の一般的特徴づけは、文の意味の一般的特徴づけを前提して初めて可能であるという主張は、意義についての文脈原理（文脈^{S}）から出て来るものである。真理条件の概念が、文の意義の一般的特徴づけを可能とするのに対して、語に関しては、文の場合の真理条件に対応するものがないために、語の意義の一般的特徴づけは、文脈原理によらざるをえないのである。また、イミと意義の区別を導入する前に述べられた合成原理（2・2節）も、イミについてのものではなく、意義についての（合成^{S}）であることも明らかであろう。意義 Sinn が、理解の相関者であるゆえに、意義についての合成原理からは、次のことが帰結する。

（合成′^{S}）　文の意義 Sinn の理解は、それを構成する部分表現の意義の理解と文の構造の理解によってなされる。

2・3・4　意義 Sinn からイミ Bedeutung へ

では、語の意義 Sinn とイミ Bedeutung とはどのように関係するのか。特に、単称名の意義とイミとはどのような関係にあるのか。単称名の意義が「表示されたものの与えられる様態」を含むとはどういうことか、という先の問いへの答は何か。

意義 Sinn とイミ Bedeutung との間の関係は、一見きわめて単純と見える次の原則によって与えられる。

(S→B)　意義 Sinn はイミ Bedeutung を決定する。

先ほどからの方針に従い、まず、この原則が文の場合について何を言うものであるかを考察することから始めよう。それは、当然、文の真理条件がその文の真理値を決定するという主張のはずである。だが、文の真理条件は、その文が真となるための条件を決定するのみであり、その文の真偽までをも決定はしない。文の真偽は、言語外の実在の方で何が成立しているかに基本的に依存している。たとえば、「日本での昨年の交通事故による死者は五千人を超えている」といった文の真理条件をわれわれは難なく理解する。しかし、それが真であるかどうかは、その真理条件の理解だけからはわからない。事実の調査がなくては、その真偽は決定できない。したがって、文の意義である真理条件がその文のイミである真理値を決定すると言われるときには、言語外的な要因、つまり、実在の側からの寄与を当然含めてのことであると解釈されるべきである(42)。文の意義が、実在の側からの寄与をまって、その文を真あるいは偽に決定すると言うことは、きわめて強い仮定である。それは、次のような二値性の原則(Principle of Bivalence)を置くことに等しい。

(PB)　いかなる文も、真あるいは偽のいずれかである。

フレーゲがこのような強い仮定をかれの意味論の基礎に置いたことは、かれによって初めて体系化された論理、つまり、古典述語論理（classical predicate logic）の基本性格と結び付いている。古典論理における推論の妥当性は、推論に現れる文がいずれも確定的に真あるいは偽のいずれかであるという仮定、すなわち二値性の原則と切り離せないものである。いったん二値性の原則が廃棄されるならば、古典論理において妥当とされていた推論のあるものは妥当性を失う。その典型は、排中律（Law of the Excluded Middle）

（LEM）　$A \vee \neg A$

に依存するような推論である。

次に単称名の場合に原則（S↓B）を考えよう。文の真理条件が（実在の側からの寄与と合わせて）その文の真理値を決定するということと類比的に考えるならば、単称名が表現している何らかの条件が（実在の側からの寄与と合わせて）その単称名の指示対象を決定するというのが、単称名の場合の原則（S↓B）の実質であるということになろう。たとえば、「日本最北端の岬」という単称名は、その指示対象が満足すべき条件を表現しており、現実にその条件を満足するものが何であるかという事実とあいまって、その指示対象（＝宗谷岬）を決定する。原則（S↓B）が文の場合に正しいために二値性の仮定を置く必要があったように、この原則が単称名の場合に正しいためには次のような仮定（「単称名に関する存在措定 Existential Assumption」と呼ぼう）を置く必要があろう。

（EA）　いかなる単称名も指示対象をもつ。

そして、この仮定もまた、二値性の仮定の場合と同様、古典論理での妥当な推論と密接に関連している。すなわち、「a」が単称名であるとき、次のような推論のパターンは、古典論理における妥当な推論を表現している。

$$\frac{F(a)}{\exists xF(x)}$$

ところで、単称名のイミとはその指示対象に他ならないのであるから、単称名に関する存在措定（EA）は、次のように言い換えても同じである。

(B1)　いかなる単称名もイミ Bedeutung をもつ。

ここで翻って文の場合を考えてみると、文のイミとはその真理値に他ならなかった。したがって、文に関する二値性の原則（PB）は、次のように言い換えられる。

(B2)　いかなる文もイミ Bedeutung をもつ。

『算術の基本法則』においては、単称名も文も同じく名前 Name であるとされ、次のような原則が立てられている。

　定義に関して、私は次の最高原則を立てる。
　適正に形成された名前は、つねに何かをイミ bedeuten しなければならない。(43)

これは、上の二つの原則(B1)・(B2)を包摂する原則である。そして、これら二つの原則がいずれも古典論理で妥当とされる推論と密接に結び付いていることから、フレーゲの言う「最高原則」も、その根拠を古典論理にもつことが了解されよう。

ここまでで意義とイミの関係については何が明らかとなったのか。この関係をフレーゲは、意義がイミを決定するという原則(S↓B)によって与えている。しかし、この原則は、それが適用されるためには、文については二値性の原則を、単称名についてはその指示対象の存在措定を必要とする。これらの原則は、すべての名前はイミをもたねばならないという、フレーゲのイミ論における最高原則の特殊化である。この原則の根拠は、古典論理で妥当とされる推論にある。つまり、文のイミをその真理値と同一視する点に顕著に現れているような、フレーゲのイミ論と論理との密接な結びつきは、イミ論をその基底におくかれの意義論をも支配しているのである。

意義 Sinn についてのわれわれの解釈の際だった特徴として、先に二つのことが挙げられた。ひとつは、言語表現の意義という概念は、言語表現のイミの概念を前提とすることであり、これは、原則(S↓B)の適用条件をめぐってのこれまでの議論が示すこととも一致する。しかしながら、もうひとつの特徴、すなわち、言語表現の意義が言語的理解の相関者として導入されたということは、この同じ原則(S↓B)の妥当性に対する疑いを引き起こす。

言語表現の意義が言語的理解の相関者として導入されているということは、たとえば、「意義とイミについて」の次のような箇所から明瞭である。

固有名の意義は、その固有名が属する言語もしくは表示法の全体に十分に通暁しているすべての人によって把握される。(44)

イミの理論が言語的表現と実在の事物との間の関係を与えるものであるのに対して、意義の概念は、言語的表現とその言語の話し手がそれについてもっている理解とを関係づけるものとして導入された[45]。だが、言語表現の意義が、その表現が属する言語に通暁している人によって把握されるものであるとすると、意義を有しながらイミを欠く言語表現が存在するように見える。たとえば、「現在の日本国大統領」といった表現は日本語の話し手にとって無意味な語の羅列ではない。日本語の話し手は、この表現を理解するし、したがって、その限りで、そのときに理解されている何か、すなわち、この表現の意義 Sinn が存在する。しかしながら、この表現は指示対象をもたない[補註1]。よって、それは、イミ Bedeutung をもたない。このように意義をもちながらイミを欠く言語表現が存在しうるとすることは、意義がイミを決定するという原則（S→B）に反する。また、それは、意義が「表示されたものの与えられる様態」を含むとする説明を了解不可能なものとしてしまう。なぜならば、イミを欠く言語表現においては、そもそも「与えられる」ものなどないのであるから、その「与えられる様態」が意義に含まれていると言うことは意味をなさない。

指示対象を欠く単称名にも意義を付与することは、文における意義とイミとの関係についても深刻な影響を及ぼす。イミについての合成原理（合成$_{B}$）から、指示対象を欠く単称名が現れている文は、その構成要素のひとつがイミを欠くゆえに、イミを欠くことになる。つまり、このような文は真理値をもたず、真でも偽でもない[46]。真理値を欠くこのような文は、ふたたび、原則（S→B）の反例となる。さらに、真理値を欠きながら意義を有する文の存在を認めることは、文の意義をその真理条件とすることをも疑わしくする。文の真理条件とは、文字通り、その文が真であるための条件である。この条件が満たされていれば、文は真であり、さもなければ偽である。真理条件が与えられていながら、その真理条件を有する文が真でも偽でもないというのは、どういうことか了解に苦しむのは当然であろう。要するに、イミを欠きながら意義を有するような言語表現の存在を認めることは、フレーゲ的意味論の全体を崩しかねないような影響をもつのである。

こうした問題をフレーゲ自身がそれほど深刻に受け止めていなかったのには、二つの理由が挙げられる。しかしながら、結論だけを先に言うならば、そのどちらの理由も、問題の深刻さを軽減することにはならない。

第一の理由としては、フレーゲの意味論がドイツ語や日本語のような自然言語のために立てられたのではないことが挙げられよう。かれは、自らの意味論的原則が自然言語には適用されえないことを、むしろ自然言語のもつ本質的欠陥であると考えていた。かれの概念記法は、自然言語のもつ論理的欠陥、特に、すべての表現に対応するイミが必ずしもないことから免れている「完璧な記号体系」として構想されている。実際、算術を論理的真理のみから導出するという『算術の基本法則』における目的のために構成された言語に関しては、意義を有しながらイミを欠くような言語表現を排除することが至上命令であった（「すべての名前は何かをイミする bedeuten」という原則が、「定義に関する最高原則」と呼ばれていたことを思い起こされたい）。だが、われわれは、フレーゲのこうした態度に満足することはできまい。意義とイミの区別は、フレーゲにとってさえ、単に言語のある特殊な部分でのみ成り立つようなものとして導入されているのではない。「意義とイミについて」でのこの区別の説明が、自然言語からの豊富な例によっていることは、単なる説明の便宜のためではあるまい。もしもそれが単なる説明の便宜のためであるとするならば、自然言語の表現に対して用いられる「意義」や「イミ」は、比喩的に使われているのみであるということになる。意義とイミの区別が体系的意味論にとって不可欠の区別であると認めるならば、そして、この区別をなす理論がそのままでは自然言語に対しては適用できないとするならば、われわれがなすべきことは、自然言語をその適用範囲から除外することではなく、理論そのものを再検討することであろう。[47] その再検討の結果が、どのような推論を妥当とするかという点にまで及ぶ、つまり、古典論理そのものの改訂にまで及ぶとも、それが直ちに新たな理論を拒否する理由とはならない。

意義を有しながらイミを欠く言語表現の存在がフレーゲにとってそれほど深刻な問題であると意識されなかった第二の理由は、かれが、そうした表現の出現をすべて、神話や小説や詩といった「虚構＝フィクション」を事とする文脈での出現と同化したことにある。[48]

しかし、そもそもなぜ、われわれは固有名の一つ一つに意義のみならずイミもあるということを期待するのであろうか。なぜ思想だけでは満足しないのであろうか。それは、われわれにとって思想の真理値が問題になるからであり、また、その限りにおいてである。しかし、真理値をつねに問題にしているのではない。たとえば、叙情詩に耳を傾けるとき、われわれを動かすものは、言語の心地よい響きを別にすれば、文の意義とそれによってひきおこされる表象と心情だけである。……これゆえに、例のホメロスの韻文を芸術作品として理解している限りは、たとえば『オデュッセウス』という名がイミをもつかはどうでもよいことですらある。したがって、真理の追求はつねにわれわれが意義からイミへと進むことを促すものなのである。(49)

だが、イミを欠く言語表現の出現をすべて虚構的文脈での出現と同化することには無理がある。フレーゲのように、本来の固有名と確定記述の間に本質的な区別を認めず、いくらでも複雑な単称名を構成する機構が言語に備わっているとするとき、単称名がイミを欠くことになる危険は常に存在する。フレーゲ自身の挙げている例である「地球からもっとも離れた天体」や「もっとも遅く収束する数列」(50)といった単称名は、いずれも天文学上の発見や数学的証明をまって初めてイミを欠くことが判明するものである。こうした発見や証明の後では、過去の天文学者や数学者は、自分では天体や数列を問題としていたつもりでも、実は、詩人と同じような職業に従事していたということになるのだろうか。それならば、現在の科学者の多くもまた本当のところは詩人であった、と将来判明する可能性は実に高いものとなろう。(補註2)

フレーゲによる意義 Sinn の概念の説明には、相容れがたく思われる二つの発想が同時に存在していると言わざるをえない。ひとつは、言語表現の意義を、その言語の話し手がその言語表現を理解するときに理解するその内容であるとするものである。もうひとつは、言語表現の意義を、その言語表現のイミを決定するものと考えるものであり、この発想のもとでは、言語表現の意義はそのイミの与えられる様態を含む、と言われることになる。

しかしながら、言語理解の相関者としての意義と、言語から実在への通路をつけるものとしての意義との間の、こうした分裂を放置しておくことはできない。フレーゲにおいて、イミの概念が意義の概念の基底におかれていることの理由は、文の理解ということの一般的特徴づけが文の真偽の概念によって可能となるという洞察にあった。つまり、意義がイミを前提とすることは、言語理解の一般的特徴づけにとって本質的なのである。

フレーゲの意義の概念に内在するこの分裂にどのように対処するかは、本章の最後で検討する。

2・4 陰影と力

フレーゲは意味の要素として少なくとも四つを区別していると先に述べた。そのうちの二つ、イミ Bedeutung と意義 Sinn については、既に前節で論じた。フレーゲ的意味論の中核とも言うべきこれらの概念とは対照的に、残りの二つの意味的要素である陰影と力については、フレーゲは体系的な理論を展開してはいない。陰影と力は、むしろ、イミや意義が何ではないかを画定するために導入された概念であると言える。しかしながら、両者とも、フレーゲにおけるような断片的扱いを越えて発展させられるべきものである。

意義の概念がイミの概念を前提とする形で導入されたこと、および、文のイミが真理値であることからのひとつの帰結は、文の真偽に影響を与える意味的契機のみが語の意義に含まれるということである。だが、語のもつ意味的契機の中には、それが現れる文の真偽に影響を与えないようなものがある。たとえば、フレーゲ自身が挙げており[51]、フレーゲ以後の議論でも必ず引き合いに出される例は、「そして und, and」と「しかし aber, but」の間の相違である。

「太郎の上司は女性で、有能だ」と「太郎の上司は女性だが、有能だ」という二つの文は、後者を使うことがあまりほめられたことではないにもかかわらず、ほとんどすべての文脈[52]でその真理値を同じくするという点で、同じ意義を有する文である。フレーゲは、このようにそれが現れる文の真偽に影響を与えない意味的契機を、「陰影 Beleuchtung」、「色合い Färbung」、などと呼び、それが意義から峻別されねばならないことを強調している。[53]

フレーゲがこうした意味的契機をかれの論理的記号法である概念記法から排除したことには、十分な理由がある。かれの主要な関心は、前提が真ならば結論も真であるような妥当な推論を特徴づけることにあり、その目的のためには、文の真理値にまったく影響を与えないような意味的契機を考察する必要はないからである。『概念記法』からの次のような一節がこのことを明瞭に示している。

> ……判断に関して、ここでは、**可能な帰結**に影響を与えるものだけを考察する。正しい推論に必要なものはすべて完全に表現されるが、それに必要でないものは一般に表示されない[54]……。

推論の妥当性を問題とする限りは、陰影を意義から区別して、もっぱら後者に専念することは正しい。しかしながら、フレーゲがしているように、そのことのゆえに陰影がまったく主観的なものである、と結論することは大きな誤りである。フレーゲは、陰影がもっぱら表象にかかわるものであり、「作詩法や雄弁術が意義に対して付加するものである」と言う。[55]だが、「そして」と「しかし」の間の相違は、それが喚起する表象の違いに求めることはできない。そもそも、これらの語が何らかの表象を喚起するだろうか。さらに、「そして」と「しかし」を使い分けることは、言語の知識の一部分を構成するものである。もっとも明瞭な例として、日本語における敬語の用法を考えてみればよい。敬語が正しく使われているかどうかは、表現された文の真理値に何ら影響を与えない。それにもかかわらず、敬語の正しい用法の習得は、日本語の理解の重要な一部分を構成するものである。また、明らかに、敬語の用法は何ら主観的なものではなく、公共的な規則が存在するという意味であくまでも客観的なものである。

では、意義に対して陰影が副次的なものであるとする理由は、妥当な推論の特徴づけという特定の目的にとってのみ存在する、と言うべきだろうか。これを否定するひとつの考え方は、言語的コミュニケーションにとってもっとも基礎的なものは言われたことが真であるか否かという問題だ、とする考え方であろう。このような観点からは、言われたことの真偽に影響を与える意味的要素、すなわち、意義こそが、体系的意味論の中心をなすものとなろう。そして、そうした意義の理論を前提とした上でのみ、陰影についての満足な理論が可能となる、と主張されよう。私は、こうした路線に基本的に賛成したい。いずれにせよ、「陰影」という名称が総括している多様な言語的現象は、そもそもそれが単一のものであるかどうかすら、よくわかっていないものである。だが、そうした現象の少なくとも一部は、体系的意味論の中で然るべき位置を与えられる必要があることは疑いない。[56]

体系的意味論にとって真理の概念が中心的なものであるとする観点に対する、もうひとつの反論は、真偽を問題としないような文の使用が多数存在するということを根拠にしてなされる。——たとえば、命令や依頼や疑問などに使われる文に真理値を付与することはできない。こうした文の存在を思い出すならば、文のイミがその真理値であり、文の意義がその真理条件であるとする、フレーゲ的意味論の限界は明らかではないか。

この反論に答えるためには、フレーゲが区別した言語的表現の意味的要素のうちの第四のもの、すなわち、力Kraft の概念が必要となる。この概念もまた、それが最初に導入されたのは、「正しい推論に必要なものはすべて完全に表現する」[57]という、概念記法の目的のためであった。まず、後に「主張力 die behauptende Kraft」と呼ばれるようになるものが、なぜ概念記法のために必要であるかを見よう。

「Modus Ponens」と呼ばれる推論は、次のようなパターンをもっている。

(a) PならばQ

(b) P

(c) よって、Q

ここで「P」は、二回現れている。一方で、これら二つの「P」は、同じことを言っているものでなくてはならない。さもなければ、この推論は妥当であるとは言えなくなる。他方、(a)に現れている「P」と、(b)に現れている「P」とは異なっていると言わざるをえない。なぜならば、(a)において「P」は主張されていない（さもなければ、前提(b)は必要ないことになる）のに対して、(b)における「P」は主張されている（さもなければ、結論(c)は出て来ない）からである。

この例は、同一の内容をもつ文が、主張されて（＝主張力を伴って）現れるときと、主張されないで（＝主張力を伴わないで）現れるときとがあることを示している。このことから、何が結論として引き出されるか。『概念記法』でフレーゲが引き出した結論は、一般に判断が、判断可能な内容 beurteilbarer Inhalt と肯定 Bejahung との二つの要素に分析される、というものであった[58]。そして、この二つの要素を明示するために、かれは、判断を次のような記号で表示している。

$\vdash\!\!-\!\!-$ A

ここで、「──A」が判断可能な内容に対応し、「|」が肯定に対応する。

フレーゲのこうした判断論は、それ自体として詳細な検討を必要とするが[59]、われわれの当面の目的にとっては、ここに萌芽的に現れているアイデアを一般化できないかが重要である。

一般化のための手がかりは、文を使ってそもそもわれわれは何をするのか、という問いを出してみることである。文の意義である真理条件や、そのイミである真理値を知ったとしても、そうした文を使うことがいったいどういうことであるのかを理解できない限り、言語という現象は理解されていないことになる。文を使ってわれわれは実にさまざまなことを行う。そのうちの多くは、人と人との関係にかかわるものである。われわれは、言葉で人にへつらい、言葉で人を傷つけ、言葉で人を慰める。だが、言語をこうした高度な目的で使えるためには、個々の言語行為が何であるかについての、その言語の使用者全体にわたる合意が存在している必要がある。そして、こうした基礎的な言語行為の種類については、その種類を告げ知らせる機構が言語そのものに備わっていると考えられる。たとえば、ある言語行為が、人にへつらうための言語行為であることを示すような言語的機構は存在しないが、それが、人に何かをたずねるための言語行為であることを示すための言語的機構は疑いなく存在する（疑問符、イントネーション、その他）。このような言語的機構を理解することは、言語の理解にとって本質的なものである。簡単に言うならば、個々の言語行為が、どのような種類のものであり、どのような内容をもつものであるかの両方の理解が、言語の理解にとって不可欠なのである。そして、力（Kraft, force）の理論が明らかにしようとするものは前者であり、意義（Sinn, sense）の理論が明らかにしようとするものは後者である。

このように構想された力の理論に対しては、二つの反論が考えられる。ひとつは、言語行為の種類なるものは無数にあり、しかも、いつでも新しい種類の言語行為が生じうるのであるから、力の理論は不可能である、というものである[60]。この反論に対しては、力の理論が問題とする区別は、どのような種類の言語行為であるかを示すような機構が言語そのものに属しているものに限る、という点を再び強調したい。第二の反論は、力の理論は、異なる言語行為において共通であるような言語行為の「内容」といったものを前提としているが、そのようなものを見いだすことはできないと言う。この反論の赴く所は、体系的意味論の可能性そのものの否定である[61]。現代の分析哲学を二分するとも言えるこの大問題をここで議論する余裕はないが[62]、次のことだけは、簡単に指摘しておきたい。まず、異なる種類の言語行為を通じて共通でありうるような言語行為の内容を否定することは、すべての語に関して、それが、異なる種類の言語行為で用いられるごとにその意味が相違するという帰結に導く。たとえば、報告に用いられた「窓が開いている」という文と、命令に用いられた「窓を開けてくれ」という文との間に共通の内容が存在しないとするならば、両者に現れている「窓」や「開ける」という語は、同じ意味をもたないということになろう。この帰結は、われわれが日々これまでに出会ったことのない文を自ら発したり理解できるという疑いようのない事実を、まったく不可解なものとする。こうした事実を説明するほとんど唯一の道は、異なる種類（＝力）の言語行為の間でも共通であるような言語行為の内容を立てたうえで、その内容を構成するものとして語の意味（＝意義）を考えることであろう。

言語の意味という現象はきわめて複雑なものである。このように複雑な現象を前にして、それを探求しようとする者が取るべき道は、その現象をいくつかの順序づけられた層に分けたうえで、基底的な層から、より表面に近い層へと、一歩一歩進むことであろう。

最後に、フレーゲの著作の中では、ごく稀に、しかもきわめて不十分な形でしか触れられていないにもかかわらず、自然言語の体系的意味論にとっては不可欠の要素について触れておく必要がある。それは、言語行為の内容を決定するに当たって、その言語行為のなされる状況（「発話状況」と呼ぼう）が果たす役割である。

命令でも疑問でもなく、明らかに主張に分類される言語行為においても、そこで使われている文だけを単独に考察するならば、その真偽が決定できないものがある。それは、何も特別な文ではない。むしろ、日常の会話においてはきわめて頻繁に出現するような文であると言える。典型的なものは、

私はきのうもここに来た。

のように、「私」、「きのう」、「ここ」といった指標詞（indexical）を含む文である。こうした指標詞の特徴は、それが何かを指示するものであるならば、その指示対象が発話状況に応じて変化することである。たとえば、「私」は、その語が現れる発話の発話者を指すのであり、それは、同じ文が使われた発話であっても、発話者が異なれば当然異なる人を指す。

フレーゲが主として扱った数学の言語においては、指標詞のように発話状況に依存する言語表現を排除することが可能である。それゆえ、フレーゲはこのような現象を稀にしか扱わなかったのであろう。例外は晩年の論文「思想 Gedanke」であり、その中で、かれはこの現象に数頁を費やしている。[63] しかしながら、指標詞を含む言語は、2・3・4節で問題とした、意義 Sinn の概念が内包している分裂を、さらに際立たせることになる。フレーゲは次のように言う。

[時制としての] 現在に日付を付与せねばならないとすれば、思想を正しく把握するためには、ひとは、当の文がいつ発話されたかを知らなければならない。そうすると、発話の時もまた、思想表現の部分なのである。ひとが、昨日「今日」という語を用いて表現したのと同じことを、今日言おうとするならば、その語を「昨日」という語に置き換えるだろう。発話の時の違いが生み出す、意義 Sinn の変化を元に戻すためには、思想は同一であっても、その言語表現は異ならねばならない。同様のことが、「ここ」とか「あそこ」といった語についても言える。こうした場合すべてにおいて、単なる文面は、それが文字によって書き留められていようとも、思想の完全な表現にはならず、その正確な把握のためには、発話に伴う状況の知見がさらに必要なのであり、この場合、そうした状況は思想表現の手段として用いられているのである。指差しや手振りや眼差しなども、ここに含まれる。「私」という語を含む同一の発言も、異なる人の口から発されるならば異なる思想を表現するのであり、それは真となる場合も偽となる場合もある。[64]

この箇所でもっとも注目すべきなのは、昨日言われた「今日」と、今日言われた「今日」とは意義 Sinn を異にするというフレーゲの考えである。なぜ、このように考える必要があるのか。

その理由は、意義がイミを決定するというフレーゲの原則（S→B）にある。いま、雨が一日中降っていた昨日言われた「今日はひどい雨だ」と、嘘のようにからっと晴れた今日になって言われた「今日はひどい雨だ」とを考えよう。もしもこれらの文に現れている二つの「今日」の意義が同一であるならば、二つの文の意義も同一であることとなろう。だが、昨日の発言と今日の発言とは、前者が真であるのに、後者が偽であることから、明らかにそのイミを異にする。意義が同一であるにもかかわらず、イミが異なるような文が存在しうるとすることは、明らかに、意義がイミを決定するという原則（S→B）と矛盾する。よって、昨日の発言の中での「今日」と、今日の発言の中での「今日」とは、意義を異にすると結論せざるをえない。この議論は、容易に一般化することができる。指標詞は、発話状況に応じて、その指示対象（＝イミ）を異にする。一般にイミは意義によって決定されるのであるから、異なる発話状況で、指標詞の意義は異なりうるとしなければならない。

だが、指標詞の意義が発話状況に応じて変化しうるという、原則（S→B）からの帰結は、言語表現の意義を言語理解の相関者として捉えるという、フレーゲの意義論のもうひとつのモチーフと相容れない。「今日」、「ここ」、「私」といった表現を理解しているとは、どのようなことか。それは、たとえば、「私」という語は、それが現れている発話の発話者を指す、といったある種の規則を知っていることであろう。一般に、発話状況からどのようにして指示対象を決定すべきかについての何らかの観念をもっていることが、これらの指標詞の理解のためには必要にして十分であると思われる。これは、異なる発話状況において異なるようなものではない。むしろ、同一の理解をもっているからこそ、指標詞が異なる発話状況に応じて異なる指示対象をもちうることが理解されるのである。これに対して、フレーゲがここで述べていることに従えば、同一の指標詞の意義が異なる発話状況において異なるだけではない。昨日言われた「今日はひどい雨だ」と同一の意義を、今日言われる「昨日はひどい雨だ」が表現するのである。つまり、この場合、昨日発せられた「今日」と、今日発せられた「昨日」とは、同一の意義をもつのである。この帰結ほど、意義を言語理解の相関者としても考えることと相容れないものはあるまい。ここでも、フレーゲ意義論の内部に存在する亀裂は、簡単には修復できないものであるように見える。(65)

しかし、いずれにせよ、指標詞に代表されるような、発話状況の把握がその理解のために本質的である言語表現についての理論は、自然言語の体系的意味論の不可欠の部門をなすと思われる。それは、そうした言語表現と特定の発話状況とが与えられたときに、発話状況のどのような要素が、どのような仕方で、発話された内容に寄与するかを記述するものとなろう。

注目すべきなのは、このような理論は、フレーゲ的な意味の理論の中で位置を指定することが可能だということである。ただし、そのためには、フレーゲの意義の概念を二つに分割するという、一見ドラスチックな手段が取られる必要がある。フレーゲも言うように、発話の内容、すなわち、それによってどのような思想 Gedanke が表現されているかを決定するためには、そこで使われている言語表現を理解しているだけでは不十分である。その発話がなされた状況をも合わせて初めて、発話の内容が決定される。ここでの提案は、発話において使われた言語表現が理解されているときに理解されているものを、発話状況からの寄与をも合わせて初めて決定される発話の内容から区別しようということである。(66)

この提案は、一見するほどドラスチックなものではない。その理由は、指標詞を代表とするような言語表現に関する理論さえ構築できるならば、言語理解の相関者としての意義からイミを決定するものとしての意義への移行は、原理的に保証されているからである。指標的表現についての理論は、言語理解の相関者としての意義と発話状況とを入力とし、イミを決定するものとしての意義を出力とする。こうした理論は、発話の内容を決定するための、いわば前処理を行う補助的理論として、フレーゲ的な意味論の全体的構造を根本的に変えることなしに、付加することができると思われる。

これに対して、こうした移行が保証されないような仕方で、意義の概念を二つに分割することは、フレーゲ的意味論の全体を根底から覆すことになりかねない。だが、これは、次節で改めて問題とすることにしよう。

2・5 フレーゲ的意味論の構造

いまや、大まかに「フレーゲ的」と形容できる体系的意味論なるものが、どのような構造をもつべきものであるかについての、おぼろげな輪郭が浮かび上がって来たと言えないだろうか。それは、図示すれば、ほぼ、次のようになろう。

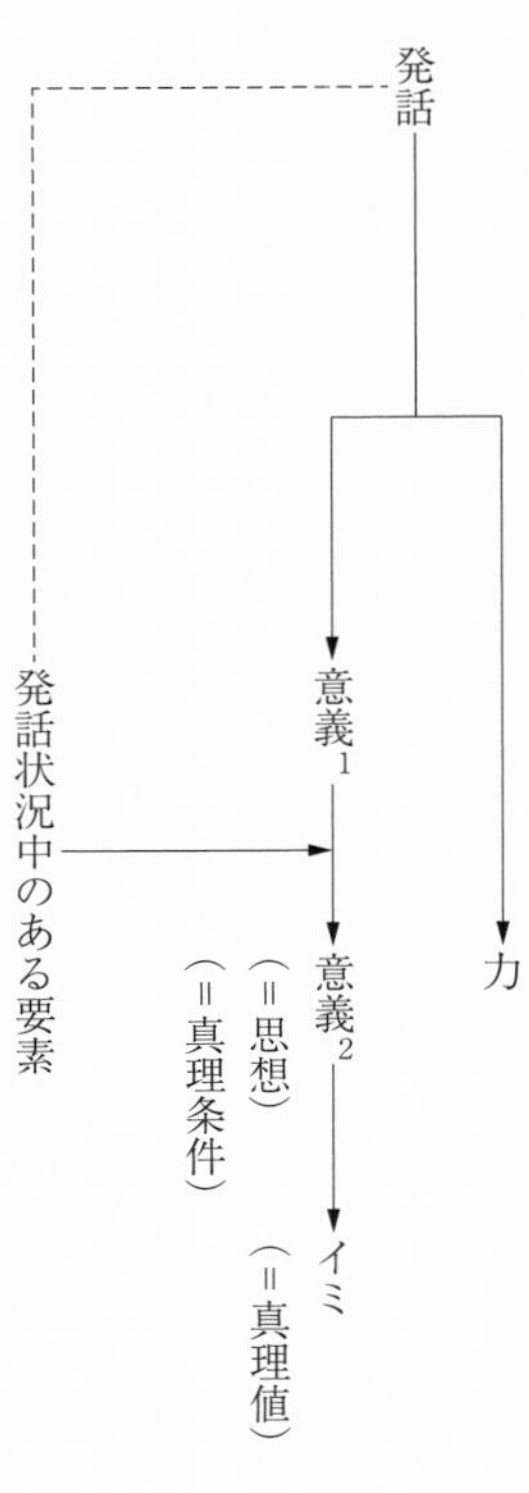

こうした理論は、任意の言語に関して、その言語を共有する人々の個々の言語行為、つまり発話が、どのような種類のものであり、どのような内容をもつものであるか、を特定することを目的とする。発話の種類の特定とその内容の特定という二つの目標に応じて、フレーゲ的な体系的意味論は、大きく二つの部門に分かれる。ひとつは、発話の種類を特定する力の理論（theory of force）である。もうひとつの、発話の内容を特定する部門は、意義の理論（theory of sense）と呼ぶことができよう。そして、「フレーゲ的」という形容が必ずしも的はずれではないと思われる理由は、この意義の理論が、文のイミである真理値の概念を前提とするところにある。発話の内容を特定することは、そこで言われたことがどのような場合に真となるかを与えることであり、そのことを可能とするのは、文の意義をその真理条件として、真偽の概念から意義の一般的特徴づけを得ようとするフレーゲの洞察に他ならない。

ところで、前頁の図においては、前節の最後でなされた提案に従って、意義は、意義^{1}と意義^{2}とに分解されている。これは、そこでも述べたように、フレーゲの意義の概念に内在する二つの相反する方向を反映するものである。イミを決定するものとしての意義が意義^{2}である。指標詞をめぐる議論が示したように、意義^{2}は、必ずしも、われわれが言語表現を理解しているときに理解しているもの、すなわち、言語理解の相関者としての意義と合致しない。したがって、前頁の図では、言語理解の相関者としての意義は、意義^{2}から区別して、意義^{1}として立てられている。そして、ここで重要なことは、この意義^{1}から意義^{2}への移行を原理的に保証する理論が存在すべきことである。こうした理論は、指標的表現の理論として、意義^{1}と発話状況中のある要素が与えられたときに、意義^{2}を与えるものでなくてはならない。言語行為の内容の特定において中心的な位置を占める概念が、文の真偽であるという、フレーゲの基本的洞察を保存するためには、言語理解の相関者としての意義（＝意義^1）は、イミを決定するものとしての意義（＝意義^2）に移行しうることが保証されている必要がある。

この条件を満たさないような仕方で、意義を二つの要素に分解することは許されるだろうか。すなわち、意義を、言語理解の相関者としての意義^{1}と、イミを決定するものとしての意義^{2}とに分解し、しかも、前者から後者への移行が必ずしも保証されないとすることは、可能だろうか。

このような仕方で意義を二つの要素に分解したいという誘惑は、2・3・4節で考察したような場合、すなわち、指示対象をもたない単称名を含む文を考える際にきわめて強いものとなる。特に、複合的な単称名に関しては、それが、そのイミとなるべき指示対象をもたないにもかかわらず、それによって何かが理解されるという印象は拭いがたいものがある。したがって、意義を二つの要素に分解することが許されるならば、このような単称名は、言語理解の相関者である意義[1]を有するが、イミを決定するものとしての意義[2]は有しないと言いたくなる。だが、フレーゲの基本的な洞察を保持したいと思うならば、こうした誘惑には断じて抵抗すべきであると私は考える。

指示対象をもたない単称名が意義[1]を有するが意義[2]を有さない、したがってイミを有さないとすることは、直ちに、それが現れる文の意義をどう考えるかという問題に導く。もっとも自然な道は、そうした文についても、それが意義[1]を有するが意義[2]を有しないと考えることであろう。すなわち、そうした文に関しては、それが使われるときにわれわれは何かを理解するのであるが、それは真理条件をもたないとすることである。これが、文の理解をその真理条件の把握ということに求めるフレーゲの基本的な考えから大きく外れるものであることは明らかであろう。文の理解はもはや文の真偽の概念から得られるものではなく、真理の概念は意味の理論において中心的な位置を占めるものではなくなる。また、このときに、指標的表現の場合に可能であったように、そうした文は単独では意義[1]しかもたないが、その文に付随する何らかの要因と何らかの理論によって、そこから意義[2]を引き出すことができると主張することは不可能である。そうした何らかの付随要因といったものを、われわれは見いだすことができないのである。

指示対象を欠く単称名の問題は、フレーゲ的意味論の中で、頑強に問題であり続ける。もちろん、この問題を、「フレーゲ的」と呼びうる枠組みの中で解決する手だてがないわけではない。ひとつの方法は、単称名のイミが指示対象であるというテーゼを放棄することである[(67)]。これがまったく不可能ではないことは、既に、意義とイミとの区別が単称名に関して初めて導入されるときの議論の検討（2・3・1節）で暗示されていた。もうひとつの方法は、フレーゲの単称名の概念を再検討することである。結局のところ、フレーゲが「Eigenname」のもとに包摂したさまざまな言語表現は、単一のカテゴリーをなすにはあまりに雑多ではないだろうか。

だが、そろそろ、フレーゲから離れてもよい頃であろう。次章では、フレーゲと多くの点を共有しながら、きわめて相貌の異なる理論を展開したラッセルを扱おう。

（1）私は、初め、意味の心像説の批判を今さら逐一述べるまでもあるまいと思っていた。しかしながら、かくも決定的に批判されつくした理論が、未だに哲学の内部においてさえ根強く信奉されているらしいことに気付かされるという経験は、それほど稀ではない。また、意味の心像説の背後にある言語理解のモデル、つまり、話者の心の中の考えがいったん公共的な言語に「翻訳」され、それが今度は聞き手の心の中の対応物に翻訳され直すというモデルは、単に誤った哲学理論の産物というよりは、われわれにとっての「素朴意味論」であり、その意味で自然なものなのかもしれない。したがって、「基本の基本」として、意味の心像説の批判を再説することは、まったくポイントがないわけでもあるまい。

（2）L. Wittgenstein, *The Blue and Brown Books.* 1958, Basil Blackwell. p. 3［邦訳：ウィトゲンシュタイン『青色本』大森荘蔵訳、二〇一〇、ちくま学芸文庫、一二頁］。

（3）M. Dummett, *Frege: Philosophy of Language.* pp. 637–642.

（4）デカルト以来の観念の理論とそれの帰結としての私秘的な心的語りの優位については、次を参照されたい。I. Hacking, *Why Does Language Matter to Philosophy?* 1975, Cambridge University Press. Part A［邦訳：イアン・ハッキング『言語はなぜ哲学の問題になるのか』伊藤邦武訳、一九八九、勁草書房］。

ただし、心的な語りの優位は、必ずしもデカルト以来の近代に限ったことではないとも考えられよう。アリストテレスの『命題論』の冒頭を思い起こすべきである。そこでは、書かれた言葉は話された言葉の記号であり、話された言葉は心的な経験の記号である、と言われている。

（5）G. Frege, *Die Grundlagen der Arithmetik.* 1884, Wilhelm Koebner.（Centenarausgabe herausgegeben von C. Thiel. 1984, Felix Meiner.）sec. 26［邦訳：『フレーゲ著作集2 算術の基礎』野本和幸・土屋俊編、二〇〇一、勁草書房、八一頁］。

（6）*Ibid.*［同八〇頁］。

（7）*Ibid.*［同八一頁］。

（8）Dummett, *Op. cit.*, p. 640.

（9）L. Wittgenstein, *Philosophische Untersuchungen.* 1953 (3rd ed. 1967), Basil Blackwell. I-139.

（10）*Ibid.*

（11）*Ibid.* I-140.

(12) *Ibid.* I-141.

(13) Frege, *Grundlagen*, Einleitung, X［『フレーゲ著作集2』四三頁］。

(14)「語の意味は、文という関連の中において im Satzzusammenhange 問われるべきであって、孤立して問われてはならない」という、この原則が、一般に、「文脈原理 the Context Principle」と呼び慣わされるようになったのは、ジョン・オースティンによる英訳（Frege, *The Foundations of Arithmetic*. 1950, Basil Blackwell.）が、「im Satzzusammenhange」を「in the context of a proposition」としたからであろう。しかしながら、この名称は、おおいに誤解を招きやすい。案外広く見られる誤解は、この原則を、語の指示や意味がその置かれたコンテキストによって決定されるといった事実を指すものと考えることである。たとえば、ある文中の「かれ」といった代名詞が誰を指すものか、とか、ここに出現している「かき」は植物を指すものなのか、それとも動物を指すものなのか、といったことは、確かにコンテキストから判断されるものである。しかし、この場合のコンテキストとは、必ずしも、文というコンテキストには限らない。フレーゲの原則は、こうした事態を説明するために持ち出されたものでは決してない。こうしたコンテキストに依存して決まる要素がすべて決定ずみであるとすれば、この意味でのコンテキストを考慮する必要はもはや生じないが、それでもフレーゲの原則は通用する。本文での議論を先取りして言えば、フレーゲの原則は、意味の一般的説明にかかわるものであるのに対して、いわゆるコンテキストによる指示や意味の決定は、個々の語の理解に含まれるメカニズムのひとつに過ぎない。このように、フレーゲの原則を「文脈原理」と呼ぶことには問題があるが、この名称は既に慣用となっているので、ここでも、それを踏襲した。なお、この点についての興味深い指摘が、武笠行雄氏によってなされている（『フレーゲ著作集 NEWSLETTER』no. 1 (1986) p. 14）。

(15) Frege, *Grundlagen*, Einleitung, X［『フレーゲ著作集2』四三頁］。

(16) *Ibid.*, sec. 60［同一一九〜一二〇頁］。文脈原理は、『算術の基礎』の本文中では、他に六二節と一〇六節にも登場する。

(17) Cf. M. Dummett, *The Interpretation of Frege's Philosophy*. pp. 370-371, 373.

(18) Wittgenstein, *Op. cit.*, I-22, 49. 特に、I-49 は、『哲学探究』においてフレーゲの文脈原理が（『論理哲学論考』での出現以後）再出現する箇所である。ウィトゲンシュタインと文脈原理との関係については、（きわめて「党派的な」色彩が強く、私はそこでなされている主張の多くに賛成できないが）次を参照されたい。G. P. Baker & P. M. S. Hacker, *Wittgenstein: Understanding and Meaning*. 1980, Basil Blackwell. pp. 258-283.

（19） N. Chomsky, *Cartesian Linguistics*. 1966, Harper & Row.（川本茂雄訳『デカルト派言語学』一九七六、みすず書房）

（20） Cf. Dummett, *The Interpretation of Frege's Philosophy*. p. 373.

（21） L. Wittgenstein, *Tractatus Logico-Philosophicus*. 4.02-4.027.

（22） G. Frege, "Gedankengefüge"（1923）［邦訳：『フレーゲ著作集4 哲学論集』黒田亘・野本和幸編、一九九九、勁草書房、二七一頁］。この問題の定式化に当たって、むしろ、フレーゲがウィトゲンシュタインから影響を受けたのではないか、といった推測は不可能ではない。しかし、それはあくまでも定式化に関する影響であって、問題そのもの、および、それに対するフレーゲの解答は、かれのそれ以前の著作に既に現れていたと私は考える。いずれにせよ、晩年のフレーゲとウィトゲンシュタインとの間の関係は、歴史家にとって興味の尽きない問題であろう。この点についてのいくつかの基本的事実は、次にまとめられている。G. Gabriel et al.（eds.）, *Gottlob Frege: Wissenschaftlicher Briefwechsel*. 1976, Felix Meiner. pp. 264-268. 次をも参照。Dummett, *Frege: Philosophy of Language*. pp. 661-662; Baker & Hacker, *Op. cit.*, p. 263 fn. 11.

［その存在が知られていながら、所在が不明であった、フレーゲからウィトゲンシュタインへの書簡が一九八八年に発見され、翌年に公表された。それを見る限り、フレーゲは『論考』の最初の数頁以上は読んでいないと思われる。詳しくは、Richard Henry Schmitt, "Frege's letters to Wittgenstein on the *Tractatus*" *The Bertrand Russell Society Quarterly*, November, 2003. 次をも参照。飯田隆『ウィトゲンシュタイン 言語の限界』一九九七、講談社、一一二〜一一四頁。］

（23） 以下の議論は、Dummett, *The Interpretation of Frege's Philosophy*, pp. 373-374 に負う。

（24） この「導く」は、演繹的導出関係を指すものではない。文脈原理と合成原理とは互いに独立であり、一方から他方が演繹されるような関係にはない。

（25） Dummett, *Frege: Philosophy of Language*. pp. 4-6. ダメットが挙げている例（暗号の例）は、本文のものとは違うが、基本的な発想は同じである（私の例の方が、ダメットのものよりもいくらかは分かりやすいのではないかと自負したい気持ちがないわけではないが）。

（26）「Bedeutung」の訳語として、カタカナで「イミ」という、何とも品のないものを採用したことには、弁解が当然必要であろう。「Bedeutung」の訳語としてこれまで標準的であったのは「指示 reference」である。ところが、近年になって、「Bedeutung」は、むしろ、「意味 meaning」と訳すべきであるという意見が強まるようになった。その主要な理由は、「Bedeutung」を「指示 reference」と訳することが、解釈上の重要な論点を先取りしてしまうことにつながるというものである。その結果、『フレーゲ著作集』では、「Bedeutung」の訳語として「意味」が採用された。しかしながら、「意味」という言葉は、「意味論」といった場合での使用のように、より一般的な名称として確保しておく必要がある。そのために、英語を用いる哲学者の何人かが行っている方法、つまり、「meaning」を一般的な名称として用い、それをキャピタライズした「Meaning」を「Bedeutung」の訳語として用いる方法にならって、「意味」を一般的な名称、「イミ」をフレーゲの用語の訳語とした。もう一つの注意として、さらに混乱を助長することになるかもしれないが、しばらく前までは、「Sinn」の訳語として「意味」が用いられていたことをも書き添えておく。本書では、「Sinn」はすべて、「意義」と訳されている。［文献案内への補註も参照されたい。］

(27) G. Frege, "Über Sinn und Bedeutung" p. 25. 邦訳三頁［『フレーゲ著作集4』七一頁］。引用頁数は、現在慣行となりつつある方式、すなわち、初出の頁による。この論文からの引用に当たっては、土屋俊氏による翻訳（坂本百大編『現代哲学基本論文集I』一九八六、勁草書房、所収）にほぼ従い、その頁数をも記す。［この翻訳は『フレーゲ著作集4』にも収められているので、そこでの頁数も付け加えておく。］

(28) ここで無視している可能性は、(1)と(2)とが異なる論理形式をもつとする可能性である。この可能性を弁護することは十分できるが、ここではそれに立ち入らない。次を参照せよ。D. Wiggins, "Frege's problem of the morning star and the evening star" in M. Schirn (ed.), *Studien zu Frege II*. 1976, Frommann-Holzboog. pp. 221–255.

(29) "Über Sinn und Bedeutung" p. 25. 邦訳三頁［『フレーゲ著作集4』七一頁］。

(30) ただし、こうした言い換えは、同一性を記号の間の関係と見なすことの誤りを露呈する結果ともなる。なぜならば、「単称名「a」と単称名「b」とは同一のものの名前である」によって「a＝b」を説明することは、説明されるべき文と同じ構造をもつ別の文、すなわち、「単称名「a」の指示対象＝単称名「b」の指示対象」を生み出すに過ぎず、無限後退に陥らざるをえない。なぜならば、後者の文にも「＝」が出現している以上、この文の意味を説明することが必要となるからである。そのときに出て来るものは、「単称名「単称名「a」の指示対象」の指示対象＝単称名「単称名「b」の指示対象」の指示対象」という、さらに複雑になっただけで、依然として「＝」を含む文でしかない。Cf. D. Wiggins, *Op. cit.*, p. 226.

(31) *Begriffsschrift*. sec. 8［邦訳：『フレーゲ著作集1 概念記法』藤村龍雄編、一九九九、勁草書房、二七〜二八頁］。

(32) 土屋俊「フレーゲにおける固有名の意味について」『哲学雑誌』第七六六号（一九七七）pp. 166–182. 特に、pp. 171–172.

(33) "Über Sinn und Bedeutung" p. 26. 邦訳四頁［『フレーゲ著作集4』七二頁］。

(34) *Ibid.* 邦訳五頁［同七三頁］。念のために、「意義とイミについて」冒頭の議論を本文でどのように再構成しているかを整理しておけば、次のようになる。まず、議論の前提となっているものは、以下の四つである。

(i) 単称名の意味は、その指示対象を指すことに尽きる。

(ii) 同一性は、対象の間の関係である。

(iii) 文の意味は、それを構成している語の意味とその文の構造によって決定される（合成原理）。

(iv) 文(1)「明けの明星＝宵の明星」と文(2)「明けの明星＝明けの明星」とは、同一の構造をもつ。

これら四つの前提（および、「明けの明星」と「宵の明星」とが同一の指示対象をもつこと）から、次の結論が得られる。

(v) 文(1)と文(2)とは、同じ意味をもつ。

ところで、この結論(v)を認めることは、文の意味を文がもつ認識的価値から完全に切り離すことになるゆえ、この結論は拒否されざるをえない。そうすると、四つの前提のうちの少なくともひとつを拒否する必要がある。前提(iv)を拒否する可能性は考えないとした（註28参照）。前提(iii)、すなわち合成原理は、もっとも基本的な意味論的原則のひとつであり、これを拒否することはできない。したがって、残るのは(i)か(ii)のいずれかである。だが、(ii)を否定して、同一性を記号の間の関係であると考えることはできない。これは、本文での議論、および註30でのそれが示したことである。結局、唯一否定できるのは(iv)を否定する可能性を除外して考えれば)、(i)、すなわち、単称名の意味がその指示対象に尽きるというテーゼである。

(35) 文脈原理が、『算術の基礎』の時期のフレーゲに固有のものであり、「意義とイミについて」をも含む時期のフレーゲでは、もはや取られていないという説（ダメット）ほど、最近のフレーゲ解釈の中で激しく争われたものはあるまい。私はここでこうした論争にコミットするつもりはない。フレーゲ自身の実際の手続きがどうであれ、「単称名の意義とは何か」という問いに答えるための「フレーゲ的方法」とは、文の意義から出発して、単称名の意義をそれが現れる文全体の意義への寄与として取り出すことであろう。

(36) もちろん、「推論の妥当性に関する限り」という限定を外すことはできない。フレーゲは、内包的文脈（とりわけ、「信ずる」とか「望む」といった命題的態度 propositional attitude を表す動詞が作る文脈）にかかわる多くの問題を考察しており、それは、後に、チャーチやカルナップによる内包論理 intensional logic の構築に大きな影響を与えることになる。しかしながら、フレーゲがその概念記法で体系化した推論は、外延的なものであり、かれは、論理的に妥当な推論を生み出すものとして内包的文脈を扱っていない。

（37）実は、(a)イミについての文脈原理、(b)イミについての合成原理、および、(c)文のイミは真理値である、という三つのテーゼをすべて満足しながら、実在論的ではないイミ論を構成することが可能である。次を参照されたい。E. Tugendhat, "The meaning of 'Bedeutung' in Frege" *Analysis* 30 (1970) 177–189. (German translation with Postscript in M. Schirn (ed.), *Studien zu Frege. III.* 1976, Frommann-Holzboog. pp. 51–69.); Cf. Dummett, *Frege: Philosophy of Language.* pp. 199–203. したがって、Tugendhat のこの試みは、単称名のイミをその指示対象とすることが、これら三つのテーゼからの論理的帰結ではないことを、明示したものであると見なせる（ここにも、「Bedeutung」を「指示」と訳することが適切ではないことの理由のひとつがある）。特に、文脈原理と実在論的な指示関係との間にはある種の緊張が存在する。

（38）G. Frege, *Grundgesetze der Arithmetik, I.* 1893, H. Pohle, Jena. (Reprint. 1966, Georg Olms.) sec. 32［邦訳：『フレーゲ著作集３ 算術の基本法則』野本和幸編、二〇〇〇、勁草書房、一四一～一四二頁］。引用文における強調は、フレーゲのものである。

（39）G. P. Baker & P. M. S. Hacker, *Frege: Logical Excavations.* 1984, Oxford University Press. Chap. 13; Cf. M. Dummett, "An unsuccessful dig" in C. Wright (ed.), *Frege: Tradition & Influence.* 1984, Basil Blackwell, pp. 194–226. (esp. sec. VII).

（40）フレーゲの意義論についての以上のような特徴づけは、次の論文に多くを負っている。D. Wiggins, "On sentence-sense, word-sense, and difference of word-sense. Towards a philosophical theory of dictionaries" in D. D. Steinberg & L. A. Jakobovits (eds.), *Semantics: An Interdisciplinary Reader in Philosophy, Linguistics and Psychology.* 1971. Cambridge University Press. pp. 14–34.

（41）*Grundgesetze. I.* sec. 32［『フレーゲ著作集３』一四二頁］。本文の引用中の［　］内は筆者による補足である。

（42）M. Dummett, "Frege's distinction between sense and reference" in his *Truth and Other Enigmas.* 1978, Harvard University Press. p. 121.

（43）*Grundgesetze. I.* sec. 28［『フレーゲ著作集３』一三三頁］。

（44）"Über Sinn und Bedeutung" p. 27. 邦訳六頁［『フレーゲ著作集４』七三頁］。

（45）Cf. G. Evans, *The Varieties of Reference.* 1982, Clarendon Press. p. 13.

（46）文が意義を有しながらイミを欠くことになる原因は、指示対象をもたない単称名の出現に限らない。述語に関しても同様の問題が生ずる。少なくとも二つの場合が考えられる。第一に、すべての対象に対してではなく、部分的にしか定義されていないような述語が出現する場合がある。たとえば、「xはyを思っている」という述語は、「x」に代入されるものが無生物を指す表現であることを許さない。したがって、「この石はヴェニスの夏を思っている」といった文は、真でも偽でもないことになろう。ただし、この場合には、類似した例のすべてが「偽」であると取り決めることができよう（そのひとつの帰結は、隠喩がすべて偽となることである。Cf. D. Davidson, “What metaphors mean” in his *Inquiries into Truth & Interpretation*. 1984, Clarendon Press［邦訳：ドナルド・デイヴィドソン『真理と解釈』野本和幸・植木哲也・金子洋之・高橋要訳、一九九一、勁草書房、所収］）。第二に、疑いなく適用できる場合と、同様に疑いなく適用できない場合とがあるにもかかわらず、その中間ではどちらであるかがはっきりしないといった述語の場合である。たとえば、「禿げている」とか「若い」といった述語が、そうした述語の例である。フレーゲは、こうした「はっきりとした境界をもたない」述語は、その適用が正しいとも正しくないとも言えないゆえに、イミを欠くとした。だが、これは、指示対象をもたない単称名の場合と同じほど、フレーゲの意味論の自然言語への適用可能性をおびやかすものである。まず、こうした述語に関しては、部分的にしか定義されていない述語の場合と違って、真偽を強制的に取り決めることがむずかしい。さらに問題であるのは、自然言語に属する述語の実に多くが、「はっきりとした境界」をもたないものであり、その意味での曖昧さ vagueness は、自然言語に広く見られる現象であることである。この重要な問題について、ここで深入りする余裕はない。たとえば、次を見られたい。C. Wright, “Language-mastery and the sorties paradox” in G. Evans & J. McDowell (eds.), *Truth and Meaning*. 1976, Clarendon Press.

（47）Cf. Evans, *Op. cit.*, p. 23.

（48）この点に関しても、Evans, *Op. cit.*, pp. 28-30 を参照せよ。

（49）“Über sinn und Bedeutung”, p. 33. 邦訳一五頁［『フレーゲ著作集4』八〇頁］。

（50）*Ibid.*, p. 28. 邦訳七頁［同七四頁］。

（51）*Begriffsschrift*. sec. 7［『フレーゲ著作集1』二六頁］。

（52）この「ほとんどすべての文脈」を正確に特徴づけることは、探求すべきひとつの問題であろう。この問題は、実は、意義 Sinn の同一性の条件の定式化という困難な問題と等しい。次を参照。Dummett, *The Interpretation of Frege's Philosophy*. Chapter 17 “Synonymy”.

（53）“Über Sinn und Bedeutung”, p. 31. 邦訳一一頁［『フレーゲ著作集4』七七頁］。こうした意味的契機を「tone」と呼ぶことが、英語圏の研究では Dummett 以来広く行われている。ここでは、「陰影」を総称として用いる。

（54）*Begriffsschrift*. sec. 3［『フレーゲ著作集1』一三頁］。強調はフレーゲのもの。

（55）"Über Sinn und Bedeutung", p. 31. 邦訳一一頁［『フレーゲ著作集4』七七頁］。ここにも、「科学的言語でなければ、詩の領分」といった、人をいらだたせるフレーゲの二分法を見ることができよう。

（56）「陰影」あるいは「tone」という名称のもとで総括されている言語的現象を探求するためのいくつかの最初の手がかりは次に与えられている。M. Dummett, *Frege: Philosophy of Language*. pp. 2-3, 83-89. D. Wiggins, "Sentence-sense, ...", pp. 20-21, 26-28.［第Ⅳ巻『真理と意味』で、私は、フレーゲの言う「陰影」は、一方で文体の問題、他方でグライスの慣習的含み（conventional implicature）の問題に属すると論じた（5・4節終わり）。］

（57）"Gedanke", p. 63［『フレーゲ著作集4』二〇九頁］。

（58）*Begriffsschrift*. sec. 2［『フレーゲ著作集1』一一頁］。

（59）この問題を扱った重要な文献としては、次のものが挙げられる。P. T. Geach, "Assertion" in his *Logic Matters*; Dummett, *Frege: Philosophy of Language*, Chap. 10; D. Bell, *Frege's Theory of Judgement*. 1979, Clarendon Press.

（60）Cf. Wittgenstein, *Philosophische Untersuchungen*. I-23.

（61）次の書物は、体系的意味論の可能性をきわめて声高に否定している。G. P. Baker & P. M. S. Hacker, *Language, Sense & Nonsense*. 1984, Basil Blackwell.（特に、意義と力の区別に対する攻撃については、その第二章と第三章を見られたい）。

（62）前註で挙げたベイカーとハッカーの著書、および、同じ著者によって現在進行中のウィトゲンシュタイン『哲学探究』への膨大なコメンタリを見られたい。［初版刊行時点で、このコメンタリは第二巻まで出版されていたが、一九九〇年に出版された第三巻以降は、ハッカーの単独の著書となった。］

（63）"Gedanke", pp. 64-66［『フレーゲ著作集4』二一一〜二一五頁］。

（64）*Ibid*., p. 64［同二一二頁］。

（65）フレーゲ意義論の内部に存在する亀裂が、鮮明に現れるもうひとつの場面は、「間接的イミ ungerade Bedeutung」の概念を用いての間接的文脈の分析である。この問題をこの章で扱うことはできない。また、フレーゲにおける指標詞の扱いは、近年、論議の集中しているトピックでもある。代表的なものとして、以下のものが挙げられる。J. Perry, "Frege on demonstratives", *Philosophical Review* 86（1977）474-497; T. Burge, "Sinning against Frage", *Ibid*. 88（1979）398-432; Dummett, *The Interpretation of Frege's Philosophy*. Chapter 6. ［ここでカプラン（David Kaplan）の名前が挙がっていないのは、かれの Demonstratives が公刊されたのが一九八九年であったためである。この論文（と言うにはためらわれるほど長大であるが）は原稿の形で広く出回っており、ここに挙げた著者たちにも大きな影響を与えていたことは疑いない。］

（66）同様の提案は、Wiggins, "On sentence-sence, ..." pp. 22-24 でもなされている。Wiggins の提案は Bell, *Op. cit*., pp. 112-118 も採用しているが、次の二点において、私が本文で取った区別から大きく異なる。(i) Bell は、意義^{1}と意義^2（それぞれ、「input sense」、「output sense」と呼ばれる）の区別を、指示対象をもたない単称名を含む文の場合にまで適用している。これは、本文でも論じたように、フレーゲ的意味論の基礎を揺るがしかねない帰結をもちうるが、Bell はそのことに気付いているようには見えない。(ii) かれは、意義^{2}については、意義についての合成原理（合成^S）が成立しないと主張している。だが、この主張を受け入れるのは困難である。Cf. Dummett, *The Interpretation of Frege's Philosophy*. pp. 487ff.

（67）これは、Evans が、*The Varieties of Reference* で取っている道である。

第3章　ラッセルと記述の理論

ラッセルほど長生きした哲学者も珍しい。一九六七年から一九六九年にかけて出版された『自伝 *Autobiography*』の中で、かれが回顧している出来事のあるものは、実に、百年前とまで言わなくとも、それに近いものである（ラッセルは、一八七二年に生まれている——年を取っても昔のことを覚えているだけでも大変だと思うのに、その昔が百年近く前だというのは、常人のできることではない）。哲学者としての経歴だけを考えても、それは、一九世紀末に出版された『幾何学の基礎について *An Essay on the Foundations of Geometry*』（一八九七）から、第二次大戦後の『人間の知識 *Human Knowledge*』（一九四八）までの、五十年以上にわたっている。ただし、二〇世紀の哲学、特に分析的な哲学の伝統に対して大きな影響を与えた仕事は、大体、一九〇〇年から一九一九年までの二十年間になされていると言える。百年近く生きた哲学者にとって、二十年とは、比較的短い期間と思えるかもしれない。だが、普通の基準で言えば、二十年は、決して短い期間ではない。そして、この間にラッセルが発表したり、あるいは、草稿として残したものの量は、優に、何人分かの哲学者の生涯の仕事に匹敵する。

本章が扱うのは、この時期のラッセルの仕事にとっての画期をなし、また、その後の分析的な哲学の伝統に対しても大きな影響を与えた理論、すなわち、記述の理論 Theory of Descriptions である。この理論は、それが出現してまもなく、「哲学的分析のパラダイム」とさえ呼ばれ、二〇世紀中葉まで、その地位を保持していた。こうしたパラダイムを生み出した「革命」の経緯を、その前史から現在におけるその残響に至るまで追跡すること、それが本章の課題である。

このように、記述の理論は、二〇世紀の言語哲学を語るに当たっては、決して欠かすことのできないものである。だが、それにもかかわらず、この理論が、本来、どのような問題を解決するために考案されたのか、また、それが体系的な意味論という企てにとってどのような帰結をもたらすものであるか、十分な検討がなされて来たとは思えない。記述の理論が初めて提示された一九〇五年の論文「表示について On Denoting」[1]は、フレーゲの「意義とイミについて」と並んで、現代的な言語哲学の古典とも言うべきものである。それは、多くのアンソロジーに再録されており、言語哲学を学ぶ学生にとっての必読文献のひとつと見なされている。それだけに不思議なことは、この論文が何を問題としているのかが未だによく理解されていないことである。第一、この論文のタイトル自体が、多くの場合、無視されている。この論文でのラッセルの主要な関心事は、単に、定冠詞で始まる単数形の名詞句（「確定記述 definite description」と後に呼ばれることになる）[2]の処理にあるのではない。また、それは、マイノングが発見したという「黄金の山」の存在を否定することにあるのでもない。十数頁の長さしかないこの論文は、それにほぼ四分の一世紀は先立ってフレーゲが成し遂げたことに、ラッセルがかれなりの仕方で到達したことを示すものである。つまり、そこで提示されているのは、量化の分析に他ならない。われわれは既に第1章で、これこそ、現代の論理学をそれ以前の論理学から区別するものであることを強調した。量化の現象は、ラッセルも、一九〇三年の『数学の原理 *The Principles of Mathematics*』[3]において、かれの言う「表示句 denoting phrase」の問題として取り上げている。そこでラッセルが提出した理論は、きわめて簡略化した形ではあるが、1・1節で紹介した。そして、その理論が量化の問題の解決として不十分なものであることは、そこでも述べた通りである。ラッセルが正しい量化の分析を手に入れるのは、

『数学の原理』が出版されてから二年後、一九〇五年の春のことである。(4) そして、その成果が、同年に発表された「表示について」なのである（ラッセルが、これに先立ってフレーゲの著作を研究しており、長文の紹介まで書いている(5)という事実は、いかにも不思議である。責められるべきは、ラッセルの理解力なのか、それとも、フレーゲの難解さなのか(6)）。

ラッセルがこの論文で到達した量化の分析は、ただ一点を除いて、フレーゲのものとほぼ一致している。ラッセルの分析がフレーゲのそれから離れるこの一点とは、一見ささいなものと見えかねない問題にかかわるものである。それこそ、定冠詞をもつ単数形の名詞句の分析である。だが、この点の相違が両者の意味論全体にもたらすことになる相違はきわめて大きい。2・3・2節で論じたように、フレーゲの意味論は、その中核を占めるイミ Bedeutung が、言葉と世界との結び付きを確保するという点で、明らかに実在論的な立場に立つ。ただし、この実在論的な意味論は、意義 Sinn の概念が導入されたことによって、素朴な実在論的意味論とは根本的に異なるものである。これに対して、ラッセルは、多くの理論的変化を経由しながらも、一貫して、素朴な実在論的意味論により近い立場を取っている。もちろん、いかなる言葉にも、実在に属する何らかの要素が対応しているという極端な実在論的意味論に、難点がないはずはない。『数学の原理』で、ラッセルは、こうした極端な実在論的意味論を取り、そのひとつの結果として、量化の表現の対応物を見いだすのに苦慮している。これが、この書物の第五章「表示 Denoting」の内容に他ならない。したがって、まずは、ラッセル流の実在論的意味論の出発点となった『数学の原理』の意味論を見ることから始めよう。

3・1　前史：『数学の原理』の意味論

『数学の原理』の第一部で展開されている、この時期のラッセルの意味論のきわだった特徴は、いかなる語にも何らかの存在者が対応しているという、極端なまでの実在論的傾向である。この時期のかれは、ムーアの先導により、ヘーゲル的な観念論から脱却した直後の解放感の中にあった。「私は、ヘーゲル主義者達が存在しないと言うものならどれもこれも存在すると信ずるようになった。その結果、私は、きわめて充実した宇宙を手に入れた。……私は、動詞や前置詞の意味であるような普遍者から成る世界の存在を信じた」(7)。『数学の原理』で展開されている意味論の極端さは、はるかにパルメニデスを思い出させる次の一節から窺うことができよう。

存在Beingは、考えられるどのような項termにも、また、思考の対象となりうるいかなるものにも、属する。端的に言って、存在は、真であろうが偽であろうが、そもそも命題中に出現できるすべてのものに、また、こうした命題すべてに属する。……「Aは存在しないA is not」は、常に、偽であるかまたは無意味である。なぜならば、Aが何ものでもないならば、それが存在しないと言うことはできないであろう。「Aは存在しない」は、その存在が否定されるべき項Aがあることを含意し、よって、Aは存在する。かくして、「Aは存在しない」が意味のない音声に過ぎないと言うのでない限り、それは、偽でなければならない。……数、ホメーロスに出て来る神々、関係、キマイラ、四次元空間、こうしたものすべてが存在するのである……(8)。

ところで、この引用の初めに出て来る「項term」は、『数学の原理』におけるもっとも基礎的な存在論的カテゴリーである(これは、1・4節で言及された「項」と直接の関連はないものと了解されたい。歴史的な関係がないわけではないが、「項term」という語の歴史に立ち入ることは、直ちに泥沼にはまりこむ結果となりかねない)。項の定義は、次のものである。「思考の対象となりうるもの、真あるいは偽な命題に出現しうるもの、あるいは、ひとつと見なしうるもの、こうしたものを項と呼ぶ。つまり、この語は、哲学の語彙の中でも、もっとも包括的な語である」(9)。そして、あるものを項と呼ぶことは、それを存在者と見なすことに等しい。「いかなる項も存在beingをもつ。すなわち、何らかの意味で、ある。人、時点、数、クラス、関係、キマイラ、その他何でも言及できるものは、間違いなく項である。そして、これこれのものが項であるということを否定するのは、常に偽とならざるをえない」[10]。

このように最大限にまで膨れ上がった存在論は、単にヘーゲル主義への反感だけから生じたものではない。これを一方で支えているのは、言葉が意味をもつのは、それが何らかの存在者と対応している限りにおいてであるという、素朴な実在論的意味論に他ならない。「……文に現れる語はいずれもある意味 meaning をもたなければならない……したがって、命題の哲学的分析の正しさは、その命題を表現する文中のひとつひとつの語に意味を指定することができるかどうかでチェックできよう」[11]。

一般に、素朴な実在論的意味論の特徴は、次の二つの原則に集約することができる[12]。

(Ⅰ) 語が意味をもつのは、それが何らかの存在者と対応する限りにおいてである。語に対応づけられた存在者こそ、その語の意味である。

(Ⅱ) 文は命題を表現する。命題は、それを表現する文を構成する語の意味である存在者を構成要素としてもつ複合物 complex である。

『数学の原理』におけるラッセルは、この二つともを全面的に支持している。特に、原則(Ⅰ)が、どのような種類の語に関しても妥当すると考えている点で、かれの意味論は、類似の理論の中でもきわめて極端な形を取っている(この時期の自分が「前置詞の意味である普遍者」を信じていたというラッセルの証言を思い起こされたい)。その結果は、語が意味をもつためには、何らかの存在者と対応していればよいのであるから、いかなる語も、それ単独で意味をもつということになる。つまり、『数学の原理』におけるラッセルは、(Ⅰ)・(Ⅱ)に加えて、次の原則をも前提としていると考えられる。

(Ⅲ) いかなる語も、それ単独で意味を有する。

こうした理論の難点がどこにあるかを理解することは容易であろう。まず第一に問題となるのは、こうした理論を採用したとき、文は、どのようにして語のリストから区別されるのかということである。いかなる語も、それ自体で意味をもち、文の意味である命題は、それを表現している文を構成する語の意味から成る複合物であるのならば、文を単なる語のリストから区別するのは何かという問いは、ぜひとも答えられねばならないものとなる。実際、ラッセル自身が、この時期の仕事の中心的な問いがまさにこの問いであったと回想している。引用はいくぶん長くなるが、これ以上鮮明にこの問題を述べているものを私は知らない。

この新しい哲学の形成の初めの日々、私は、主に言語的な問いに専念していた。私が問題としたのは、複合物の統一性、特に、文の統一性は、何によるのか、ということであった。文と語の間の違いは、私にとって謎であった。文の統一性が、それが動詞を含むという事実に依存しているということはわかったが、動詞はそれと対応する動名詞とまったく同じものを意味するように思えた。だが、動名詞は、もはや、複合物の諸部分を結び付ける力をもたないのである。is と being の間の違いも当惑の種だった。……時が経つにつれ、私はもはやこうした問題には悩まされなくなった。そうした問題が生じたのは、語が何かを意味するならば、それが意味する何ものかが存在しているに違いないという信念にあった。一九〇五年の記述の理論がこの誤りを明らかにし、さもなくば解きえなかったような多くの問題をも一掃したのである。(13)

第二に、ラッセル自身は、ヘーゲル主義の桎梏からの解放感のあまり、このように膨れ上がった存在論をむしろ歓迎したようであるが、この存在論は、多くの人の好みには合わないであろう。好みだけの問題ならば、それほど深刻ではないが、こうした存在論には明らかに理論的な困難が存在する。かくも存在者が増殖するのは、多くの場合、それが言葉の意味として必要とされるからである。『数学の原理』においては、言葉の理解という問題はほとんど触れられていないが、そこで展開されている意味論の枠内では、言葉の理解は、その言葉の意味である存在者を何らかの形で知っていることに存するとされるように思われる[14]。これは、現実には決して出会われないような存在者をわれわれはどのようにして知っているのか、といった類の問いを引き起こさずにはいない。つまり、存在論の充実は、認識論に対して過大な負担をかけかねないのである。

『数学の原理』の意味論の第三の問題点は、これこそ後に記述の理論のきっかけとなった問題にかかわる。それは、ラッセルが「表示 denoting」と呼ぶ現象である。この現象がどのようなものであるかを理解するためには、『数学の原理』の意味論をもう少し詳しく見ておく必要がある。

存在者と同義である項は、物 thing と概念 concept の二種に分類される。物とは、固有名によって指示 indicate されるものであり、固有名以外の語によって指示されるものが、概念である。概念はさらに（少なくとも）二種に分類される。ひとつは、形容詞によって指示される概念であり、そうした概念は、「述語 predicate」あるいは「クラス概念 class-concept」と呼ばれる。もうひとつの種類の概念は、動詞によって指示されるものであり、それらは、ほとんど常に、関係であるとされる[15]。動詞によって指示される類の概念は、文の統一性という問題との関連で、『数学の原理』第一部で重要な役割を果たしているが、表示の問題に関して重要なのは、むしろ、述語あるいはクラス概念と呼ばれる概念の方である。

ともあれ、ラッセルの挙げている例を見よう。

(1)　Socrates is human.

という文で、「Socrates」は固有名であり、したがって、物を指示している。「is」は動詞であり、ある関係を指示する。最後に、「human」は形容詞であり、述語を指示する。文に現れるすべての語に、物あるいは概念が対応していることがわかる。ここまでは、まあ、良い。ところが、ここで、ラッセルは奇妙なことを言い出す。かれによれば、この文が表現している命題は、物ソクラテスについてaboutのものであり、「human」が指示する概念、人間性（ここで断わっておかなければならないが、ラッセルによれば、「human」と「humanity」は同じ概念を指示する[16]）についてのものではない、と言う。それに対して、

(2) Humanity belongs to Socrates.

あるいは、

(2′) Socrates has humanity.

は、(1)と「同義ではあるが、異なる命題」（!）を表現しており、この命題は、(1)とは違って、ソクラテスについてのものであると同時に、人間性についてのものでもある、と言う（また、(1)は主語‐述語から成る文であるのに対して、(2)および(2′)は、二つの項の間の関係を表現する文である、と言う）。そして、命題が何かについてのものであるとは、その何かが命題の主語subjectと見なしうることだ、ともラッセルは言う。こうした説明はどれも、あまり助けにはなりそうにない。しかし、この際は、こうした言い方を許すこととしよう。この「ついて性aboutness」が正確な定式化を許すかは心もとないにせよ、命題が何かについてのものであるといった表現は、直観的にはある程度の判断ができる言い方であろう。

さて、問題は、述語を表現する語から派生する一連の語句と、この「ついて性」とを合わせて考えるところから生ずる。

ラッセルによるならば、クラス概念を指示する語に、次の六つの「表示オペレータ[17]」

all, every, any, a, some, the

を前置した語句は、「表示句 denoting phrase」と呼ばれる。

日常いつでも見かける六つの語は、また、数学の特徴でもある。それらの語は、all, every, any, a, some, the の六つである。推論の正しさにとっては、これらの語を互いにはっきりと区別することが本質的である。だが、この主題は、困難に満ち満ちており、論理学者達から顧みられることもほとんどない。

……表示句 denoting phrase は、常に、クラス概念に、上の六つの語のいずれか、あるいは、そうしたものの同義語が先立つものである、と言うことができよう[18]。

そうすると、表示句を含む文のひとつの例は次のものである。

(3) Socrates is a man.

ラッセルによれば、ここに現れる表示句「a man」は、ある概念（＝表示的概念 denoting concept）を指示 indicate しているが、(3)が表現している命題は、そうした概念についてのものではない。その理由として、ラッセルは次のよう

な例を挙げる。いま、私が

(4) I met a man.

と言ったとする。この文が表現している「命題は、a man についてのものではない。a man は、概念であって、街を歩きはしない。それは、論理学の書物という小暗い辺境にのみ住みつくものである。私が会ったのは、概念 concept ではなく、物 thing、すなわち、テーラーと銀行口座をもっていたり、パブに入り浸って酔っぱらいの女房を抱えていたりするような、現実の人間なのである」[19]。あるいは、もうひとつの例。「"Any finite number is odd or even" は、明らかに真である。だが、概念 "any finite number" は、奇でも偶でもない。奇であったり偶であったりするのはただ、個々の数である」[20]。たしかに、「a man」や「any finite number」といった表現は、固有名を含んではいない。このことと、固有名以外の表現が指示するものはすべて物ではなく概念であるとした先の規定とを考え合わせるならば、表示句を用いることが、概念ではなく物について語ることになるのがどうしてかは、解明を要する問題となる。

日本語は英語とはかなり文法も相違し、表示句といったカテゴリーをきちんと限定することはむずかしいかもしれないが、同様の問題を日本語でも提起することはできる。ラッセルのように、いかなる語も単独で意味をもち、その意味とは、その語に対応する実在の何かであるとするとき、「人」という語が指すものは、個々の物ではなく、概念である、という結論は自然であろう。しかしながら、

(5) 私はきのう、ある人に会った。

(6) どの人にも、人には言えない秘密がある。

といった文に現れている「ある人」や「どの人」が概念を指すだけであるならば、実に奇妙なことになる。(5)は、私と概念との間の出会いを報告しているのか。(6)は、概念と概念の間に「秘密がある」ことを言っているのか。そうではない。明らかに、(5)は、私と物（もちろん、ラッセルの言う「物 thing」である）の間の出会いを報告するものであり、(6)は、個々の物である人々の間の関係を述べているものである。つまり、ラッセルにとって表示句の問題とは、より一般的には、「記述 description というものが可能であるという事実、すなわち、概念 concept を用いて、概念ではない物 thing を指示 designate できるという事実[21]」が、何によるかを説明することなのである。

『数学の原理』の意味論の基本的な枠組みは、固有名が物を指示し、それ以外の表現が概念を指示するという、きわめて単純なものであった。表示句が、概念を指示しているにもかかわらず、物についてのものであるという事実、ラッセル流の言い換えでは、記述が可能であるという事実を前にして、ラッセルは、このごく単純な意味論的枠組みの中にひとつの特例を認める。すなわち、表示句は、表示的概念を指示するという点で、概念を指示する他の語と同様であるが、表示句の場合には、それによって指示される表示的概念とある対象との間に特別の関係、表示 denoting の関係が存在するのである。この表示の関係がいかに特別なものであるかは、次のパッセージに良く表れている[22]。

> 意味 meaning をもつという観念には、論理的な要素と心理的な要素とが混乱した形でまざりあっていると私には思われる。語はすべて意味をもつが、それは、語がそれ以外の何かを代理している stand for というだけのことである。しかし、命題は、それがたまたま言語的なものにかかわるのではない限り、それ自体、語を含んではいない。命題は、語によって指示 indicate される対象を含むのである。つまり、語が意味をもつという限りでは、意味は論理と無関係である。しかし、*a man* といった概念は、別の仕方で意味をもっている。それらは、いわばその論理的本性からして、記号的 symbolic なのである。そのわけは、そうした概念は、私が表示 denoting と呼ぶ性質をもつからである。……こうした種類の概念は、心理的ではない仕方で意味をもつ。……しかし、意味

がこのように理解されるならば、*John* によって指示される対象は意味をもたない。そして、概念の間でさえ、表示するもののみが意味をもつのである。(23)

この驚くべきパッセージが示しているものは、『数学の原理』の時期のラッセルの意味論の根底に存在する容易ならない混乱に他ならない。「語がそれ以外の何かを代理している」という関係が、「論理と無関係である」、あるいは、心理的なものに過ぎない、という発言は、人を驚かせる数々の発言に満ちているこの書物の中でも第一級のものに属する。言葉と言葉以外の何かとの間のこの関係こそ、ラッセルが、この書物でほぼ一貫して「指示 indicate」ということで指しているものであり、その意味論の基底を形づくっているものでもある。自らの理論の基礎をこれほどまでに誤解するということが、果たして可能だろうか。いくらかの情状酌量の余地はあるとはいえ、(24) このことは事実であると判断せざるをえないように思われる。そう判断する大きな理由は、『数学の原理』の時期のラッセルの論理に対する考え方にある。この時期のかれにとって、論理学の対象とは、「動詞や前置詞の意味である普遍者から成る世界」であった。しかも、そうした普遍者が動詞や前置詞といった言葉によって意味されるということは、普遍者自体にとっては本質的なことではない。したがって、論理学の対象とは、言葉から独立に存在する普遍者であり、特にそうした普遍者の間の関係である。そして、これ以外の関係、たとえば言葉とそれが意味する普遍者との間の関係は、「心理的なもの」として、論理学の対象からは排除されたのである。

表示の問題からそれて、つい、わき道に入ってしまったように思われたかもしれないが、ここで、表示の関係について、ひとつ明らかになったことがあるはずである。それは、この関係が、(一般には) 言語的なものをどちらの側にも含まない関係であるということである。つまり、表示の関係は、「表示的概念」と呼ばれる概念と何らかの対象との間に成り立つ関係である。もちろん、表示的概念は言語とは独立に存在するものであるから、それは言語的なものではない。そして、それが表示する対象が、「all words beginning with 'a'」におけるように、言語的なものである場合もあるが、表示的概念によって表示される対象は、一般には、「every man」におけるように、言語的なものではない。それゆえ、言語的なものと言語外的なものの間の関係をすべて「心理的」と呼んだラッセルは、この関係を、「心理的」なものではなく、「論理的」なものであるとしたのである[25]。

六種の表示的概念のうち、「all」、「every」、「any」、「a」、「some」で始まる表示句によって指示されるものについては、そうした表示的概念が、項の間の一種の連言あるいは選言によって作られる項の複合を表示すると言うにとどめよう。現在の量化理論の眼鏡を通して見るならば、その基本的なアイデアは、量化表現に対応する「もの」を、量化の及ぶ範囲に属する個体から何らかの仕方で作り上げようとすることにある。1・1節で紹介したものは、いわば、そうした理論の縮小版とでも言えるものである。そこでは、単に、「すべての＋名詞句」および「ある＋名詞句」という二種の表現だけが問題であったが、『数学の原理』におけるラッセルは、上記の五種の表現を互いに区別するのであるから、そこでの理論がかなり複雑なものとなることは推測できよう。そして、そうした理論の難点は、その複雑怪奇さだけにあるのではない。「all F」や「any F」といった量化表現が、それが指示するとされる表示的概念を介して表示する項の複合とはいったい何かという問いに対して、ラッセルから満足な答を得ることは、ほとんど絶望的であるように思われる[26]。

ラッセルがこうした理論を考案せざるをえない破目に陥ったその根本の原因が、『数学の原理』の極端な実在論的意味論にあることは見やすいであろう。いかなる語もそれ単独で意味を有し、その意味とは、その語の実在における対応物であるとするならば、量化の表現に対してもその対応物を探す必要が生ずる。だが、量化の表現について、その意味がその表現自体によって与えられているとするならば、たとえば、「all」、「any」、「every」の三つをすべて互いに区別する必要がある。こうして、ラッセルは、これら三つの表現にそれぞれ、互いに異なる対応物を割り当てるという不可能事に挑まなければならなくなったわけである。量化表現に対するフレーゲの基本的な洞察は、「all」、「any」、「every」といった表現が独立で意味を有するわけではなく、文全体の意味への寄与によって意味を有するということにあった。この洞察が得られるならば、英語に見られるような「all」、「any」、「every」の使い分けは、量化のスコープを印するためのものであり、基本的には、全称と存在の二種の量化子についての理論で十分であることが判明するのである。

このように、量化表現はそれ単独で何らかの概念を指示し、その指示された概念を介して、何らかの対象を表示するというラッセルの理論は、どのような観点からも受け入れがたいものである。しかし、唯一、これに類似した分析が、同様な問題をもたらすとは思えないケースがある。それは、「the」で始まる表示句の場合である。

この種の表示句の機能は、ラッセルによれば、「概念を用いて、単一の決まった項 one single definite term を表示する方法」を与えることにある[27]。たとえば、「the present King of England」という表示句が現れる文は、「present King of England」という概念を満足する項がただひとつであるゆえに、その概念を満足するある決まった物について語ることができるのである。つまり、「概念を用いて概念ではない物を指示できるという事実[28]」を何よりも明瞭に示すものが、「the」で始まる表示句なのである。また、この種の表示句についての表示の理論は、同一性 identity を主張することがなぜ有用であるのか、という問いに対する答を与える。

> ……同一性を肯定することがそもそも有用であるのはなぜか。この問いに対する答は表示の理論によって与えられる。「エドワード七世が国王である Edward VII is the King」と言うとき、われわれは同一性を主張している。この主張が有用である理由は、一方には実際の項が現れているのに対して、他方にはその代わりに表示的概念が現れているからである。……二つの表示的概念が現れ、項自体は言及されないという場合も、しばしばある。たとえば、「現在の法王はかれの世代の最後の生き残りである the present Pope is the last survivor of his generation」におけるように。項が与えられているときには、そのそれ自身に対する同一性の主張は、真ではあるが、まったく無駄であり、論理学の書物以外で見ることはない。これに対して、表示的概念が導入されているところ

では、同一性が有意義であることは直ちにわかることである。この場合には、もちろん、表示的概念の項に対する関係、あるいは、二つの表示的概念の間の関係が、主張されているわけではないが、含まれているのである。(29)

つまり、「the」で始まる表示句は、明らかにある決まった対象を指示しているように思われる。しかし、こうした表現は、固有名の場合とは異なり、その表現に何らかの仕方で含まれていると考えられる条件、あるいは概念を介して、指示を行っていると思われるのである。

これ以後、「the」で始まる（単数形の）表示句を、後にラッセル自身によって導入された用語を用いて、「確定記述句 definite descriptions」と呼ぶことにしよう。

ところで、ここで、日本語の場合に、確定記述句に対応する表現が存在するかという問題に、結局、触れざるをえなくなる。ラッセルの言う「表示句」は、すべて、一般名を主要素とする名詞句に、表示オペレータを前置することによって別の名詞句を作るという文法的操作を含んでいる。日本語において、これに対応する操作を、強いて探そうとするならば、次のように、ある種の表現を元の名詞句に後置することによって別の名詞句を作るものであろう。(補註1)

日本人のすべて	all Japanese
日本人のいずれも	every Japanese
日本人のだれも	any Japanese
日本人のだれか	a Japanese
日本人の幾人か	some Japanese
日本人の？.？.？.	the Japanese

ここでのひとつの問題は、日本語には、単数と複数の文法的区別が存在しないことである（例に用いた英語の名詞「Japanese」は、たまたま、単数と複数で同型であるが、文中の他の要素から、単数・複数の別が判然とする場合が大部分であろう）。この問題に限らず、上の対応づけは、ごく便宜的なものに過ぎない（日本語における量化の表現と英語のそれとの比較は重要な理論的課題であるが、それをここで試みるつもりはない）。それでも、重要なことは、英語の確定記述句を構成する操作に対応するものが日本語に存在しないことである。[30] だが、そうした操作を表現する語を日本語に導入することが不可能であるとは思えない。たとえば、英語に翻訳されることを念頭に置きながら日本語の文章を書くような場合、「この名詞句は、翻訳の際に定冠詞を伴うべきである」といった指示を、日本語の文自体に埋め込むということは、考えられる。こうした指示を表現するものとして、名詞句に後置される「#」を導入しよう。そうすると、上の表中で「the Japanese」と対応すべき（拡張された）日本語の表現は、「日本人#」となる。[補註2]

以下で、日本語の表現が、英語における確定記述句に対応すべきことを明示する必要がある場合には、こうした記法を用いることにする。また、「確定記述句」を、単に「記述」と呼ぶことも許すとしよう。

フレーゲの場合には、固有名も確定記述句も両者ひっくるめて「単称名」と呼ばれていた。そして、そこでは、両者は、単に名称が共通なだけでなく、意味論上の機能に関しても何ら本質的な区別があるとはされていなかった。これに対して、ラッセルが両者の間に本質的な相違があることを早くも『数学の原理』の中で主張していることには、ある特別の理由がある。それは、かれの、命題 proposition についての考え方にある。先に素朴な実在論的意味論の特徴として挙げた原則の中の二番目のものを思い出そう。それによれば、文が表現するとされる命題とは、その文の構成要素である語の意味である存在者から成る複合物である。ここから、固有名を含む文が表現する命題と、その代わりに確定記述句を含む文が表現する命題との間の大きな差異が生まれる。

(7)　ソクラテスはギリシア人である。

という固有名が現れている文と、その代わりに確定記述句が現れている文

(8) 著作をしなかったもっとも有名な哲学者#はギリシア人である。

を考えよう。ラッセルによれば、(7)が表現する命題は、「ソクラテス」の意味を構成要素のひとつとしてもつ複合物である。「ソクラテス」の意味とはソクラテスその人に他ならないのであるから、言い換えるならば、(7)が表現する命題は、ソクラテスその人を構成要素としてもつのである。こうした考えを初めて耳にする人にとって、これはあまりにも突飛な考えと映るかもしれない。しかし、ラッセルは真剣にそう考えていたのであり、また、本章の最後で触れることになるが、最近の言語哲学においては、むしろ、こうした考えが復活する趨勢すら見られる。(7)に対して、(8)が表現する命題においては、ソクラテスその人はその構成要素ではない。(8)が表現する命題は、個体(ラッセルの言う「物」)をまったく含まず、その構成要素はすべて概念である。

(8)のように概念のみを構成要素としてもつ命題を表現している文が、どのようにして、個体、あるいは、物であるソクラテスに*ついて*のものでありうるのか、これこそ、『数学の原理』のラッセルにとっての「記述の問題」だったのである。たしかに、「all」や「some」で始まるような量化の表現に関しては、『数学の原理』で展開されているような表示の理論は、いかにも信じがたい帰結へとわれわれを導く。しかしながら、こと確定記述句に関する限りは、命題についての一見奇妙な考えという背景を度外視すれば、それが、何らかの概念なり条件を介して、特定の個体を指示するという、表示の理論からの帰結は、前理論的なわれわれの直観にも合致するものである。『数学の原理』の表示の理論を捨てた、「表示について」におけるラッセルが、もっぱら確定記述句の問題を論ずるのにスペースをさいているのは、ある意味で当然なのである。

3・2・1　「表示について」における表示の理論

たしかに、頁数だけを見るならば、「表示について」のほぼ八割は、確定記述句の問題にあてられている。だが、この論文において、確定記述句の問題に先立って、「all *F*」、「Some *F*」、「an *F*」といった全称や存在の表現である表示句を含む文の分析が提示されていることを忘れてはならない。この論文の表題が示す通り、ここでラッセルが提出しているものは、表示 denoting についての理論なのである。したがって、確定記述句についてラッセルがここで述べている事柄は、いずれも、この表示の理論全体というコンテキストを念頭に置いて解釈されるべきものである。(31)

「表示について」の初めの部分で提示されている、全称や存在の表現である表示句の分析は、フレーゲによる量化の分析と基本的に異ならない。文によって言語的に表現される命題は、変項 variable と命題関数 propositional function から成ると見なされる。これは、フレーゲにおける、Argument と Function への文の分析に対応する。否定や連言といった文結合詞に加えて、「$C(x)$ は常に真である $C(x)$ is always true」と「$C(x)$ は時に真である $C(x)$ is sometimes true」という二つの概念が導入されるが、これらは、それぞれ、全称量化子ならびに存在量化子であると考えてよい（後者は、「$C(x)$ は常に偽であるとは限らない $C(x)$ is not always false」とも表現される）。また、後に確定記述句の分析にとって不可欠なものとなる、同一性も、論理的語彙の一部として前提とされる。

こうして、『数学の原理』で議論の的となっていた、表示句「a man」を含む文

(4)　I met a man.

は、次の文が表現する命題と同じ命題を表現するとされる。[32]

(9) "I met x, and x is human" is not always false.

現代の表記法にならって、ラッセルにとっての存在量化子の表現である「$C(x)$ is not always false」を「$\exists x C(x)$」と書くことにすれば、(9)は、

(10) $\exists x$[I met $x \wedge x$ is human]

と書ける。一般に、「F(a G)」という形の、表示句「a G」を含む文は、

(11) "$F(x)$, and $G(x)$" is not always false.

あるいは、

(12) $\exists x[Fx \wedge Gx]$

という文が表現する命題と同じ命題を表現する。[33]

また、別種の表示句「all men」を含む文、

(13) All men are mortal.

が表現する命題は、次の文が表現する命題と同じである。[34]

(14) "If x is human, x is mortal" is always true.

ラッセルの全称量化子「C(x) is always true」を現代の表記法「$\forall x C(x)$」に置き換えるならば、(14)は、

(15) $\forall x[x$ is human $\rightarrow x$ is mortal$]$

と表記できる。一般に、「F(all G)」という形の、表示句「all G」を含む文は、

(16) "If $G(x)$, $F(x)$" is always true.

あるいは、

(17) $\forall x[Gx \rightarrow Fx]$

という文が表現する命題と同じ命題を表現する。

同様にして、「every G」、「no G」、「some G」といった表示句を含む文が表現する命題も、文結合詞と量化子によ

って構成された文によって表現できることが示される。残るのは、表示句「the G」を含む文である。こうした文が表現する命題もまた、文結合詞と量化子という、これまでに導入された道具立て（および、これまで用いられなかったが、論理的語彙の一部として前提とされている、同一性）で十分に表現できることを、ラッセルは次のようにして示す。

いま、

(18) チャールズ二世の父親#は処刑された。The father of Charles II was executed.

という文を考える。[35] ラッセルによれば、この文が主張していることは、第一に、

(19) チャールズ二世の父親は処刑された。A father of Charles II was executed.

ということであり、第二に、「the」（あるいは、われわれが導入した、拡張日本語の表現「#」）が唯一性を含みとしてもつことから、

(20) チャールズ二世の父親はただひとりである。

ということである。(18)は、(19)と(20)の連言とまったく同じことを主張していると見なされる。(19)は、「$F(a\ G)$」という形の文であるから、

(21)　$\exists x[x \text{ begat Charles II} \wedge x \text{ was executed}]$

という文が表現すると同じ命題を表現している。ここで、「x begat ――」は、表示句「a father of ――」の使用を避けるために、その代わりにラッセルが採用した述語である。[36] (20)のような唯一性の主張は、「もしもxとyとがともにチャールズ二世の父親であるならば、xとyとは同一である」と言い換えることができるから、

(22)　$\forall x \forall y[[x \text{ begat Charles II} \wedge y \text{ begat Charles II}] \rightarrow x = y]$

と書ける。よって、(18)が表現している命題は、(21)と(22)の連言によって表現されることになる。(21)と(22)の連言は、いくぶん簡略化することができる。「表示について」でラッセルが提示している分析は、このいくぶん簡略化された形のものである。すなわち、(18)は、

(23)　It is not always false of x that x begat Charles II and that x was executed and that "if y begat Charles II, y is identical with x" is always true of y.[37]

あるいは、現代の表記法で書き直せば、

(24)　$\exists x[[x \text{ begat Charles II} \wedge x \text{ was executed}] \wedge \forall y[y \text{ begat Charles II} \rightarrow y = x]]$

となる。[38] 一般に、「F(the G)」という形の、表示句「the G」を含む文は、

(25) It is not always false of x that $G(x)$ and that $F(x)$ and that "if $G(y)$, y is identical with x" is always true of y.

あるいは、

(26) $\exists x[[Gx \wedge Fx] \wedge \forall y[Gy \rightarrow y = x]]$

という文が表現する命題と同じ命題を表現する。

こうして、表示句を含む文には、すべて、それが表現すると同じ命題を表現する他の文が対応することが示される。しかも、それらの対応する文は、文結合詞、量化子、および同一性という道具立てだけで構成されている（もちろん、ここでは、命題が変項と命題関数に分析できるという、命題についての考え方が前提されている）。

3・2・2　文脈的定義：論理的に完全な言語への翻訳としての

結局のところ、表示に関する新理論を提供している「表示について」の冒頭でラッセルが行っていることは、ある種の文を、量化理論の言語へと翻訳するための手続きを与えていることである、と言ってよい。だが、ラッセルによる量化理論のこうした「再発見」は、命題の分析ということに関してのラッセルの態度に対して、ほとんど革命的とも言ってよい変化をもたらした。

その変化の最大のものは、文の「表層的構造」が、その論理形式と必ずしも一致しないという洞察である。『数学の原理』におけるラッセルは、文の論理的分析は文が提示している文法的形式にあくまでも忠実になされるべきであるという考えに立っていた。「概して、文法は、哲学者達の間で現在流布している意見などよりもずっと良く、正しい論理へとわれわれを導くように、私には思われる。以下では、文法は、たとえわれわれの主人ではないとしても、われわれの導き手と見なされるであろう[39]」。その結果、文法的単位は、そのまま、論理的単位あるいは意味論的単位であると見なされ、文法的単位の各々に対応する存在者がその意味として付与されることになった。こうした方法は、「表示について」では、きっぱりと捨て去られる。そこでの表示の理論を支配している原則は、まさに、こうした文法的単位と意味論的単位の同一視の否定である。

私が擁護する表示の理論の原則とは、次のものである。すなわち、表示句はそれ自体で意味をもつのでは決してなく、その言語的表現において表示句が出現する命題のいずれもが意味をもつのである[40]。

たしかに、命題の論理形式が、それを表現する文の文法的構造と一致するとは限らないという、量化理論の再発見を通してラッセルが得たこの洞察は、命題の論理的分析の方法という観点からは、それ以前のラッセルに対して革命的な変化をもたらすものである。この革命的な変化は、それが伴う存在論的帰結において著しいことを、われわれは、次節3・2・3で見るであろう。しかしながら、この同じ洞察が『数学の原理』の意味論に対しても同様に革命的な変化をもたらしたかと言えば、答は必ずしも全面的な肯定とはならない。

『数学の原理』において表示句についての特別の理論が必要とされたのは、そもそも、それが、「語の意味＝対応する存在者」という、素朴な実在論的意味論の第一の原則からの例外であると見えたからであった。そのために、そこでは、指示 indicate 関係に加えて、表示句についてのみ言われる、表示 denote 関係が導入された。これに対して、表示句を単独で意味を指定されるべき意味論的単位と見なす必要がないという「表示について」の理論は、表示句についで特別の意味論的関係を導入する必然性をまったく無に帰する。表示句を含む文がいったんそれを含まない等値の文に書き換えられるならば、表示句についての意味論的問題は解消されるのである。この事情は次のように特徴づけることもできよう。すなわち、『数学の原理』における表示句の問題は、「表示について」では、以前の意味論的解決に代わる、同様に意味論的な解決を与えられたのではなくて、命題の分析に対する新しい態度という、いわばシンタクティカルな考察によって、解消されたのだ、と。

この点に関連して、ラッセルの次のような章句に現れている考えと、フレーゲの文脈原理とを比較することは、有益であろう。この章句は、ラッセルが、『数学の原理』第二版（一九三七）のために新しく付け加えた序論の一部である。したがって、それは、「革命後」のラッセルが、「革命前」のラッセルの誤りがどこにあったかを診断しているものとして読むことができる。

> 『数学の原理』の第四章において、「文に現れる語はいずれもある意味をもたねばならない」と言われている。……言語に対するこうした理解は誤りであることが判明した。語——もちろん、単なるでたらめではなく、ある了解できる用法をもつ語のことである——が「ある意味をもたねばならない」ということは、その語だけ孤立させた場合でも当てはまるとするならば、必ずしも真ではない。真であるのは、語はそれが現れる文の意味に寄与する the word contributes to the meaning of the sentence in which it occurs ということである。だが、これは、[語が単独で意味をもつということとは] 大違いである。[41]

一見しただけでは、ここでの「語はそれが現れる文の意味に寄与する」というラッセルの表明は、フレーゲの文脈原理と同様の内容を言っていると取られかねない。しかしながら、ここにあるのは、あくまでも、ごく表面上の類似に過ぎない。

第一に、フレーゲの文脈原理は、いかなる種類の語に対しても当てはまる原理であるのに対して[42]、ラッセルは、すべての語の意味が、それが現れる文の意味への寄与として特徴づけられるべきだ、とは考えていない。そのひとつの証拠として、『数学原理』（『数学の原理』ではない！　註3を見よ）において固有名に関してラッセルの言うところを引こう。「固有名「ソクラテス」は、ある人間を代理するstand forものであり、それゆえ、それ自体で意味を有し、何らのコンテキストをも必要としない」[43]。

第二に、フレーゲにおいて、語の意味の一般的特徴づけを可能とするものは、真理条件として文の意味を特徴づけることであった。フレーゲにおける、文の第一義性の主張は、こうした観点からなされたものである。これに対して、ラッセルにおいて、文の意味は、依然として複合物としての命題である。「単純者－複合物」というモデルで考えているかぎり、複合物としての命題の一般的特徴づけが、その構成要素である個々の語の意味のそれに先行すると考えることはできない。

このように、ラッセルがここで述べている原則は、フレーゲの文脈原理とはまったく性格を異にするものであると言わねばならない。ラッセルの原則は、しばしば、「文脈的定義contextual definitionの原則」と呼ばれてきた。しかしながら、この原則は、フレーゲの文脈原理のような意味論上の原則であるよりはむしろ、ある種の文を、等値ではあるが別の文法的形式をもつ文に翻訳することにかかわる原則であると言える。文脈的定義は、たとえば、不定冠詞「a」について、その意味を与えるものではない。それは、不定冠詞を含む文を、それが表現していると同じ命題を表現していて、不定冠詞を含まない文に置き換える手続きを与えるものである。「表示について」でラッセルが得た最大の洞察は、英語のような自然言語の文は、それが表現する命題の論理形式を必ずしも反映してはいない、ということであった。命題の論理形式は、変項、命題関数、文結合詞、量化子、同一性といった語彙から成る量化理論の言語で表現されることによって初めて、明瞭にされる。命題の論理形式を忠実に反映する言語を「論理的に完全な言語logically perfect language」と呼ぶならば、文脈的定義の原則とは、自然言語の文から論理的に完全な言語の文への翻訳にかかわる方法論的原則である[44]。

しかしながら、文脈的定義の原則が意味論上の帰結をまったくもたないわけではない。それは、『数学の原理』における意味論の三つの原則として先に挙げたもののうちの第三のもの、すなわち、「いかなる語も、それ単独で意味を有する」という原則が、少なくとも英語のような自然言語に関しては妥当しない、という帰結をもつ。とはいえ、他の二つの原則、(I)語の意味は、それに対応づけられた存在者である、および、(II)文の意味である命題は、その文の構成要素である語の意味から成る複合物である、は、必ずしも文脈的定義の原則と相反するものではない。そして、「表示について」以降のラッセルも、これら二つの原則を捨ててはいない。つまり、「表示について」において提出された表示に関する新理論は、それ以前の素朴な実在論的意味論の放棄を招いたのではなく、むしろ、その部分的修正を結果したにとどまる。一九〇五年のこの論文は、ラッセルにとって、命題の論理分析の方法という点では「革命」という名に値する帰結をもたらした。しかしながら、それは、必ずしも意味論上の「革命」をもたらしたわけではないのである。(45)

3・2・3　存在論的帰結

文脈的定義の原則は、明らかに存在論上の帰結をもつ。『数学の原理』の存在論が、ありとあらゆる対象に存在の資格を与えることになったのは、その意味論と命題の分析方法からの帰結である。より具体的に言えば、『数学の原理』の最大限にまで膨れ上がった存在論に寄与していたのは語が有意味であるのはその語が何らかの存在者に対応する限りであるという意味論的原則と、文法的単位を論理的単位と同一視した命題の論理的分析の方法であった。「表示について」で文脈的定義の原則が採用されたことにより、語の有意味性に関する原則はそのまま保持されているにもかかわらず、存在すべき存在者の種類と数を格段に切り詰めることが可能となった。ラッセルによって、文脈的定義の原則は、「存在論的スラム」を一掃する役目を負わされたのである。

このことがどうして可能となるかを一般的に見ておこう。いま英語のような自然言語の表現Eを考える。さらに、

*E*は、自然言語において文法的単位と見なされている表現であるとする。*E*が同時に論理的単位でもあると見なすならば、*E*が有意味であることの根拠として、*E*に対応する何らかの存在者を措定する必要がある（もちろん、素朴な実在論的意味論を仮定している）。これに対して、文脈的定義の原則は、まったく別の可能性を示唆する。自然言語の文が、その表現する命題の論理構造を忠実に反映するものではなく、命題の論理構造は、論理的に完全な言語（「Logically Perfect Language」の頭文字を取って「LPL」と呼ぼう）において初めて明瞭となるとするならば、*E*は、自然言語における文法的単位ではあっても、必ずしも論理的単位ではないという可能性が考えられるからである。この可能性が実現されていることを示すためには、*E*を含む自然言語の文の各々について、それが表現していると同じ命題を表現するLPLの文に翻訳する手続きを与え、かつ、そのようにして得られたLPLの文においては、もとの自然言語の表現*E*に対応するような単位が見いだされないことを示せばよい。いったんこのことが示されるならば、何らかの存在者を*E*の意味として措定する必要はなくなる。このようにして、文脈的定義の原則は、存在者の削減に寄与するのである。

この一般的方策は、「表示について」では、題名が示す通り、表示句に対して適用される。まず、「all *F*」、「any *F*」、「every *F*」、「some *F*」、「an *F*」といった表示句に関して、『数学の原理』では、それらが文法的単位であると同時に論理的単位でもあると考えられていたために、その有意味性を保証するために、何らかの存在者が措定される必要があった。その結果、「一でも多でもない、項から成る結合」といった奇妙な存在者の存在が主張されたのである。[46] いまや、これらの表示句が論理的単位でないことは、そうした句を含む文を量化理論の言語の文へと翻訳する手続きが与えうることによって明らかになるとラッセルは主張する。その結果は、もちろん、これらの奇妙な存在者が存在論から排除されることである。

ラッセルにとっての、さらに目ざましい「進歩」は、「nothing」や「nobody」といった語に対応する存在者を措定する必要がなくなることである。『数学の原理』において、ラッセルは、「nothing」について、かなり長い一節を費やしている。その議論は、次のようにして始まる。

空クラス（null-class）、また、一般にnothingという観念には、重大な困難がつきまとっている。nothingという概念が存在し、よって、ある意味でnothingがsomethingであること、このことは明らかである。実際、「nothing is not nothing」という命題には、疑いなく、それを真とするような解釈が可能である。[47]

こうした議論の始め方からも予想できるように、ラッセルは、「nothing」に対応する存在者を探し求める。その結果は、それが、何をも表示しない表示概念に対応する（「*Nothing* is a denoting concept, which denotes nothing.」）ということである。だが、「nothing」や「nobody」を含む文を量化理論の言語に書き直してしまえば、そうした語に対応する存在者を求めるという誘惑は生じない。たとえば、『鏡の国のアリス』[48]で、白の王様がアリスの視力を羨むことになるきっかけを作ったアリスの発言

(27)　I see nobody on the road.

は、量化理論の言語で書き直せば、

(28)　$\neg\exists x$[I see $x \wedge x$ is on the road]

となる。これは、白の王様がアリスの視力を羨む根拠とはなるまい。

しかしながら、「表示について」における、こうした方策の、もっとも影響の大きかった適用、したがって、この

論文が「哲学的分析のパラダイム」とまで呼ばれるようになった原因を作った適用は、指示対象をもたない確定記述に対するものである。いまや、ラッセルの記述の理論と切り離しえないものとなった例は、言うまでもなく、次のものである。[49]

(29) 現在のフランス国王#は禿げである。The present King of France is bald.

「現在のフランス国王# the present King of France」のような、指示対象を欠く確定記述（こうした句を「空な確定記述」と呼ぶことにしよう）に対するラッセルの態度は、「表示について」で初めて変化したわけではない。この論文が書かれる直前にはラッセルは、そこで批判されることになるフレーゲ的立場を取っていたのであり、それはその前まで取られていた立場とも相違するものである。

一九〇三年の『数学の原理』では、「数、ホメーロスに出て来る神々、関係、キマイラ、四次元空間、こうしたもののすべてが存在する have being」と言われていることから、空な確定記述は、実在する have existence わけではないにせよ、存在はする have being 何らかの存在者を指すと考えられていたと推定できる。こうした考え方は、当時ラッセルが高く評価していたオーストリアの哲学者マイノングのものと近い。ついでに言うならば、ひょっとすると、マイノングに関して、「丸い四角が存在するなどという、ばかげたことを唱えた一種の変人哲学者」といったイメージをもっている人が今でもいるかもしれないが、これは大間違いである。ラッセルは、「表示について」でマイノングの理論を批判した後でもかれの仕事を高く評価している。[51] また、そこでのラッセルによるマイノング批判が最終的なものではないことも付け加えておかねばならない。このことは、最近の哲学の中でのマイノング復興の動きからも明らかである。[52]

『数学の原理』におけるマイノング的立場は、「表示について」の半年前に発表された覚書風の論文「命題の存在論的含意 The existential import of propositions」（一九〇五）では、もはや取られていない。そこで取られている立場は、実は、「表示について」でフレーゲの立場として批判されることになるものに他ならない。

……「現在のイギリス国王# the present King of England」は、ある個体を表示する複合的な概念である。「現在のフランス国王# the present King of France」は、同様に複合的な概念であるが、何ものも表示していない。この句は、個体を指そうとしているが、それに失敗している。それは、非実在的な個体を指しているのではなく、まったくどんな個体を指してもいないのである。同じ説明が、アポロやプリアモスといった神話上の人物についても当てはまる。これらの語は、意味 meaning をもつ。それは、古典についての辞書を引けば出ているものである。しかし、これらの語は、表示対象 denotation をもたない。それらの語が指すような、もの entity は、実在のであれ想像上のであれ、ありはしないのである。[53]

ラッセルがマイノングのような立場を放棄したのがなぜかは、容易に推測がつく。それは、「表示について」でも言われているように[54]、マイノングが「丸い四角# the round square」のような句に対しても何らかの存在者の対応を主張することから結果する、矛盾律の侵犯にある。もしも「文法的に正しい表示句は、いずれもある対象 object を代理する」[55]とするならば、

(30)　丸い四角#は丸い。The round square is round.

(31)　丸い四角#は丸くない。The round square is not round.

の両者が真であることになる。こうした帰結がラッセルにとって「耐えがたい」ものと映ったのは自然であろう。

こうしてマイノング的立場を放棄したラッセルが次に取った立場は、上の引用からも明らかであるように、空な確定記述は意義 Sinn を有するがイミ Bedeutung をもたないという、フレーゲが「意義とイミについて」で採用した立場と同様なものであった。現在の論点に関するかぎりは、ラッセルの言う「意味 meaning」が Sinn に対応し、「表示対象 denotation」が Bedeutung に対応すると考えてよい。

では、ラッセルが、「表示について」で、こうしたフレーゲ的立場をも最終的に放棄したのは、どうしてであったのか。

3・2・4　ラッセル対フレーゲ

空な確定記述は意味 meaning を有しはするが表示対象 denotation を有しないというフレーゲ的立場を、ラッセルが最終的に放棄した理由は、「表示について」で明示的に述べられている限りでは、その四八頁から五〇頁にわたっての議論の中に含まれていると考えられる。(56) しかしながら、「表示について」のこの二頁余ほど、解釈者達を悩ませて来たものは、分析哲学の歴史の中で他に類を見ない。(57) ここにフレーゲ的立場を論破することができるような妥当な論証が果たして含まれているのかどうかは、たしかに気がかりな点である。だが、ここでは、この議論の解釈ゲームに参加することは、あっさりあきらめる方が良い。私の予想では、フレーゲ的立場を一撃のもとに倒すような論証はそう簡単には見つかるまい。(58) むしろ大事なことは、ラッセルが「表示について」で取っている立場とフレーゲ的立場の間の相違点を確認することによって、二つの立場の全体的比較を目指すことであると思われる。

「the *F*」という形の確定記述句に対するラッセルの取り扱いの特色は、それを「all *F*」や「an *F*」といった表示句と同じグループに属するものと見なすことにあり、このことは既に『数学の原理』からの方針である。よって、「表示について」において、「all *F*」や「an *F*」といった表示句に対して文脈的定義の原則が適用され、それらの表示句が論理的単位をなすものではないとされたとき、「the *F*」という形の表示句にも同様の取り扱いがなされることになる。これに対して、フレーゲは、確定記述句「der (das, die) *F*」を（必ずしも一貫してはいないが）あくまでも普通の固有名と同種のカテゴリーに属するものと見なしている。たとえば、次の二つの文

(32) チャールズ一世は処刑された。Charles I was executed.

(33) チャールズ二世の父親#は処刑された。The father of Charles II was executed.

は、フレーゲにとっては、どちらも単称名に述語が述語づけられた文という限りで同様な論理形式をもつと考えられるのに対し、ラッセルにおいては、まったく異なる論理形式をもつとされる。こうしたシンタクティカルな考慮の相違が、両者の確定記述に対する取り扱いの差異のもっとも基礎にあることが、まず確認される必要がある。

ラッセルのこうした分析法は、英語の文に関してはいかに暴力的なものであると見えようとも、[59]フレーゲの方法に比して明らかな利点がひとつある。それは、少なくとも確定記述句に関しては、それが指示対象を欠くと見えるときに生ずる問題を回避できるという点である。「意義とイミについて」でのフレーゲが、指示対象を欠く単称名が自然言語に存在することを認めたこと、そして、そうした表現を含む文が真でも偽でもないとしたこと、これらが実はフレーゲの意味論の基本を揺るがしかねない帰結をもつことを、われわれは2・3・4節で見た。ラッセルの方法は、そもそも確定記述句を論理的単位と認めないのであるから、それに対して指示対象が存在するかどうかという問題が生ずる余地がない。

しかしながら、ラッセルの方法のもつこうした利点は、それなりの代償を伴わずにはいない。ひとつは、「the father of ――」といった関数的表現を独立の文法的カテゴリーと見なすことが不可能となることであり、もうひとつは、空な確定記述句に関しては問題が回避できるとしても、指示対象を欠く固有名、つまり空な固有名に関しては同様な問題が依然として残ることである。[60]後者の問題は、「論理的固有名の探索」として、「表示について」以後のラッ

セルの言語哲学の主要課題となり、ついには、論理的原子論の形而上学という、その信じ難さに関しては『数学の原理』の存在論とたいして遜色ない存在論にまで至ることになる。だが、これは次節で扱うべき問題である。

ラッセルとフレーゲとの間に存在するこれらの相違の重要性にもかかわらず、確定記述句を論理的単位と見なすことを認めるかそれとも拒否するかの選択が、両者の意味論全体にもたらした最大の相違は、フレーゲの意義 Sinn に代表されるようなレベルの意味論的概念をその意味論に導入するか否かという点にかかっている。

『数学の原理』の意味論の基調であった素朴な実在論的意味論、特に、語の意味はそれが指示する indicate ものに他ならないという主張は、表示句に対しては貫徹することが不可能であると当時のラッセルには思えた。その結果、指示とは別に、表示 denote 関係が、表示句に関しては導入されなければならなかった。もろもろの言語表現の中で唯一、表示句についてのみ、それが指示するものとしての表示的概念 denoting concept と、表示的概念が表示する何らかの対象という、意味論的な二つのレベルが必要とされたのである。「表示について」の半年前に発表された「命題の存在論的含意」で、意味 meaning と表示対象 denotation とが区別されたのも、それはすべての言語表現に妥当するものとして意図されていたのではない。その区別は、『数学の原理』においてと同様、表示句の範囲を越えて適用されるべきものではない。

「表示について」における、量化理論の「再発見」、そして、量化理論の言語への、表示句を含む文の翻訳の可能性の発見は、素朴な実在論的意味論を貫徹するための障害を取り払うことになった。すなわち、表示句は論理的単位ではなく、したがって、意味論的単位と見なす必要もない。よって、表示句の問題ゆえに必要と思われた二レベルの意味論は、単一のレベルの意味論で取って代わることができる。結局、意味論的関係として必要であるものは、語とその指示対象という関係に尽きるのである。

だが、それでは、フレーゲが「意義とイミについて」で、意義 Sinn の必要性を示すために行った議論（本書 2・

3・1節）はどうなるのか。そこでの議論は、言語表現の意味がその指示対象に尽きるとする立場が、結局のところ、意味の概念をわれわれの言語理解から切り離すという、保持できない結果に導くと示したのではなかったか。

素朴な実在論的意味論において、言語を理解するということはどのようなものとして考えられるべきか。この意味論において、語の意味は、それに対応づけられた何らかの存在者、すなわち、その指示対象である。したがって、ある語の意味を知っているとは、その語の指示対象を知っていることに他ならない。あるいは、逆に言えば、語が何を指示しているかを知っているだけで、その語の意味について知られるべきものはすべて知っているということになる。だが、このような理論には、すぐに、「宵の明星」と「明けの明星」についてのフレーゲの議論が当てはまるように思われる。ラッセル自身が「表示について」の中で出している例[61]を用いるならば、

(34) スコットは『ウェイヴァレー』の作者#である。Scott is the author of *Waverley*.

と

(35) スコットはスコットである。Scott is Scott.

の二つの文で、「スコット」が指示する対象は「『ウェイヴァレー』の作者#」が指示する対象と同一なのであるから、「語の意味＝指示対象」という理論によれば、これら二つの語の意味は同一となる。そうすると、(34)と(35)もまた、同一の意味をもつこととなり、人が(34)によって理解するものと(35)によって理解するものとが同一であるという明らかに誤った結論に導かれることになろう。

このフレーゲ的議論に対して、いまやラッセルは、（少なくとも、ここで扱われていると同様な例に関しては）次の

ように答えることができる。すなわち、この議論には、明示されていない前提が存在し、その前提は誤りである、と。その隠された前提とは、「『ウェイヴァレー』の作者# the author of *Waverley*」という句が意味論的単位をなす、という前提である。つまり、(34)は、一見すると「a = b」という形の文であるように思われるが、「b」は表示句であり、したがって意味論的単位を形成するものではない。ここで、文脈的定義の原則が、言語理解の場面に応用されることになる。表示句「b」がそれ単独で意味をもつのではないということは、「b」がそれ単独で何かを指示するのではないということに他ならない。よって、「表示句「b」の意味」なるものは存在しないのである。

つまり、(34)と(35)に対して、フレーゲの議論を適用することは、「『ウェイヴァレー』の作者#」という句が、「スコット」という固有名と同様の論理的単位であることを前提とする。そのうえで、両者の指示対象が同一である以上、「意味＝指示対象」説から言って、両者の意味は等しくなければならない、と結論するのである。だが、いまや、「『ウェイヴァレー』の作者#」が論理的単位を成すことが否定された。したがって、フレーゲの議論を(34)と(35)に適用することはできないのである。

フレーゲの議論に抗して素朴な実在論的意味論を擁護するラッセルのこうしたマヌーバーは、ここまでのところは成功していると言ってよい。しかしながら、フレーゲの議論は、表示句を含まない文から出発することもできる。たとえば、

(36) ヘスペラス ＝ フォスフォラス

(37) ヘスペラス ＝ ヘスペラス

という、国有名のみを含む二つの文から出発しても、フレーゲ的議論を展開することができるはずである（「ヘスペラス」は宵の明星、「フォスフォラス」は明けの明星である。念のため）。

ラッセルもこのことに気付かずにはいられなかったはずである。こうして始まったのが、論理的固有名の探索である。

3・3 余波：論理的固有名を求めて

「表示について」で提出された、表示に関する新理論は、『数学の原理』の基調にありながら、その中で貫徹することのできなかった素朴な実在論的意味論にとって強力な援軍を提供するものである。語の意味がその指示対象に他ならないというテーゼは、いまや、量化表現に対応すべき「一でも多でもない」結合とか、あるいは、「丸い四角」のような、マイノング風の何かいかがわしい存在者を認めることなしに主張できるようになった。また、フレーゲが、通常の固有名も確定記述句もひっくるめて「単称名」として、その間に何ら論理的な相違を認めなかったのに対して、ラッセルは、確定記述句がそもそも論理的単位ではないことを強調した。その結果、フレーゲにとってきわめて厄介な問題であった、指示対象を欠く単称名の問題は、確定記述句に関しては満足の行く解決が見いだされたように見える。さらに、この解決は、フレーゲのように意義 Sinn とイミ Bedeutung とを区別するといった二レベルの意味論によってではなく、「語の意味＝指示対象」という単一レベルの意味論によってなされている。こうした単一レベルの意味論は、フレーゲが提出した議論、すなわち、同一性言明が認識的価値をもつことから来る議論、によっておびやかされるように見えるが、問題となる同一性言明が確定記述句を少なくともひとつ含んでいる限り、そうとはならない。

これらはいずれも、表示に関する新理論から得られた収穫である。だが、この「収穫」が果たして本物であるのか、という疑惑も存在する。こうした「収穫」を可能としたものは、自然言語の文における文法的単位が必ずしも論理的単位に対応しないこと、とりわけ、確定記述句が文法的単位であっても論理的単位ではないことの認知であった。確定記述句を含む文を、それと等価であるが同様の表現を含まない文へと翻訳できることが、指示対象を欠く単称名の問題に関しても、同一性言明の認識的価値の問題に関しても、問題の解決のために決定的に働いていた。だが、これら二つの問題は、確定記述句を何ら含んでいるようには見えない文に関しても生じうる。同一性言明に関しては、前節で挙げた「ヘスペラス」と「フォスフォラス」の例があるし、指示対象を欠く単称名としては、「ヴァルカン」のような固有名を挙げることができる（ここで、「ヴァルカン」とは、神話に出て来る神の名前でも、SFに出て来る名前でもなく、水星の近日点の前進を説明するために、一時期、誤って存在が仮定された惑星の名前である）(62)。確定記述句に関しては解決されたと見えた問題が、まったく同じ形で、通常の固有名に関して生じうることは、そもそも、確定記述句の場合においても問題は解決されていないということではないだろうか。

語の意味が指示対象に他ならないという、素朴な実在論的意味論の根幹をなすテーゼをもっとも良く例証すると考えられているのは、名前 name である。ここで名前と言うのは、「人間」や「机」といった一般名 common name とは区別される、固有名 proper name のことである。名前についての一番簡単明瞭な考え方は、「名前とは物を指すための手段に過ぎない(63)」というものであろう。そうすると、本来、「固有名」と呼ばれるべきものは、次の二つの条件を満足するものでなくてはなるまい。

（i）それが指す物、すなわち、名前の指示対象が存在する。

（ii）その機能は、その指示対象を指すこと（あるいは、名指すこと naming）に尽きる。

実は、固有名が、この二つの条件を満足するならば、先の二つの問題は生じない。まず、（i）によって、固有名が指示対象を欠くことはないのであるから、確定記述句の場合のような問題は生じない。次に、同一性言明の認識的価値の問題に関しても、固有名どうしの場合には、(ii)によって、その時に得られる情報は、せいぜい、二つの名前を同じものの名前として無差別に使ってよいという、名前の用法についての情報でしかないはずである。

だが、問題は、われわれが通常、固有名と見なしているものが、これらの条件を満たさないというところにある。「ヴァルカン」は(i)を満たさないし、「ヘスペラス」・「フォスフォラス」の対が作る同一性言明は、(ii)が予測するのとは違って、単なる名前の用法以上の情報を与える。だが、こうした事実に対しては、われわれが、通常、固有名と見なしているものの中には、本当は固有名ではないものもあると答えれば済むことではないだろうか。

ラッセルは、こうした答に満足しなかったと思われる。それは、ほぼ、次のような理由によると推測される。(64)

固有名の意味が指示対象に尽きるという仮定のもとでは、一見固有名と見える表現が実は指示対象を欠くとすると、その表現は、端的に無意味となる。つまり、指示対象の存在は、その有意味性の条件である。このことが正しいとすれば、固有名が一般にこうした有意味性の条件をもつということは、言語がどのように機能するかについての知識の一部であり、したがって、それは何らかの経験的事実についての知識から由来することはできまい。つまり、言語的表現Eが固有名であることが知られているならば、

(a)　Eが有意味であるならば、Eの指示対象が存在する。

は、ア・プリオリに知られることのはずである。

また、一般に、言語的表現の有意味性の知識も、同様に、経験的事実についての知識から由来すべきものではない。よって、

(b)　Eが有意味である。

も、ア・プリオリに知られる。(a)および(b)が、ともに、ア・プリオリに知られることから、

(c) Eの指示対象が存在する。

が、ア・プリオリに知られる、という結論が導かれる。

つまり、ある表現が固有名であることが知られているならば、その指示対象が存在することはア・プリオリに知られるはずである。さらに、ある言語表現が固有名であるかどうかの知識も、言語についての知識の一部であるから、このこと自体も、経験的事実の知識からではなく、ア・プリオリに知られるべきことである。そうすると、結局、最終的に得られる結論は、

(1*) ある言語表現Eが固有名であるならば、その指示対象の存在は、ア・プリオリに知られる。

というものである。この結論の対偶を取るならば、

(2*) 表現Eについて、その指示対象の存在がア・プリオリに知られないならば、その表現は固有名ではない。

となる。つまり、先の条件(i)は、より強い条件

(i′) それが指す物、すなわち、名前の指示対象の存在が、ア・プリオリに、すなわち、事実がどうあるかの知識

とは無関係に確立できる。

に取って代わられなければならない。

よって、ある表現について、それが固有名であるためには、その指示対象が存在しているだけでは十分でない。その指示対象が存在することがア・プリオリに知りえなければ、その表現を、本来の固有名と見なすことはできないのである。こうして、ラッセルは、次のように言う。

> 命題全体を無意味なものとすることなしに、その命題の文法的主語が存在しないと想定できるならば、その文法的主語が、固有名、すなわち、何らかの対象を直接に表現している名前 a name directly representing some object ではないことは明白である。(65)

これから、表現*E*が固有名であるかどうかのテストを引き出すことができる。もっとも簡単なテストは、文「*E*は存在しない」が有意味であるかどうかを見ることであろう。だが、このテストを、われわれが、通常、固有名と見なしている表現に適用するとき、そうした表現のいずれもがテストをパスしないことは明らかである。「ラッセルは存在しない」（これが日本語の文ではないと思われる向きは、「ラッセルはいなかった」を考えられたい）、「パリは存在しない」といった文はいずれも、偽ではあるが、有意味である。そうすると、「ラッセル」も、「パリ」も、一般に、われわれが固有名と見なしている表現のすべてが、固有名ではないことになる。だが、これらの表現が固有名でないとしたら、それは、いったい何だろうか。ラッセルは、それらが「省略された、あるいは、縮約された記述 truncated or telescoped description」であると答える。

……名前「ロムルス」は、本当は、名前ではなく、ある種の省略された記述なのである。それは、これこれのことをなした者、レムスを殺害し、ローマを建国し、等々、といった者を代理している。それは、こうした記述を省略したものである。あるいは、それは、「「ロムルス」と呼ばれた人#」の省略であると言ってもよい。もしもそれが本当に名前であったとすれば、存在は問題となりえなかったはずである。なぜならば、名前は何かを名指すべきものであり、さもなければ、それは名前ではないからである。また、ロムルスといった人がいなかったとすれば、そのように存在しなかった人の名前もありえなかったはずである。したがって、この語「ロムルス」は、実際のところは、ある種の、省略された、あるいは、縮約された記述なのであり、それを名前と考えるならば、論理的な誤りを犯すことになろう。(66)

もしこうした議論が許されるのならば、それを、通常われわれが固有名と見なしている表現のすべてに及ぼすことができるのは、明らかであろう。われわれが、通常、固有名と見なしているものはいずれも、何らかの記述を省略したものに他ならず、記述が論理的単位ではない以上、そうした表現もまた、論理的単位ではなく、論理的に完全な言語には出現しないことになる。

名前についてのラッセルの理論には、同様な結論に導くもうひとつの道が存在する。それは、名前の理解とは何に存するかの考察に基づくものである。

素朴な実在論的意味論において、言語を理解するということはどのようなものとして考えられるべきか。この意味論において、語の意味は、それに対応づけられた何らかの存在者、すなわち、その指示対象である。したがって、ある語の意味を知っているということは、その語の指示対象を知っていることに他ならない。このことからのひとつの帰結は、文の理解にとって、その文に現れる語の意味である対応する存在者を知っていることが不可欠の条件となるということである。この原則を、ラッセルは、「見知りによる知識と記述による知識」（一九一〇）の中で、次のように定式化している。

> 記述を含む命題の分析における基本的な認識論的原則は次のものである。すなわち、われわれに理解できる命題はすべて、われわれが見知っている *acquainted* 構成要素だけから構成されていなくてはならない。(67)

ただし、語の意味の知識にかかわるとされる「見知りによる知識 knowledge by acquaintance」は、普通にわれわれが何かを「知っている」という場合よりも狭い範囲のものである。何かを書物や伝聞で知っているだけでは、その対象について「見知りの知識をもっている」とは言えない。いわば、それに出会ったことがある、それを経験したことがある、といったことが言えなければ、対象に関する見知りの知識をもつとは言えないのである。(68)

こうした認識論的考察は、表現に対して、それが名前であるためのもうひとつの条件を課すことになる。先の条件、(i)および(ii)に加えて、次の条件が立てられる。

> (iii) 表現Eが、話し手Sにとって、名前であるためには、Eの指示対象はSが見知っているものでなくてはならない。

この条件は、先の(i)あるいは、(ii)の条件よりも、根拠が薄弱であるように思われるかもしれない。しかしながら、ラッセルにおいては、条件(iii)は、条件(ii)と密接に結び付いていると考えられる。つまり、条件(iii)は、条件(ii)で述べられているような、名前とその指示対象との間の「直接的」結合を可能とするようなモデルを与えていると考えられるのである。それは、次のような章句が示唆するところでもある。

……個体の名前を理解するのに唯一必要なことは、その個体を見知っていることである。その個体を見知っているときには、その名前の、十全かつ完全な理解を所有しているのであり、それ以上の情報を何ら要しないのである。(69)

そうすると、話し手Sが、表現Eを名前として用いることができるようになるためには、Sは、Eの指示対象と「出会う」ことがなければならない。そうした「出会い」は、まず、新しく名前が導入されるときに必要である。「アダムが獣たちに名前を与えたとき、獣たちは、かれの前に一匹ずつ歩み出、そうして、かれは獣たちと見知り合いになり became acquainted、それらに名前を与えたのである」(70)。次いで、既に社会的に存在する名前に関しても、ある特定の話し手Sがそれを名前として用いることができるようになるためには、それは、その指示対象が存在するところで、そのものの名前として、Sに教えられる必要がある。たとえば、ある対象を指差しながら、そのものの名前をSに対して繰り返すといった儀式（直示的定義）が必要とされる。

条件(iii)は、先の条件(i′)・(ii)とは異なり、何が名前であるかを話し手に相対化する効果をもっている（これは、ラッセルにおいては、言語が個々の話し手にとって「私的」なものであるとする重大な帰結をもつ――この問題については、次節で触れることになる）。しかし、われわれが、通常、固有名と見なしているものの多くが、この条件によれば、名前とは言えなくなる、という点で、同様である。そして、ここでも再び、ラッセルは、それら固有名と普通見なされているものは、実は記述を省略したものに過ぎないと結論する。

そうした結論に導く議論は、きわめて簡単である。話し手Sが見知っていない対象を指示する表現は、表現が名前であるための条件(iii)を満たさない。したがって、そうした表現はすべて、Sにとっての名前ではない。そうした表現は、Sが名前として導入したわけでもない――命名するためには、その対象と対面する必要がある――し、また、S

は、直示的定義のような仕方でその名前を覚えたわけでもない。そうした表現が何らかの対象を指示しているとSに思えるのは、ただ、「これは、これこれの条件を満足するものの名前である」といった、記述に基づく情報を、人から受け取ったからに過ぎない。

われわれはソクラテスと見知り合いではない。したがって、かれを名指すことは、われわれにはできない。われわれが「ソクラテス」という語を用いているときに、われわれは、実は記述を用いているのである。われわれの考えていることは、たとえば、「プラトンの師#」とか、「毒人参を飲んだ哲学者#」とか、「いつか死ぬ運命にある、と論理学者たちによって言われる人#」といった句で、表すことができよう。しかし、われわれがこの名前を、その語の本来の意味での名前として用いていないことは確かである。[71]

条件(i′)によって、本来の名前ではないとされるものと、条件(iii)によって、同様に排除されるものとは、正確に合致するわけではない。しかしながら、われわれが、通常、固有名と見なしているものの大部分が、「本来の意味での名前」ではないという結論は動かない。

では、本来の意味での名前とはどのようなものか。ラッセルは、この本来の意味での名前を「論理的固有名 logically proper name」と呼ぶ。論理的固有名は、どこに求められるべきか。

ラッセルの答は、いかにもかれらしく、人の意表を突くものである(「哲学のポイントは、わざわざ述べるまでもあるまいと思われるほど単純な何かから出発して、誰も信じようとはしないほど逆説的な何かに行き着くことにある」[72])。少し長くなるが、これは、是非、引用しておきたい。

……論理的な意味での名前として用いられる語は、「これ this」とか「あれ that」といった語に限られる。「これ」は、ひとがある時点で見知っている個体を代理する名前として用いられうる。われわれは「これは白い」と言う。「これは白い」とあなたも同意するならば、そして、そのとき、「これ」ということであなたに見えているものを意味しているのならば、あなたは「これ」を固有名として用いている。しかし、私が「これは白い」と言うことで私が表現する命題をあなたが把握しようとしても、それは、あなたにはできない。もしあなたが物理的対象としてのこのチョークを意味するのならば、そのときあなたは固有名を用いているのではない。「これ」が本当に固有名であるのは、「これ」がきわめて厳密に使われるとき、すなわち、感覚の現実の対象を代理するものとして使われるときのみである。そして、その点で、それは、固有名としてはとても奇妙な性質をもっている。すなわち、それは、連続する二時点で同じものを意味することが滅多になく、話し手と聞き手との間で同じものを意味しない。それは、多義的な固有名 *ambiguous* proper name である。しかし、それでもなお、それが本当に固有名であることには変わりない。そして、それは、私の言う意味で本格的かつ論理的に固有名として用いうると私に考えられるほとんど唯一のものである。(73)

本来の名前とは、驚くべきことに、「これ」や「あれ」といった表現なのである。しかも、そうした表現が本来の名前であるのは、それらが話し手の私的な体験内容に対して適用される場合に限られている。

まず、「これ」や「あれ」が、何に適用されるのかをさしあたって度外視しても、条件(i′)、すなわち、その指示対象の存在がア・プリオリに知られるという条件を満足すると考えられるのは、次のような理由に基づくのであろう。いま、話し手が、会話の中で、たとえば、

(38)　これは赤い。

と言うとしよう。このとき、話し手が「これ」によって指しているものが、ない（存在しない）、と考えられるだろうか。話し手に対して、「きみの言う「これ」とは何か」と問いかけたとき、「「これ」ということで、さっきは何かを指しているように思ったのだが、実は何も指していなかったのだ」という答が返って来たとしたら、どうするだろうか。われわれは、そうした答を真剣には取れまい。唯一可能なのは、話し手が「何かを指したと思っていた」ときには実際に何かを指していたのだが、その何かがすぐに消えてしまったといった状況を想定すること位であろう。つまり、「これ」を含む発言は、「これ」が指す何かがない限り、そもそも意味をもちえないと思われるのである。よって、

(39) これは存在しない。

は有意味ではなく、「これ」は、本来の固有名であるための、先に言及されたテストに合格すると思われる。(74)

これに対して、通常の事物を指す名前はいずれも、その名前の指す対象の存在がア・プリオリに知られるものではない以上、常に、その指示対象の非存在の主張が有意味であると思われる。この例外と思われるのは、数詞「二」のような、数学的対象を指すと考えられる表現であろう。しかし、ラッセルによれば、数詞が指すものは、クラスである。そして、クラスの名前はいずれも記述であって、固有名ではない。ここにも、ラッセルとフレーゲとの間の相違が現れている。

ところで、(i′)の条件を満足するという点だけでは、「これ」や「あれ」が本来の名前であるためには、それらが話し手の私的な体験内容に適用されるときに限るという限定は、必要ないように思われる。この限定が必要となったのは、本来の名前の指示対象は話し手が見知っているものに限られるという条件(iii)と、それにも増して、見知りの対象

は私的な体験内容に限られるというラッセルのデカルト主義的認識論のせいである。このデカルト主義的認識論に関しては、私は、ほとんど論議するまでもなく、まったくの誤りであると考える。ついでに言えば、もしも条件(iii)の背後にこうした認識論を仮定しないとすれば、「見知り acquaintance」の対象を私的な体験内容に限る必要はなくなる。そして、その場合には、条件(iii)を擁護することも不可能ではあるまい。しかし、この問題にここで深入りすることは許されないであろう。(75)

いずれにせよ、本来の意味で名前と言えるものが、「これ」や「あれ」といった表現である、という結論は、認められるべきものではない。「これ」や「あれ」といった指標的表現が指示対象を獲得するのは、それらが物と言語表現との間に直接的関係を確立するからではない。本来の名前ということで、もともと意図されていたことは、いわば物のラベルとしての機能しかもたない言語表現の存在を確保することであった。「これ」や「あれ」は、すべての物に貼り付けることのできる万能のラベルのように考えられてはならない。もしそうした万能のラベルがあったとしても、それは、「万能」どころか、ラベルとしての役割を何ら果たせないであろう。「これ」や「あれ」といった表現の習得と理解は、既に2・4節でも触れたように、そうした表現が単独で何を指示しているかの理解によるのではなく、発話状況をある仕方で構造化することを学び、そのように構造化された発話状況中の要素を取り出すための規則を学ぶことによるのである。

こうして、論理的固有名の探索は失敗せざるをえないように思われる。だが、記述の理論を採用することは、記述と対比されるべき「本来の名前」、すなわち、論理的固有名を探さなければならないことを必然的に帰結するだろうか。本来の名前であるためのラッセル流の条件を満足する言語表現が見いだされないならば、本来の名前などは存在しないと結論してもよいのではないか。

実際、すべての名前を記述によって置き換えようという提案が存在する。その提案者であるクワインによれば、すべての単称名は一様に記述に置き換えることができ、記述は最終的には言語から除去されるのであるから、単称名というカテゴリーは全体として消去できる、と言う[76]。

例によって、例として「ソクラテス」を取り上げよう。ラッセルは、これが記述の省略であるとした。そして、それが、どのような記述の省略であるかは、各個人がソクラテスについてもっている信念に依存するとした。それは、あるひとにとっては「プラトンの師で、毒人参を飲んで死んだ哲学者#」という記述の省略であり、また別のひとにとっては「論理学の例文にもっともひんぱんに登場する人物#」という記述の省略であろう。しかし、「ソクラテス」を記述の省略と見なすためだけならば、自分はソクラテスについて何を知っているかと思い悩む必要はない。必要なのは、ソクラテスにだけ適用されると考えられる述語を見つけることである。そうした述語がすぐに思いつかれないならば、そういう述語を作って何が悪いだろう。たとえば、「ソクラテスる」といった述語を作ればよい。そうすると、「ソクラテス」は「ソクラテスるもの#」という記述の省略であると見なすことができる。したがって、「ソクラテス」を含む文、たとえば、

(40) ソクラテスはギリシア人である。

は、

(41) ソクラテスるもの#はギリシア人である。

となり、ここに現れている記述「ソクラテスるもの#」を除去すれば、

(42) $\exists x[\forall y[y = x \leftrightarrow y$ はソクラテスる$] \wedge x$ はギリシア人である$]$

となる。

この方法は、われわれが固有名と見なしている表現のいずれについても、適用できる。そうした表現の各々に対応して、新しく述語を導入すればよいのであり、そうした述語は、たとえば、もとの表現の最後に「る」を付加したものである、とでも取り決めておけばよい。

たしかに、こうした方策そのものには、文句をつけるところはない。だが、こうした「単称名の全面的消去」の可能性は、果たして、記述とは区別される本来の名前（＝固有名）というカテゴリーが不必要であるという結論に導くものだろうか。

まず、ギーチがたびたび指摘している点であるが[77]、単称名をまったく含まず、論理的語彙の他には述語と変項だけをその語彙とする言語においては、自由変項が固有名の役割を果たす。たとえば、「$\exists x\Phi x$」といった形の文を前提とする推論では、この前提によって存在が保証されている個体のうちのひとつを選び出して、そこから何らかの結論を引き出すということが必要となる。このとき、推論のそれまでの過程で使われていない自由変項、たとえば、「w」、を導入して、「Φw」という文を用いる。例を挙げよう。次は、前提「$\exists x[Fx \wedge Gx]$」（Fであって、かつGでもあるものが、存在する）から、「$\exists xFx$」（Fであるものが存在する）という結論を引き出す論証である。

1　$\exists x[Fx \wedge Gx]$

2　$[Fw \wedge Gw]$

3　Fw

4　$\exists xFx$

この論証の二行目と三行目に現れている自由変項「w」は、一行目の前提で存在すると言われている、Fであって、かつ、Gであるもののひとつを指すために導入されたものであり、それゆえ、それはまったく固有名と同じ働きをしている。

このように推論の過程で固有名として働く表現が必ず必要となるのは、次のような事実の反映である。(78) 量化を含む文の真理条件がどのように与えられたかを思い出そう。たとえば、

(43) どの子供も残酷だ。

といった文、あるいは、それをちょっとだけ書き換えた文、

(44) どの子供xについても、xは残酷だ。

の真理条件は、量化の範囲に入る個体のすべてについて、「xは残酷だ」という述語が正しいということである。このとき、量化の範囲に入る個体のすべてに名前が与えられている必要はない。しかしながら、そうした個体の各々について、それが残酷であるかどうかを評価したうえで、(44)の真偽が決定されるという点は変わらない。したがって、(44)といった文の理解は、個体を指示する表現を含む「太郎は残酷だ」といった文の理解を前提とするのである。たしかに、「太郎」といった特定の名前が言語中に存在する必要はない。だが、個体を指示する表現を含む文について、その個体に関して文中の述語が成り立つか否かによってその真偽が決まるということがなければ、量化を含む文の真理条件を述べることはできない。第1章の用語を使えば、量化を含む文の理解は、その文の形成史の理解を必要とす

る。そして、量化を含む文の形成史は、必ず、個体を指示する表現、すなわち、名前に対して何かが述語されるという形の文を含んでいなくてはならない。したがって、個体を指示する機能をもつ表現がまったくないところでは、量化を含む文の理解は、そもそも成り立ちえないのである。

ところで、ラッセルの記述の理論は、記述を含む文の真理条件を説明するために量化に訴える。第一、この理論は、量化の理論をラッセルが「再発見」したことの副産物として出現したとさえ言えるのである。したがって、量化を含む文の理解が、個体を指示する機能をもつ表現、すなわち固有名を必要とする以上、すべての固有名を記述によって置き換えようとすることは、最初から出来ない相談だったのである。

3・4 残響：単称命題の意味論

フレーゲが、固有名も記述もひっくるめて、それらが「単称名」という単一のカテゴリーに属するものと考えたのに対して、記述は固有名から区別されるべきものであると考えた点で、ラッセルは正しかった。しかし、ラッセルが正しかったのは、ラッセル自身が展開した議論によるのではない。それは、ラッセルがほとんど無視した言語的文脈、すなわち、様相的文脈を考慮することによってである。

「名前についてのフレーゲ＝ラッセル理論」と自ら名付けた理論の批判を展開することによって、皮肉にも、ラッセル流の「本来の名前」の観念を復活させるに力があったクリプキの『名指しと必然性』から、例を借りよう。[79]

(45) アリストテレスは犬好きだった。

(46) 古代最後の大哲学者#は犬好きだった。

これら二つの文が、歴史上の事実を述べるものとして意図されている限り、そして、歴史上の事実として「古代最後の大哲学者#＝アリストテレス」が正しいならば、それらは、一方が真ならば他方も真であり、その逆も言える。すなわち、現実の歴史がどうあったかだけを問題としているならば、⑮と⑯の真理条件は同一である。しかしながら、われわれは、歴史に関して、現実がどうあったかを離れて、さまざまな空想をすることができる。たとえば、アリストテレスの弟子に、師を凌ぐような大天才が現れて、多重量化の問題を解決したとしたら、とか、アリストテレスが哲学にまったく興味を示さず、アレキサンダーの宮廷でマキャベリ風の政治家として生涯を送ったとしたら、とかいった空想をしないわけではない。そうした「反事実的な」状況を考えるならば、そうした状況のもとで⑮と⑯の真理値を評価する方法は大幅に異なってくる。アリストテレスが哲学ではなく権謀術数に憂き身をやつしていたような反事実的状況においても、⑮の真偽は、そうしたアリストテレスが犬好きであったかによって決まる。それに対して、この反事実的状況のもとでの⑯の真偽に関しては、マキャベリ風政治家としてのアリストテレスはまったく関係がない。そこで問題となるのは、そうした仮想的歴史において古代最後の大哲学者であった人物（この場合には、多分、プラトンであろうか）が、犬好きであったか、である。

つまり、反事実的状況においても、固有名が何を指示するかには変化がない。それに対して、記述が何を指示するかは、反事実的状況のそれぞれにおいて、大きく変化しうる。したがって、記述が固有名と同じカテゴリー、たとえば、フレーゲ流の「単称名」といったカテゴリーに属すると見なす理論を取るならば、そのカテゴリーに属する表現の指示は、状況（あるいは、可能世界）に相対化される必要が生ずる。しかしながら、固有名に関しては、このような相対化の必要性はまったくないのであるから、こうした理論は、空回りする部分（すなわち、固有名の指示の、状況への相対化）をもっていることになる。よって、記述を固有名と同じカテゴリーに属する表現であると見なすことは、正しくない。[80]

こうして、固有名と記述とは異なるカテゴリーに属する表現であるというラッセルの結論は、擁護されるべきである。しかし、ラッセルは、この結論に達した途端に、通常の固有名を記述と同化してしまった。すなわち、通常の固有名は、「省略された、あるいは、縮約された記述」であるという主張である。この主張を認めるならば、通常の固有名は、それが現れている文のすべてで、その省略されていない形の表現で置き換えることができるはずである。そして、そのような置き換えによって、もとの文の意味は変化しないはずである。しかしながら、上に挙げた例を見れば明らかであるように、これは正しくない。つまり、通常の固有名を記述と同化することはできない。

ところで、ラッセルは、すべての固有名が記述に同化されるべきだと考えたのではない。それどころか、かれは、記述から区別される固有名、本来の固有名が存在しなければならないと固く信じていたのであり、それゆえに論理的固有名の探索が必要となったのである。この探索を深いところで導いていたのは、言語が実在について語ることができるためには、実在との接点、実在との直接的なリンクをなすような言語表現がなければならないという考えに違いない。記述によって対象について語る限り、われわれは、その対象を、「間接的な」仕方で、何らかの概念的なルートによって考えているのみである。こうした間接的な仕方ではなく、対象に「直接的な」仕方で到達することができなければ、言語が実在とかかわるということは疑わしいものとなろう。

実在との直接的なリンクをなすという意味で特権的な言語表現を確保しようという志向は、今も多くの哲学者に分け持たれている。かれらは、もちろん、ラッセル流の論理的固有名を持ち出すわけではない。われわれがふだん用いているありふれた固有名で十分であるとかれらは主張する。固有名「ソクラテス」は、その指示対象であるソクラテスそのひとを指すだけの表現である。固有名が現れる文における固有名の役割は、その指示対象を導入することに尽きる。こうした考え方を極端にまで押し進めた例は、ひとつの固有名と述語から成る文は、その固有名の指示対象と述語が指す性質から成る順序対と同一の、ある命題を表現するという理論である。(81) この理論に従えば、たとえば、

(47)　花子は優しい。

という文は、次のような順序対を表現している。

(48)　〈ㅎ、優しさ〉

には、花子そのひとが現れることを強調するためである）。
そして、こうした順序対こそ、単称命題 singular proposition[(82)] に他ならない（ここで、「ㅎ」を用いたのは、(48)の順序対

こうした理論は、ラッセル流の素朴な実在論的意味論の全面的復活に他ならない。語の意味がその指示対象であるという原則のみならず、文はその構成要素の意味から成る命題を表現するという原則までが、復活させられることになったのである。この後者の原則は、ラッセルの考えの中でももっとも法外なものであるとフレーゲに映ったものである。文

(49)　モンブランは四〇〇〇メートル以上の高さである。

が表現する命題には、モンブランそのものが「その雪原も全部含めて」現れているのか、というフレーゲの問いに対して、ラッセルは、「そうした雪原にもかかわらず」モンブランそのものが命題の構成要素である、と答えている。[(83)]

こうした「単称命題＝順序対」といった理論は、もちろん、次の二つの帰結をもつ。

第一の帰結は、指示対象を欠く固有名を含む文に関してである。順序対の第一番目の要素であるべき対象が存在し

ないならば、当然、そうした順序対は存在しない。したがって、指示対象を欠く固有名を含む文は、どんな命題をも表現しない、つまり、無意味であるということになる。この理論に従うならば、そもそも、「指示対象を欠く固有名」という表現自体、形容矛盾である。ラッセルが言うように、「名前は個体を名指すことができるだけであり、さもなければ、つまり、個体を名指すのではないならば、それは名前でも何でもなく、ただの音に過ぎない[84]」のである。

第二の帰結は、同一の対象を指す異なる固有名に関してである。そうした固有名のどちらが使われているかの点だけで相違する二つの文は、まったく同一の命題を表現することになる。これも、ラッセルが「本来の名前」に関して認める点である。「ある物が二つの名前をもつならば、そのどちらを使ってもまったく同じ主張がなされる。ただし、それらが、本当に名前であって、縮約された記述ではない限りで[85]」。

だが、これらの帰結は、そもそも、通常の固有名に関して主張することが不可能であると思われ、ラッセルをして論理的固有名の探索へと向かわせた当の原因に他ならないのではないか。そして、通常の固有名に関しては明らかに成り立たないこうした帰結を避けるためにこそ、フレーゲは、固有名に関しても、その意味の要素として、指示（＝イミ Bedeutung）だけでなく意義 Sinn を付与する必要があるという洞察を、体系的意味論に導入したのではなかったか。

だが、時代は変わる。「単称命題＝順序対」説を擁護する理論家によるならば、フレーゲの洞察は、いまや、「フレーゲのパズル Frege's Puzzle」と呼ばれるべきであるという[86]。

「単称命題＝順序対」説の第二の帰結にとって問題となる「フレーゲのパズル」は、もちろん、「ヘスペラス＝フォスフォラス」と「ヘスペラス＝ヘスペラス」とが明らかに異なる認識価値をもつ、といった事実をどう説明するか、である。ラッセル流の「通常の固有名＝省略された記述説」を取らない以上、できることは、固有名にも意義 Sinn を認めるべきであるという結論に導くフレーゲの議論を、きわめて根本的なところで拒否することでしかない。新しい理論家たちの多くに共通している反応は、文の意味的内容である命題を、文のもつ認識的価値から切り離すことである。[87] しかしながら、フレーゲの議論を検討する際にも述べたように（2・3・1節）、文の意味的内容をその認識的価値から切り離すことは、言語における意味というものを、われわれのもつ言語の理解から無縁のものとすることではないか。われわれの言語理解が何に存するかを明らかにすることをその主要目標とする体系的意味論にとって、これ以上に破壊的な結果を招くものがあるだろうか。新しい理論家たちは、なぜ、このような帰結にも平然としていられるのだろうか。

「単称命題＝順序対」説を、そのひとつの極端な形態とする、最近の指示の理論は、時に、「直接指示の理論 Theory of Direct Reference」とも呼ばれる。こうした理論[88]の背景には、フレーゲやラッセルにおいてはまったく無視されていたか、あるいは、考察の中心となることはなかった、言語のある重要な側面についての洞察がある。それは、言語が本質的に社会的なものであるという洞察である。フレーゲやラッセルの言語についての考察が、もっぱら、孤立した個人の言語理解の場面から出発していたのに対して、最近の指示の理論が出発点として取るのは、制度としての言語という考えである。指示の問題に関して言うならば、指示についての理論が説明すべきことは、個々の言語使用者において名前の指示がどのように理解されているかではなく、共通の言語を使用する社会全体の中で名前の指示を決定する制度的機構がどのように働くか、である。[89]

言語の社会的性格の無視ということは、ラッセルにおいて著しい。かれにおいては、言語は、本質的に私的なものである。

一人の人がある語を用いるとき、かれがそれで意味するものは、他の人がその語で意味するものと同じものではない。これは不幸なことだと言われるのを私はしばしば耳にした。そう言うのは間違っている。人々が語によって同じものを意味するとしたら、まったく致命的な結果となるであろう。そのときには、人々の間の交わりはすべて不可能となり、言語は、考えられる限りもっともどうしようもなく無用のものとなろう。なぜならば、人が語に結び付けている意味は、その人が見知っている対象の性質に依存し、異なる人は異なる対象を見知っているのであるから、人々が語に対して相互にきわめて異なる意味を結び付けない限り、かれらは相互に話ができないことになる。［人々が語に異なる意味を結び付けるのではないとすると］われわれはただ論理についてしか話ができないということになろう（これは、まったく望ましくない結果というわけでは必ずしもないであろうが[90]）。

つまり、ラッセルは、個人における語の理解という場面から出発して、その場面において、語と実在との直接的結び付きを探そうとした。その結果は、その結び付きを、個人の私秘的な心的生活に見いだそうとすることであり、心的な所与との見知り acquaintance の関係がそうした結び付きとされることであった。その最終的な帰結は、論理的に完全な言語が、その話し手のみによって理解可能であるという意味で、「私的言語 private language」となることである。

論理的に完全な言語は、そうしたものが構成できるとしてであるが、きわめて冗長なものとなるだけでなく、その語彙に関しては、大部分、話し手個人に私的な private ものとなろう。すなわち、そこで用いられる名前はすべてその話し手だけのもの private to that speaker であり、別の話し手の言語に現れることはできない[91]。

言語の社会的性格の無視という点では、フレーゲは、ラッセルよりも、若干、罪が軽いだけである[92]。フレーゲは、意義 Sinn が客観的なものであること、それが複数の人間によって共通に把握されるものでなくてはならないことを強調した。われわれが既に見たように（2・1節）、意味が心的なイメージではありえないことを示すフレーゲの議論は、心的なイメージが言語的伝達の客観性を保証しえないことに求められた。しかしながら、個々の話し手が言語的表現に結び付ける意義は、結局のところ、単独で考察された個人がどのような言語的理解を所有しているかだけによって決定されるものである。単独の個人の言語理解から出発するというフレーゲのそうした姿勢は、時には、ラッセルと同じほど極端になりうる。

論文「思想 Gedanke」の中で、フレーゲは、「グスタフ・ラウベン博士」という固有名を例に取り、その指示対象である人物について相異なる知識をもつふたりは、この名前に相異なる意義を結び付けているのであり、ふたりは「同じ言語を喋ってはいない」と言う。[93] フレーゲのこうした発言は、意義 Sinn が当然有すべき客観性を脅かすものである。[94]「同じ」日本語を話すといっても、われわれは、各々、使う語彙も異なり、われわれ全員が共通に用いているような語があったとしても、それに対して各人が与える説明はまちまちであろう。フレーゲの発言に見られるような考えによれば、この事実は、われわれの誰ひとりとして他人と同じ言語を話してはいないことを示すものとされるだろう。だが、そうすると、意義の客観性というものは、一体、何に存することになるのか。それは、そもそも、同一の言語を共有する人々の間で共通に把握されるということではなかったか。

フレーゲが、意義の客観性を脅かすようなこうした発言を自らに許したのは、自然言語に対するかれの評価の低さから来たものである。フレーゲのぬきがたい確信のひとつは、自然言語が、思想 Gedanke を表現するには不十分な道具でしかないということであった。したがって、かれによれば、思想の的確な表現、それにもまして真理を目指すべき、数学をはじめとする科学の言語は、自然言語の欠陥から免れたものでなくてはならない。そうした科学的言語においては、各々の表現には、ただひとつの意義 Sinn が結び付けられ、さらに、その意義がイミ Bedeutung を決定することが保証されていなくてはならない。つまり、意義の客観性は、科学的言語にとっては不可欠の条件であるが、自然言語がそれを望むことはお門違いだというのが、フレーゲの基本的な姿勢なのである。

意義の概念が、単に科学の言語にしか適用されないとすることは、フレーゲの考察の言語哲学における適用の可能性を著しく限定することになる。したがって、われわれは、フレーゲのこうした姿勢を受け入れるわけには行かない。

フレーゲの場合に、自然言語において意義の客観性が失われ、共通の言語が、各個人に固有の言語へと分解されてしまう原因は、かれが、社会から孤立して考察される個人の言語理解という場面から出発したことにある。こうした考察法の誤りは、言語使用のもつある本質的な側面、すなわち、その規範性を説明できない点に、端的に現れている。ある個人が言語表現にどのような意義を結び付けているかを考察している限りでは、その個人がそうした表現を「正しく」理解しているかどうかという問題を提出することは不可能である。共通の言語を話す社会の中で個々の言語表現がどのように用いられているかが先に与えられてはじめて、その社会に属する個人が、言語表現を正しく理解しているかという問いが意味をもつ。つまり、個人的な意味の理解は、公共的な意味を前提とするのである(95)。

言語の社会的性格を哲学の中で正しく位置づけることに誰よりも力があったのは、疑いなく、後期のウィトゲンシュタインである。言語表現の意味を、個人の心的状態にではなく、言語使用の場面に求めたこと、規則に従うということが何を含むかの考察、私的言語の批判、これらはすべて相俟って、フレーゲやラッセルにおいてほとんど無視されていた言語の社会的性格を、言語哲学における考察の中心にまで引き上げる効果をもった。だが、これは、フレーゲやラッセルの理論を、既にその寿命を全うしたもの、現在の言語哲学の議論状況の中では単に考古学的な価値しかもたない過去の遺物とすることだろうか。

もちろん、そんなことはないと私は言いたい。言語の社会的性格の無視は、たしかに、両者の理論の根本的な欠陥ではあるが、それが理論の他の部分までをも完全に無効とするということは帰結しない。その良い例は、ここで考察して来たような単称命題の意味論である。それは、基本的に、ラッセル流の素朴な実在論的意味論からデカルト的認識論を引き去ったものに他ならない。論理的固有名の任務であった言語表現と実在との間の「直接的」結合という観念は、「最新の」理論においてもそのまま保存されている。変更されたのは、こうした「直接的」結合を可能とするような認識論上のモデルに過ぎない。そして、ラッセルのもとの理論に対して提起される問題点の多くが、デカルト的認識論の放棄にもかかわらず、まったく同じ形で提起できるのである。その極端な例は、文が単なる語のリストではなく、ある独自の統一性を有しているのはなぜかという問いが、最近の理論家に対しても、ラッセルに対してと同様に、問いうるという点に見られる。

他方、フレーゲの理論に関してはどうか。まず、フレーゲ的な意味論の枠組みの中で、言語の社会的性格に正しい位置を与えることは不可能ではないと思われる。そのひとつの方法は、言語表現の意義 Sinn が、基本的に、その表現が属する言語を使用している社会全体によって決定されるとすることである。[96] この方針のもとでは、当然、公共的な意味と個人の言語理解との間に乖離が存在しうることになる。しかし、それだからと言って、最近の理論家が主張するように、個人の言語理解は意味論の探求の対象ではないということにはならない。言語の社会的性格を正しく認知することと、言語を用いることができるという限りで言語の使い手が所有している知識を意味論的探求の主要な対象という位置から放逐することとは、まったく別の事柄なのである。

また、ここでは立ち入ることはできないが、直接指示の理論がクローズアップした言語的現象、とりわけ、指示されるべき対象の存在が有意味性の条件となるような言語表現が存在することが、フレーゲ的な枠組みの中では位置を与えられえないということも、正しくない。[97] こうした誤解は、フレーゲの意義 Sinn の概念の誤った把握に基づいている。[98] フレーゲの意義 Sinn は、言語表現とそのイミ Bedeutung との間の媒介物であるかのように考えられるべきものではない。したがって、言語表現の意味に意義のレベルを認めることは、そのことによって、すべての言語表現が実在と「間接的」にしか関わらないとすることではない。

フレーゲとラッセルは、現在の言語哲学の考察の中心である問題群を、われわれに遺しただけではない。かれらは、そうした問題を解決すべき理論的枠組みをも、われわれに遺した。両者の間には多くの共通点が存在する。そうした共通点こそ、両者の理論を共に現代的な言語哲学に属するものと見なす根拠を与えるものである。しかしながら、両者を分かつ基本的な相違は、それらを互いに異なる二つの理論的選択肢と見なすに十分である。ラッセル流の枠組みが、「言葉の意味＝指示」という素朴な実在論的意味論の基本的発想を守り抜くものであるのに対して、フレーゲは、言語表現の意味的要素として二つのレベル——意義 Sinn とイミ Bedeutung——を設定する。そして、これら二つの理論的選択肢は、未だに、われわれにとっても生きている選択肢なのである。

(1) *Mind*, n. s. 14 (1905) 479-493. (Reprinted in *Logic and Knowledge*. (ed. R. C. Marsh) 1956, George Allen & Unwin. pp. 41-56; Also in *Essays in Analysis*. (ed. D. Lackey) 1973, George Braziller. pp. 103-119.) この論文からの引用は、現在のところもっとも普及していると思われる、*Logic and Knowledge* での頁数によることにする。清水義夫氏による邦訳が、坂本百大編『現代哲学基本論文集Ｉ』（一九八六、勁草書房）に収められているので、その頁数をも併せて示す。［その後、松阪陽一氏による新しい翻訳が、松阪陽一編訳『言語哲学重要論文集』（二〇一三、春秋社）に収められた。［ ］内で示しているのは、こちらの頁数である。］訳文は私自身によるものである。「denotation」は「表示対象」とする（この論文には出現せず、『数学の原理』で用いられている「denoted object」は、「表示の対象」として、区別することにする。註25を参照されたい）。「denote」は「表示する」、「denoting」は「表示」あるいは「表示的」と訳する。また、「指示する」および「指示」という訳語を使わないことの理由は、いずれ明らかになる。なお、註21をも参照のこと。

この方針でまずい点は、第2章で「表示する」という語をフレーゲの「bezeichnen」の訳語として採用したこととの不整合であるが、本章に現れる「表示」・「表示的」等はすべて、ラッセルの用語「denote」・「denoting」等に対応するものであり、フレーゲの用語とは無関係であると了解して頂きたい。

(2)「確定記述 definite description」という用語は、この論文「表示について」ではまだ出現していない。

(3) B. Russell, *The Principles of Mathematics*. 1903, Cambridge University Press (2nd ed. 1937, George Allen & Unwin). なお、この書物を、ホワイトヘッドとの共著の、より高名な *Principia Mathematica* (3 Vols. 1910-1913) から区別するために、前者を『数学の原理』、後者を『数学原理』と呼ぶことにする。

(4) B. Russell, *My Philosophical Development*. 1959, George Allen & Unwin. p. 60; B. Russell, *The Autobiography of Bertrand Russell*. Vol. I. 1967, George Allen & Unwin. p. 201. （ラッセル自身の証言によれば、『数学の原理』の大部分は一九〇〇年に書かれたという。*The Principles of Mathematics*. Introduction to 2nd ed., p. v.; *Autobiography*. I. pp. 192-193. ただし、

表示denotingについての理論は、この書物の書かれた段階の最後になってようやく出現したという事実が、草稿の研究から得られているという。次を参照。J. A. Coffa, "Russell as a Platonic dialogue: the matter of denoting" *Synthese* 45 (1980) 43-70. note 5.)

（5）*The Principles of Mathematics.* Appendix A. ラッセルとフレーゲの間の相互理解（あるいは、それにも増して、相互誤解）については、次に収められている、二人の間で交わされた書簡が何よりも第一に検討されるべきである（この文通の大部分は、一九〇二年から一九〇四年の間、すなわち、ラッセルが『数学の原理』をほぼ書き終えた時点から、その同じ書物の出版の一年後の期間になされている）。Frege, *Wissenschaftlicher Briefwechsel.* pp. 200-252.［邦訳が次に収められている。『フレーゲ著作集6 書簡集 付「日記」』野本和幸編、二〇〇二、勁草書房、一一七〜一七二頁。］

（6）ちなみにラッセル自身の回顧するところは次のようなものである。「……フレーゲに関しては、その本［=『概念記法』］を持ってはいたが、それが何を言おうとしているのか理解できるようになったのは何年も後になってからだった。実際、私がそれを理解したのは、そこに含まれている事柄の大部分を私自身が独力で発見してからのことだった」。*Autobiography.* I. p. 83.

（7）*My Philosophical Development.* p. 48.

（8）*The Principles of Mathematics.* sec. 427.

（9）*Ibid.* sec. 47.

（10）*Ibid.*

（11）*Ibid.* sec. 46.

（12）この特徴づけは、次に負う。J. Cappio. "Russell's philosophical development" *Synthese* 46 (1981) 185-205.

（13）*My Philosophical Development.* p. 49.

（14）後に本文中で問題とする「意味 meaning」についての『数学の原理』中の驚くべきパッセージなどから推測するに、この時期のラッセルが、言葉の理解という問題を、心理学の問題として、哲学的考察の対象から除外していたと考えられる節がある。ただし、『数学の原理』の序文（第一版）には、次のような注目すべき一節がある。「未定義概念 indefinables の議論は、哲学的論理学の主要部分を形成するものであるが、それは、当の対象を明瞭に見ようとすること、また、他人にも明瞭に見させようとすることである。それは、心が、そうした対象に関して、赤さやパイナップルの味についてもつと同じ種類の見知り acquaintance をもつようにするためである」。*The Principles of Mathematics.* p. xv.

（15）*The Principles of Mathematics.* sec. 48.; Cf. sec. 57.

（16）こういう註を付けるのは本当に気が重いが、ラッセルによれば、「man」もまた、「human」と同じ概念を指示する。両者の違いは単に言葉の上のものだけであるが、後者を「述語」、前者を「クラス概念」と呼び分けるのが便利（！）だそうである。*The Principles of Mathematics.* sec. 58. つまり、ラッセルによれば、述語「human」、一般名「man」（ラッセルの言うクラス概念）、抽象名「humanity」の三つともが、同一の概念を指すことになる。

（17）「表示オペレータ denoting operator」という用語は、J. Cappio, *op. cit.* から借用した（ラッセル自身のものではない）。

（18）*The Principles of Mathematics.* sec. 58.

（19）*Ibid.* sec. 56.

（20）*Ibid.*

（21）*Ibid.* ここで、『数学の原理』でラッセルが用いている意味論的諸関係を指す語の訳について整理しておく。訳語の選択はどうしても便宜的なものにならざるをえない。ここでの「便宜」とは、どうしても区別が必要なものについてのみ区別ができればよいというものである。対応は次の通りである。

denote	表示する
designate	指示する
indicate	指示する
mean	意味する
stand for	代理する

（22）『数学の原理』中のこのパッセージの重要性を指摘し、『数学の原理』の意味論のどのような解釈もこのパッセージの問題性を無視してはならないことを強調したのは、次の論文である。R. Hursthouse, "Denoting in *The Principles of Mathematics*" *Synthese* 45（1980）33-42.

（23）*The Principles of Mathematics.* sec. 51.

（24）ひとつには、このパッセージの取られた節では、ブラッドレイの論理学が問題となっているということが挙げられる。このコンテキストを考慮して、最大限好意的にラッセルを解釈した場合には、「すべての語は、観念 idea を代理し、それを意味 meaning と呼ぶのだ」というブラッドレイの主張に対して、ラッセルは、そのような「意味」は心理的なものに過ぎず、論理とは無関係であると批判していることになろう。つまり、心理主義的な意味の理論を批判することだけが、ここでは問題となっているのだという解釈である。たしかに、『数学の原理』のラッセルも、心理主義を排斥する点では、人後に落ちない。しかしながら、こうした解釈は、好意が過ぎるように私には思われる。ラッセルは、論理から心理主義を追放することに急なあまり、指示関係そのものをも「心理的なもの」として見捨てるという誤りに陥ったとする方が、妥当な解釈であろう。

「意味 meaning」の概念から心理的なものを完全に排除することはできない、という考えは、一九一八年の「論理的原子論の哲学」においても見いだされる。「意味の概念は、常に、ある程度は心理的なものであり、意味についての純粋に論理的な理論……を得ることは不可能である、と私には思われる」。“The philosophy of logical atomism” in *Logic and Knowledge*, p. 186.（この論文は、次にも収録されている。B. Russell, *The Philosophy of Logical Atomism*. (Edited with an introduction by D. F. Pears) 1985, Open Court.）なお、この論文からの引用に際しても、“On denoting” の場合と同様、*Logic and Knowledge* における頁数によることにする。[現在では邦訳があるので、邦訳頁数も記す。邦訳：バートランド・ラッセル『論理的原子論の哲学』髙村夏輝訳、二〇〇七、ちくま学芸文庫。ここで引用した箇所は、邦訳二二～二三頁にあたる。]

(25) いま問題としているパッセージには、もうひとつ、解釈上の問題がある。それは、心理的なものではない意味、表示的概念のみがもつ意味、とされているこの「第二の意味」とは何か、という問題である。これが問題となる理由は、次節で取り上げる一九〇五年の論文「表示について」で、ラッセルは、表示句には意味 meaning と表示対象 denotation とがあるという理論の批判を展開しており、それがフレーゲの意義 Sinn とイミ Bedeutung の理論と同じであると同時に、ラッセル自身が『数学の原理』で取った理論と「ほぼ同じ nearly the same」である、と言っていることにある（“On denoting” p. 42 fn. 邦訳七五頁［八五頁］。「私はこの問題を、『数学の原理』第五章および四七六節で論じた。そこで擁護されている理論は、フレーゲの理論とほぼ同じであり、以下で擁護される理論とはきわめて異なるものである」）。もしラッセルのこの主張を額面通りに受け取るならば、われわれが問題としている『数学の原理』のこのパッセージで、表示的概念がもつと言われている意味 meaning は、それが表示する denote 対象とは相違すると解釈すべきであろう。だが、このパッセージから、表示的概念が表示する対象とは別に、表示的概念の意味といったものを取り出すことができるだろうか。

表示に関連してこれまでのところで明らかになった事柄を図式的に示すならば、次のようなものとなろう。

図式Ⅰ

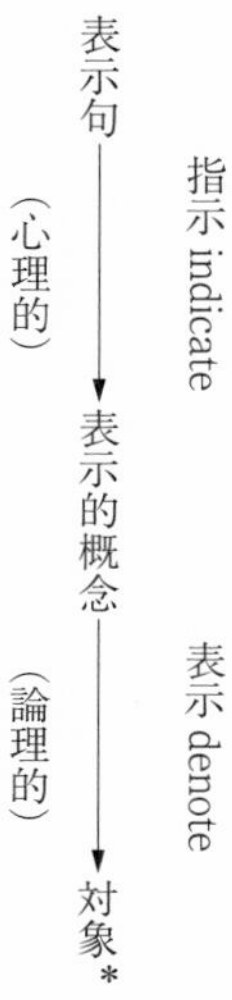

指示 indicate　　　　　表示 denote

表示句 ――――→ 表示的概念 ――――→ 対象＊

（心理的）　　　　　（論理的）

＊表示的概念が表示する対象は、『数学の原理』では、「表示の対象 denoted object」と呼ばれている。これは、項あるいは項の複合である。*The Principles of Mathematics.* sec. 65. また、sec. 58 の最初の註をも参照。注目すべきことには、『数学の原理』の表示についてのこの章（第五章）では、「表示対象 denotation」という用語はまったく使われていない。

ここで、表示句と表示的概念との間の指示関係は、心理的なものに過ぎないとされた「第一の意味」に他ならない。表示的概念と対象との間の表示関係の他に、表示的概念は、何か別のものと「第二の意味」関係に立ちうるのだろうか。ひとつの候補は、表示的概念とそれに結び付けられている概念との間の関係であろう。たとえば、「a man」と「man」（「man」の代わりに、「human」や「humanity」でもよい）との間の関係がこれにあたる。だが、この解釈には明らかな難点がある。もし仮に、これが、表示的概念の表示する対象とは別に、その意味であるとするならば、同一の概念に結び付けられる相異なる表示的概念のすべてが同一の「意味」をもつことになってしまう。たとえば、「a man」、「the man」、「every man」のすべてが、同一の「意味」をもつことになる。したがって、この解釈は斥けられねばならない。

私は、このパッセージで言われている「第二の意味」とは、上の図式に登場するもの以外ではなく、実は、表示 denoting のことに他ならないと考える。そして、一九〇五年の「表示について」で言われている「表示句の意味 meaning」とは、上の図式の中間項、すなわち、表示的概念に他ならないとするのが妥当であるとも考える。混乱の源は、言葉と言葉以外の何かとの間の関係をすべて心理的なものとして考察の対象から除外するという、『数学の原理』の意味論の根底に存在する欠陥にある。その結果は、言語的表現である表示句そのものが、意味論的関係から排除されてしまったことである。この誤りからラッセルが脱却したとき、表示句が意味論的関係の一項としても登場するのであるが、そのときには、ラッセルは自らの過去の理論（および、フレーゲの理論とラッセルが信じたもの）を次のような図式で再解釈したと思われるのである（こうした図式にまとめあげる根拠は、「On denoting」p. 46 の二番目の註（邦訳七六頁［八六頁］註10）にある）。

図式Ⅱ

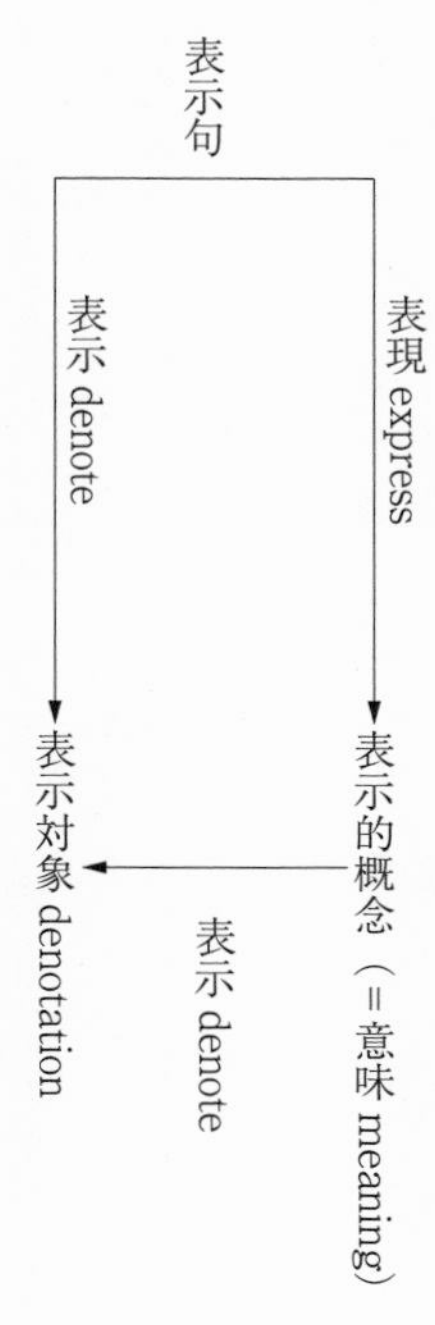

だが、表示句とそれ以外のものとの間の関係にも意味論的市民権が与えられたこと、および、用語法の問題を別とすれば、実は、この図式Ⅱは、先の図式Ⅰと一点で相違するのみである。それは、表示句が表示対象を表示するという関係が付け加えられたことである。そして、この相違ですら、表示的概念と表示対象との間の関係もまた「表示」と呼ばれていることによって、図式Ⅰからの根本的変更をもたらすものではない。そして、「表示について」の中で、ラッセルが、フレーゲの理論（とかれが信じたもの）を批判するときに、かれが集中したのが、表示句の意味 meaning がその表示対象 denotation を表示 denote するという関係であったこと、また、その批判の対象となった理論がラッセル自身が以前に取っていた理論とほぼ同じものであると言われていること等を考え合わせるならば、「表示について」の中で批判の焦点となっている関係は図式Ⅰの下半分に登場していたものであると結論できるであろう。

したがって、『数学の原理』における表示句の意味論について論じられるべきものは、表示的概念（後に、「表示句の意味」と呼ばれる）と表示の対象（後に、「表示句の表示対象」と呼ばれる）との間の表示の関係だけでよいことになる。

(26) たとえば、次のような説明（?）に出会っても先に読み進める気力が萎えない読者はそう多くはあるまい。「「all」および「the」以外の表示句が表示するものは、」何か絶対的に特殊なものであり、それは一でも多でもない。その結合は項から成る結合であるが、関係によらない結合である」。*The Principles of Mathematics*. Sec. 59.［しかし、Terence Parsons は、その論文 "Russell's early views on denoting"（in David Austin (ed.), *Philosophical Analysis*, 1988, Kluwer, pp. 17-44）で、『数学の原理』における表示の理論を「奇妙ではあるが支離滅裂ではない（odd, but not incoherent）」として再構成してみせてくれている。］

(27) *Ibid*. sec. 63.

(28) *Ibid*. sec. 56.

(29) *Ibid*. sec. 64.

(30) もちろん、こうした主張に説得力をもたせるためには、多くの議論が必要であろう。［本章補註1および2を参照されたい。］

(31) この点を正当にも強調したのは、D. Kaplan, "What is Russell's theory of descriptions?" in W. Yourgrau & A. D. Breck (eds.), *Physics, Logic, and History*. 1970, Plenum Press, pp. 277-296. (reprinted in D. F. Pears (ed.), *Bertrand Russell: A Collection of Critical Essays*. 1972, Anchor Books. pp. 227-244.) である。

有名なストローソンの論文（P. F. Strawson, "On referring" *Mind* 59 (1950) 320-344）は、一般に、ラッセルの記述の理論をその「哲学的分析のパラダイム」の位置から転落させるに力があったと見なされている。しかしながら、そこにおけるストローソンのラッセル批判は、表示の理論という全体的コンテキストを完全に見落としている。ストローソンのこの論文が、体系的意味論にとっても重要な論点をいくつか含んでいることは事実であるが、そうした論点は本章で扱う問題圏に属するものではない。

(32) "On denoting" p. 43. 邦訳五〇頁［六二頁］。

(33) ただし、この言い方は厳密ではない。「$F(a\ G)$」という形の文において、「G」は、'man' のような名詞（『数学の原理』の用語法に従えば、クラス概念を指す語）であるのに対し、「$\exists x[Fx \wedge Gx]$」といった表現に出現すべき「G」は、名詞ではなく、'is human' のような述語表現でなければならない。こうしたシンタクティカルな変形の必要性は、本文中の他の例にも存在する。註16で触れたような『数学の原理』における一見奇妙な用語法、すなわち、クラス概念「man」と述語「human」とは同一の概念を指すが両者の違いは言葉の上のものに過ぎないとされていることは、結局、こうしたシンタクティカルな変形を正当化するものとして、その有用性を立証されるのかもしれない。

(34) *Ibid.* p. 43. 邦訳五一頁［六三頁］。

(35) *Ibid.* p. 44. 邦訳五二頁［六四頁］。

(36) あるいは、もっと積極的に、「x begat ——」は、クラス概念「father of ——」と同一の概念を指す述語であると主張することもできよう。註33参照。

(37) *Ibid.* p. 44. 邦訳五四頁［六五頁］。

(38) これは、さらに簡略化することができる。すなわち、(24)は、

$$\exists x[\forall y[y = x \leftrightarrow y \text{ begat Charles II}] \land x \text{ was executed}]$$

と同値である。Cf. B. Russell. *Introduction to Mathematical Philosophy.* 1919, George Allen & Unwin. p. 178.

(39) *The Principles of Mathematics.* sec. 46.

(40) "On denoting" pp. 42-43. 邦訳四九～五〇頁［六二頁］。

(41) *The Principles of Mathematics.* Introduction to the Second Edition (1937), p. x.

(42) この点については、もちろん異論も存在する。私が第2章で取った解釈に従えば、という意味である。また、本書では、数学の哲学に属する問題は扱わない方針であるので、第2章でのフレーゲの文脈原理の説明においては、『算術の基礎』における数の定義のための文脈原理の使用に関してはまったく触れなかった。こうした場面（一般的には、抽象的対象を指すと考えられる表現への意義とイミの指定）における文脈原理の使用が「文脈的定義」と呼ばれることもある。しかし、これは、ここで問題としているラッセル流の文脈的定義から、はっきり区別されねばならない。実際のところ、ラッセル流の文脈的定義は、「定義」ではまったくない。それは、ある言語（英語のような自然言語）から別の言語（量化理論の言語）への文単位の翻訳を与えるものであって、文よりも小さな言語的単位の定義を与えるものではない。したがって、これは、ヒルベルト流の、原始的概念の公理による陰伏的定義（implicit definition）といった考えからも、もちろん、区別されねばならない。

(43) A. N. Whitehead & B. Russell, *Principia Mathematica.* Vol. I. 1910 (2nd ed., 1927), Cambridge University Press. p. 66. また、*Introduction to Mathematical Philosophy.* p. 174でも、次のように述べられている。「名前 name は、単純な記号であ

り、その意味である個体を直接的に指示する。また、それは、他のどんな語の意味とも独立に、それだけで意味を有する」。

(44) この点について、私は Kaplan, *Op. cit.*（註31）から多くを学んだ。

(45)「表示について」で何が生じたのかに対するこうした評価において、私は、J. Cappio, *Op. cit.*（註12）と一致する。

(46) 註26参照。

(47) *The Principles of Mathematics.* sec. 73. ここで引用した部分の直後には、プラトン『ソピステース』への言及がある。

(48) 第七章「ライオンと一角獣」。

(49) "On denoting", p. 48. 邦訳五九頁［七〇頁］。

(50) *The Principles of Mathematics.* sec. 427.

(51) *Essays in Analysis* の第Ⅱ部に集成されている、一九〇四年から一九〇七年にかけて発表されたラッセルの書評が、このことをもっとも明瞭に証拠立てている。

(52) 最近のマイノング擁護論の中でももっともソフィスティケートされた議論を展開しているのは、次の書物である。T. Parsons. *Non-existent Objects.* 1980, Yale University Press.

(53) B. Russell, "The existential import of propositions" *Mind,* n. s. 14 (1905) 398-401. (Reprinted in *Essays in Analysis.* pp. 98-102.) なお、ここで用いられている「意味 meaning」および「表示対象 denotation」という用語については、註25を参照のこと。

(54) "On denoting" p. 45. 邦訳五五頁［六六～六七頁］。また、*Essays in Analysis,* Part II に収められている、マイノングの書物の書評の二番目（一九〇五）と三番目（一九〇七）をも参照。ついでに言うならば、この一九〇五年の書評は、「表示について」が掲載されたその雑誌の同じ号に掲載されたものである。

(55) "On denoting" p. 45. 邦訳五五頁［六六頁］。

(56) 註1で断わったように、また、この論文への引照を含む他の註におけると同様、頁数は、*Logic and Knowledge* におけるものである。なお、邦訳では、この部分は、六〇～六五頁［七一～七五頁］である。

(57) 私の知る限り、「表示について」のこの二頁余にもっとも果敢に挑戦しているのは、次のものである。S. Blackburn & A. Code, "The power of Russell's criticism of Frege: 'On Denoting' pp. 48-50" *Analysis* 38 (1978) 65-77. これ以前の解釈の試みについては、*Journal of Symbolic Logic* 34 (1963) 142-145 における D. Kaplan による reviews を見られたい。

(58) 前註で挙げたBlackburn & Codeは、そうした論証を「表示について」中に見いだすことができると主張している。しかし、この主張に関しては、次をも参照せよ。M. Dummett, *The Interpretation of Frege's Philosophy*. pp. 88–89.

(59) 英語の分析に関して語る資格は私にはないが、「the *F*」という形の表現を含む文に対するラッセルの分析が「暴力的」に過ぎることは、近年、多くの論者が指摘している点である。有望と思えるのは、「the」を「all」や「some」と同様な量化子であると見なす方法である。ただし、そのためには、それらの量化子を、述語を一個だけ要求するような単項の量化子ではなく、述語を二個要求する二項量化子binary quantifierと見なす必要がある。しかし、いずれにせよ、「all」や「some」といった通常の量化子を、単項ではなく二項の量化子であると見なす有力な根拠が存在する。こうした分析を採用しても、指示対象を欠く確定記述の問題を回避できるというラッセル流の方法の利点は、そのまま保存される。また、「the *F*」という形の句を「all *F*」や「some *F*」といった句と同様に扱う（つまり、表示句の一種として扱う）という点では、この方法の方がラッセル自身の方法よりも一貫していると言える。ついでに言えば、日本語には確定記述に当たるものが存在しないであろうという私の予想（註30）は、日本語には「the」にあたる量化子が存在しないということに基づいている。「the」を二項量化子として扱うことについては、次を参照せよ。M. K. Davies, *Meaning, Quantification, Necessity*. Chap. VII. sec. 1; G. Evans, *The Varieties of Reference*. pp. 57–60.

(60) Cf. Dummett, *Frege: Philosophy of Language*. pp. 161–168.

(61) "On denoting", pp. 47–48. 邦訳五九頁［六七頁］。

(62) 堀源一郎『太陽系』一九七六、岩波書店（岩波新書）一二二頁以下を参照。

(63) Russell, "The philosophy of logical atomism" p. 245［邦訳一三七頁］。

(64) Cf. Dummett, *Frege: Philosophy of Language*. p. 163; J. McDowell, "Truth-value gaps" in J. Łos & H. Pfeiffer (eds.), *Logic, Methodology and Philosophy of Science*. VI. 1982, North-Holland. pp. 299–313. esp. pp. 305f. [Reprinted in J. McDowell, *Meaning, Knowledge and Reality*. 2001, Harvard University Press.]

(65) *Principia Mathematica*. I. p. 66.

(66) "The philosophy of logical atomism" p. 243［邦訳一三一～一三三頁］。

(67) Russell, "Knowledge by acquaintance and knowledge by description", *Proceedings of the Aristotelian Society* 11 (1910–11) 108–128 (Reprinted in *Mysticism and Logic*. 1918, Longmans, Green & Co., pp. 209–232.) この論文からの引用に際して

は、Anchor Book 版の *Mysticism and Logic* による。この引用は、p. 211 からのものである。また、強調は、ラッセル自身による。

(68)「[主体] *S* が [対象] *O* を見知っていると言うことは、本質的には、*O* が *S* に現前している *O* is presented to *S* と言うのと同じことである」。*Ibid.*, pp. 202-203.

(69) "The philosophy of logical atomism" p. 202 [邦訳五一頁]。

(70) *Ibid.* p. 201 [同四九頁]。

(71) *Ibid.* [同四九～五〇頁]。

(72) *Ibid.* p. 193 [同三六頁]。

(73) *Ibid.* p. 201 [同五〇頁]。

(74) まったく同様の論法で、たとえば、「私」も本来の名前であると論ずることはできないだろうか。「私は存在しない」は、「これは存在しない」と同様に、ラッセル流に「無意味」なのではないか。だが、こうした示唆を（少なくとも、われわれが問題としている時期の）ラッセルはきっぱり斥るであろう。かれにとって、「私」の指すものは論理的虚構であって、したがって、「私」という表現は、論理的に完全な言語においては、除去されるべきものである。ラッセルの反応がどうあれ、「これは存在しない」や「私は存在しない」といった文は、きわめて興味深い問題を内包している。次を参照されたい。J. Hintikka, "'Cogito, ergo sum': inference or performance?" *Philosophical Review* 71 (1962) 3-32. [Reprinted in his *Knowledge and the Known*. 1974, D. Reidel. pp. 98-125.]

ここはまた、「論理的固有名」という名称がもたらしかねない誤解を除いておくに適当な場所であろう。「論理的固有名とはその指示対象の存在が論理的に保証されている表現のことである」といった特徴づけが、しばしば見受けられる。このとき、「論理的に保証されている」を「必然的に存在する」と読み換えてはならない。「これ」が私的体験内容を指すときでも、「これは存在する」は、必然的真理ではない（こうした体験内容が存在することは、まったく、偶然的である）。「論理的に保証されている」とは、あくまで、その存在がア・プリオリに知られるということであって、そのように存在が知られるものが必然的存在者である必要はない。このことは、「私」についても、ラッセル流の理論を度外視すれば、「これ」についてと同様な論法が成立することからも明瞭であろう。

(75) 興味ある読者は次を是非読まれたい。G. Evans, *The Varieties of Reference.*（とりわけ、Ch. 4 "Russell's Principle".）

(76) W. V. O. Quine, *From a Logical Point of View*. 1953, Harvard University Press. (2nd ed. 1961) pp. 7–8, 167［邦訳：W・V・O・クワイン『論理的観点から』飯田隆訳、一九九二、勁草書房、一〇～一二頁、二六三～二六四頁。］; *Methods of Logic*. 4th ed. 1982, Harvard University Press. sec. 44 "Elimination of Singular Terms".

(77) P. T. Geach, *Reference and Generality*. sec. 95; *Logic Matters*. p. 143.

(78) 以下の議論は、Dummett, *Frege: Philosophy of Language*. pp. 164ff. に負う。

(79) S. Kripke, *Naming and Necessity*. 1980, Blackwell. pp. 6f.（邦訳：ソール・A・クリプキ『名指しと必然性』八木沢敬・野家啓一訳、一九八五、産業図書、七～八頁）。これに続く議論も、ほぼ、クリプキのものと同じである。ダメットは、こうした議論の述べ方がミスリーディングなものであると批判している。Dummett, *The Interpretation of Frege's Philosophy*. pp. 557–574.（もとのクリプキの議論がほとんど二頁にも満たないのに対して、ダメットの批判がこれだけの長さにわたっていることは特徴的である）。この問題にいま深入りすることはできない。ただ、固有名と記述とが様相的文脈で異なる振舞いをすることは疑いなく、この点はダメットも認めている。［クリプキの議論の背景とより詳しい説明については、第Ⅲ巻『意味と様相（下）』の第7章を参照されたい。］

(80) この議論は、次から借用したものである。G. Evans, *The Varieties of Reference*. pp. 53–57.

(81) K. Donnellan "Speaking of nothing" *Philosophical Review* 73 (1974) 3–31. (Reprinted in S. P. Schwartz (ed.), *Naming, Necessity, and Natural Kinds*. 1977, Cornell University Press. pp. 216–244.) このような理論は、近年、その信奉者をますます増やす傾向にある。代表的なものとして、次のようなものが挙げられる。N. Salmon, *Frege's Puzzle*. 1986, MIT Press; H. K. Wettstein, "Has semantics rested on mistake?" *Journal of Philosophy* 83 (1986) 185–209; J. Almog, "Naming without necessity" *Ibid*. 210–242. これらの著者は、共通に、こうした理論のアイデアがラッセルに由来するものであることを認めている。［この一致は偶然ではない。単称命題の理論をラッセルに帰するだけでなく、それ自体を擁護する点で、これらの著者は、本書の初版が出た段階ではまだ公刊されていなかった Kaplan の "Demonstratives" から大きな影響を受けているからである。］

(82) これは、最近の議論の中では、しばしば、「単称思想 singular thought」とも呼ばれる。

(83) Frege, *Briefwechsel*. p. 245［フレーゲからラッセル］: pp. 250–251［ラッセルからフレーゲ］［『フレーゲ著作集6』一六一頁、一六八～一六九頁］。後者は、命題についてのラッセルの考えが明瞭に出ているだけでなく、かれのフレーゲの理解がどの程度のものであったかをも良く示している。一部を引いておこう。「モンブラン自体が、その雪原にもかかわらず、命題「モンブランは四〇〇〇メートル以上の高さである」において実際に主張されているものの構成要素である、と私は信じます。そうした思想 Gedanke が主張されるわけではありません。なぜなら、それは、まったく私的で心理的なものだからです。そうではなくて、主張されるのは、思想の対象であり、これは、私の考えでは、ある複合物 Komplex（客観的命題と言ってもよいでしょう）なのであり、そこでは、モンブラン自体がその構成要素のひとつなのです。このことを認めなければ、モンブラン自体についてはわれわれは何も知らないのだという結論に達することになるでしょう」。もちろん、フレーゲにおいて、思想 Gedanke が私的なものでも心理的なものでもないことは、言うをまたないであろう。

(84) Russell, "The philosophy of logical atomism" p. 187［邦訳二五頁］。

(85) *Ibid.* p. 245［同一三七頁］。

(86) 註81を見よ。［また、第Ⅲ巻『意味と様相（下）』7・3・4節も参照。］

(87) この戦略に関しては、註81で挙げたもののなかでは、挑発的な表題をもつ Wettstein の論文が、それだけに、もっとも明確である。

(88)「直接指示の理論」については、予定している続巻で詳しく扱うつもりである。［これは、第Ⅲ巻『意味と様相（下）』第7章で果たされた。］

(89) Cf. H. K. Wettstein, *op. cit.*, p. 201.

(90) "The philosophy of logical atomism", p. 195［邦訳三九〜四〇頁］。

(91) *Ibid.*, p. 198［同四四頁］。

(92) Cf. M. Dummett, "The social character of meaning" in *Truth and Other Enigmas*. pp. 420-430. esp. pp. 424ff.

(93) "Gedanke" p. 65［『フレーゲ著作集4 哲学論集』黒田亘・野本和幸編、一九九九、勁草書房、二一三頁］; Cf. "Über Sinn und Bedeutung" note 2. 邦訳三九頁［『フレーゲ著作集4』九八頁］。

(94) M. Dummett, *Frege: Philosophy of Language*. pp. 584f.

(95) Cf. M. Dummett, *The Interpretation of Frege's Philosophy*. p. 114.

(96) これは、ダメットの提案である。Dummett, "The social character of meaning" pp. 427f.

(97) フレーゲ的枠組みのもとで、ラッセル的な単称命題を積極的に認める可能性は、エヴァンスとマクダウエルによって開拓されている。G. Evans, *The Varieties of Reference*; J. McDowell, "*De re* senses" in C. Wright (ed.), *Frege: Tradition & Influence*. 1984, Blackwell. pp. 98–109; J. McDowell, "Singular thought and the extent of inner space" in P. Pettit & J. McDowell (eds.), *Subject, Thought, and Context*. 1986, Clarendon Press, pp. 137–168 〔McDowell の論文は、いまでは J. McDowell, *Meaning, Knowledge and Reality* に再録されている。〕

（98）こうした誤解が生ずることになった最大の原因は、フレーゲ的意義 Sinn がカルナップ以来の「内包 intension」概念と混同されたことにある。フレーゲ的意義とカルナップ的内包との間に存在する根本的相違については、続巻に譲る。〔第Ⅲ巻『意味と様相（下）』の「まえがき」と「文献案内」で書いたように、この点を論じていた「外延と内包の方法」という章が結局外されたことによって、この約束は果たされなかった。〕

文献案内

本文で扱った問題についての参考文献は、その都度、本文への註の中で紹介したつもりである。ここで「文献案内」と題して、わざわざスペースを割いた理由は、本書を書くにあたって、私が参考にしたり、あるいは、参考になるかと思ってあたってみたが参考とならなかった、書物、論文等について、ごく主観的な論評をしてみようということにある。楽屋裏の公開もかねた、一種の「あとがき」として読んで頂きたい。

本書を書くにあたって、常に手元に置き、幾度もその頁を繰っては、その都度、当面していた問題に関して大きな示唆を得たのは、次の二冊の書物である。

(1) M. Dummett, *Frege: Philosophy of Language*. 1973 (2nd ed. 1981), Duckworth.

(2) G. Evans, *The Varieties of Reference*. 1982, Clarendon Press.

体系的意味論という構想に関して、私がもっとも強く影響を受けたのは、デイヴィドソンの一連の論文からである。

それらは、次に集成されている。

（3） D. Davidson, *Inquiries into Truth and Interpretation*. 1984, Clarendon Press.［二〇〇一年に、これを増補した第二版が出ている。部分訳として次がある。ドナルド・デイヴィドソン『真理と解釈』野本和幸・金子洋之・植木哲也・高橋要訳、一九九一、勁草書房。］

だが、一方で、体系的意味論という企ては、ウィトゲンシュタインの落とす影を意識せずには考えられない。その意味で、ウィトゲンシュタインは、実は、本書全体を通じての陰の登場人物でもある。とりわけ私の念頭にあったのは、体系的意味論という企てそのものへの「ウィトゲンシュタイン的」批判を精力的に展開している、ベイカーとハッカーのチームであった。

（4） G. P. Baker & P. M. S. Hacker, *Wittgenstein: Understanding and Meaning. An Analytical Commentary on the Philosophical Investigations*. Volume 1. 1980, Basil Blackwell.

（5） G. P. Baker & P. M. S. Hacker, *Language, Sense & Nonsense*. 1984, Basil Blackwell.

こうした観点とは別に、本書でウィトゲンシュタインが明示的に言及されている箇所では、ウィトゲンシュタインに由来する（と思われる）洞察が、哲学的理論のための礎石として扱われている。だが、こうした扱いが、ウィトゲンシュタインの意に反するものであることは疑いないであろう。

そうしたウィトゲンシュタインの哲学観については、かれの未刊の草稿からの豊富な引用を含む次の論文が最良の手引であろう。

(6) A. Kenny, "Wittgenstein on the nature of philosophy" in B. McGuinness (ed.), *Wittgenstein and his Times.* 1982, Basil Blackwell. Also in A. Kenny, *The Legacy of Wittgenstein.* 1984, Basil Blackwell.

賛成できるかどうかは別として、そこに見いだされる次のような章句は、読む者に感銘を残さずにはいない。

> 私がしばしば述べたように、哲学が私に犠牲を強いることはない。なぜならば、それは、どんなことについてもそれを言うことを私に断念させるものではなく、ただ、語のある結合を無意味であるとして断念させるだけだからである。しかし、別の意味では、哲学は、自制を要求する。しかも、それは、感情の自制であって、理解の自制ではない。多分、このことが、多くの人にとって哲学がかくもむずかしいことの原因であろう。ある表現を使うことを抑制するということは、涙をこらえたり、怒りをこらえたりするのと同じぐらい、むずかしいことでありうる。(*The Legacy of Wittgenstein.* p. 51 から引用。)

哲学がもちうる、こうした深さに畏怖を感じないわけではないが、私自身は、むしろ、(5)の主要な攻撃目標であるダメットの論文

(7) M. Dummett, "Can analytical philosophy be systematic and ought it to be?", in *Truth and Other Enigmas.* 1978, Duckworth.

で展開されているような哲学観に共感を覚える。ただし、私には、ここまで極端なオプティミズムに全面的に荷担す

る勇気はまだない。

〈第1章に関して〉

まず、量化理論を中核とする現代の論理学への入門書を挙げる必要があろう。残念なことに、現在、日本語で読める論理学の入門書は数多いにもかかわらず、どれにも一長一短があり、無条件で推薦できるものはない。特に、日本語と論理学の言語との間の関係についてほとんど無頓着であるものが大部分であることは、嘆かわしいことである。したがって、ここでは、英語で書かれた入門書を二冊挙げておく。

私の知る限り、最良の入門書は、次のものである。

(8) W. Hodges, *Logic*. 1977, Penguin Books.

もう少し、先まで進みたい人には、次が、現代論理学の教科書というジャンル中の傑作と言える。

(9) B. Mates, *Elementary Logic*. 2nd ed. 1972, Oxford University Press.

哲学史におけるフレーゲの位置に関しては、現在、論争が進行中である。その論争の火をつけたのは、次の書物である（より正確には、この書物の前に、その著者とダメットの間で『*Inquiry*』誌上で交わされたやり取りであるが）。

(10) H. Sluga, *Gottlob Frege*. 1980, Routledge & Kegan Paul.

この書物について、現在の私の記憶は、一九世紀後半のドイツのマイナーな哲学者の名前がやたらと出て来たことと、この書物が「哲学者の議論 The Arguments of the Philosophers」と題されたシリーズの一巻であるにもかかわらず、そこでの議論の水準がやけに低かったということに尽きる。そんなわけで、今回、改めて読み直す気は起こらなかった。これよりは議論の水準が高いが、フレーゲに対する「悪意」に満ちている点が気になるのは、次のものである。

⑾ G. P. Baker & P. M. S. Hacker, *Frege: Logical Excavations*. 1984, Oxford University Press.

これは、⑸で展開されているような「言語哲学」批判のキャンペーンの一環をなすものとして構想されている。⑽よりは哲学的に得る点はあるが、あまりにイデオロギー色が強いために、著者達の意図するフレーゲの「歴史的実像」の発掘は失敗に終わっている（と私は思う）。

こうしたものよりも、もう少し冷静にフレーゲの哲学史上の位置を検討し直そうという試みは、次のような論文に見られる。

⑿ P. S. Kitcher, "Frege's epistemology" *Philosophical Review* 88（1979）235–262.

⒀ P. Benacerraf, "Frege: the last logicist" *Midwest Studies in Philosophy* VI（1981）17–35.

⒁ J. Weiner, "Putting Frege in perspective" in L. Haaparanta & J. Hintikka（eds.）, *Frege Synthesized*. 1986, D. Reidel. pp. 9–27.

これらの論文で共通に問題となっているのは、フレーゲにおける数学と哲学との関係であり、また、フレーゲとカント哲学との関係である。本書では、フレーゲの数学の哲学について、ほとんど触れなかったために、これらの問題を論ずることはできなかった。別の機会に論じたいと思う。

ダメットの著作を無視してフレーゲを論ずることは、言い過ぎかもしれないが、プラトンの著作を無視してソクラテスを論ずるようなものである。(1)と、その第二版のための序文がふくれ上がって「意図しないのに書かれてしまった」という

〈第2章に関して〉

(15) M. Dummett, *The Interpretation of Frege's Philosophy*. 1981, Harvard University Press.

とは、両者を合わせると、大判でほぼ一三〇〇頁という分量となる。本書の第1章および第2章は、結局のところ、この、膨大ではあるが、現代の言語哲学に参加しようとする者には避けて通ることのできない「大著作」への道案内として、書かれたものである。

昔話をさせてもらうが、私は(1)が出版される直前に（一九七二年から一九七三年にかけて）、フレーゲに関して修士論文を準備していたが、その頃、フレーゲについて書かれたものの質はきわめて低かった。それは、次のアンソロジー

(16) E. D. Klemke (ed.), *Essays on Frege*. 1968, The University of Illinois Press.

に収められている論文の大部分が、現在ではまったく価値をもたないものであることからも分かる。唯一、頼りとなったのが、そこに収められたダメットとギーチの論文であった。ギーチに関しては、

(17) G. E. M. Anscombe & P. T. Geach, *Three Philosophers*. 1961, Cornell University Press.［邦訳：G・E・M・アンスコム&P・T・ギーチ『哲学の三人――アリストテレス、トマス、フレーゲ』一九九二、勁草書房。］で扱われた三人目の哲学者がフレーゲであり、これからは多くのことを教わった。しかし、フレーゲについてこれぐらいまとめて書いてあるもので、まともなものは、他にはほとんど見当たらなかったと記憶している。

こうした状況は、ダメットの大冊が出て、一変した。特に、一九八〇年代に入ってからの研究の進展は著しい。そうした傾向を見るによいのは、最近出た二冊のアンソロジーである。

(18) C. Wright (ed.), *Frege: Tradition & Influence*. 1984, Basil Blackwell.

(19) L. Haaparanta & J. Hintikka (eds.), *Frege Synthesized*. 1986, D. Reidel.

わが国におけるフレーゲ研究も、ようやく、本格的な研究書が出現する時代を迎えた（また、ついでに付け加えておけば、フレーゲの主要著作の翻訳の計画も進行中である［これはすでに全巻刊行済みである］）。

(20) 野本和幸『フレーゲの言語哲学』一九八六、勁草書房

残念ながら、本書の第1章と第2章の大部分は、私がこの書物を手にする前に書かれたので、そこでなされている主張の検討は別の機会に譲らざるをえなかった（実は、最終原稿を作る段階で、それを行うつもりだったのであるが、第一に、時間的に余裕がなくなったこと、第二に、それを行うためには、フレーゲ的意義Sinnと、チャーチ＝カルナップ流

の内包 intension との異同について論ずる必要があること、という二つの理由から、見送らざるをえなくなった）。

〈第3章に関して〉

ラッセルは、フレーゲほど幸運ではない。ラッセルの哲学は、ダメットのような存在を未だに見いだせないでいる。ラッセルの哲学について全体的に論じた書物が存在しないわけではない。本書を準備するに当たって、私が読んでみたのは、次のものである（他に目にした数冊に関しては、ちょっと中身を覗いただけで読む気を失ってしまった）。

(21) M. Sainsbury, *Russell*. 1979, Routledge & Kegan Paul.

しかし、本文への註にこの書物への言及が見いだされないことからも推察されるように、この書物を読んだことはたいして役に立たなかったようである（ただし、無意識的な影響がまったくないとは言い切れないが）。結局のところ、ラッセル哲学への入門書として現在読むことのできる最良のものは、ラッセル自身によって書かれたものであると言うべきかもしれない。

(22) B. Russell, *My Philosophical Development*. 1959, George Allen & Unwin.（邦訳：ラッセル『私の哲学の発展』野田又夫訳、一九七九、みすず書房）

ラッセルの『数学の原理 *The Principles of Mathematics*』は、学生時代以来、私にとっては「気になる」本であった。まったくとんでもないことが書いてあると思って、その前後を読んでみると、納得はもちろんできないけれども、実に面白い（愉快と言ってもよい）議論が展開されているという経験をしばしば繰り返した。つい、当初の予定よりも長く、この書物にかかずらわってしまった由縁である。

一九〇〇年から一九〇八年（階型理論についての有名な論文が発表され、ラッセルのパラドックスの、ラッセルにとっての解決が一応ついた年）までのラッセルの哲学を論ずるのに、かれの数学の哲学を論じないのは、たしかに、完全な片手落ちと言うものである。フレーゲにしても、ラッセルにしても、かれらの言語哲学は、かれらの数学の哲学と密接に関連しながら形成されたものである。しかしながら、ここである程度の弁明が可能であるとすれば、それは、次のようなものとなろう。すなわち、かれらの言語哲学の形成の過程には、数学の哲学との連関を無視することはできないかもしれないが、いったん形をなした言語哲学の理論そのものについては、その形成の際の事情を一応捨象することが可能であろう、と。いずれにせよ、こうした問題については、そのうちに論じてみたいと思っている。

話を元に戻すと、この時期のラッセルに関して、私が多くのことを教わったのは雑誌『*Synthese*』の二号にわたる、初期ラッセル哲学についての特集からである。

(23) J. Hintikka (ed.), *Bertrand Russell's Early Philosophy*. Parts I & II. *Synthese* Vol. 45 (1980) No. 1 & Vol. 46 (1981) No. 2.

ここに収められている論文は、いずれも、かなり質の高いものである。

(24) D. Kaplan, "What is Russell's theory of descriptions?" in D. F. Pears (ed.), *Bertrand Russell: A Collection of Critical Essays*. 1972, Anchor Books.

記述の理論について、本書で取ったような見方は、カプランのきわめて刺激的な論文から絶大な示唆を受けている。

〈おまけ〉

最後に、本文を読み終えた読者のためにクイズをふたつ（残念ながら、懸賞付きではないが）。

1　フレーゲの「Bedeutung」を「指示」と訳すのは、なぜまずいのか？

2　ラッセルの「denote」を「指示する」と訳すのは、なぜまずいのか？

これらふたつのクイズに答えられれば、本文の理解は充分であると保証する。（補註1）

補註

第1章

(補註1)

実際のところ、(1)と(2)をこのように解釈するのは、かなり偏屈な人である。この二つの文は、次のような意味だと理解されるのが普通だろう。

(1′) 誰もが、自分以外の誰かをねたんでいる。

(2′) 誰かが、自分以外の誰もからねたまれている。

本文で(1)・(2)をこのように解釈しなかったのには、少なくとも二つ理由がある。ひとつは、(実際にはそれほどではないが)話をより単純にしたかったことであり、もうひとつは、これが、多重量化の自然言語での典型例として、論理学の授業などでしばしば使われてきたからである(ただし、「ねたむ」ではなく「愛する」が使われることの方が多い——自分を愛するひとはいるが、自分をねたむひとはありえないと論じることができるかもしれないから、「愛する」の方が無難であることは確かである)。

(1)と(2)を(1′)と(2′)のように解釈したとしても、本文で紹介しているような分析が可能であることを示そう。ここでも、話題になっているのは、太郎と次郎と花子の三人だけだとする。まず(1′)から始める。本文でしたのと同様、「誰も」は、太郎と次郎と花子を指すと考える。そうすると、(1′)は、

(5′)　太郎と次郎と花子が、自分以外の誰かをねたんでいる。

と書き換えられる。本文での規則(A)を使えば、(5′)はさらに次に書き換えられる――(5′)は本文の(5)に対応する。以下も同様である。

(7′)　(太郎が自分以外の誰かをねたんでいる) かつ (次郎が自分以外の誰かをねたんでいる) かつ (花子が自分以外の誰かをねたんでいる)。

ここで「自分以外の誰か」の「自分」は、それが現れる文の主語が指す人物を指すのだから、その人物を除いた人物の名前を「かつ」で結合した名前でそれを置き換えることができる。そうすると、(7′)は、

(7″)　(太郎が、次郎か花子をねたんでいる) かつ (次郎が、太郎か花子をねたんでいる) かつ (花子が、太郎か次郎をねたんでいる)。

となる。(7″)の連言肢のそれぞれに規則(B)を適用することによって、

(8′)　((太郎が、次郎をねたんでいる) または (太郎が、花子をねたんでいる)) かつ ((次郎が、太郎をねたんでいる) または (次郎が、花子をねたんでいる)) かつ ((花子が、太郎をねたんでいる) または (花子が、次郎をねたんでいる))。

が得られる。
(2′)についても、規則を(B)・(A)の順序で適用し、「自分以外の誰か」を、それが現れる場所のそれぞれで何に置き換えるかに注意すれば、次が得られる。

(9′)　((太郎が、次郎からねたまれている) かつ (太郎が、花子からねたまれている)) または

（（次郎が、太郎からねたまれている）かつ（次郎が、花子からねたまれている））または
（（花子が、太郎からねたまれている）かつ（花子が、次郎からねたまれている））。

(8′)と(9′)とを比較することで、本文の場合と同様に、(8′)と(9′)が同値でないゆえに、(1′)と(2′)とが同値でないことがわかる。だが、もちろん、(1)・(2)を本文のように理解しようが、もっと現実的に(1′)・(2′)と理解しようが、「誰も」や「誰か」を特殊な名前とみなす分析は、まったく同じ欠陥をもっている。具体的には二つの規則(A)・(B)の適用順序を決める原理がないことであり、より根底的には、文を語の一次元的並びと考えるような、文の構造についての単純すぎる見方である。

ところで、話題は変わるが、(1)・(2)のような文は、この補註の最初でも述べたが、次のような述語論理の式に対応する文として、よく取り上げられる。

(i) $\forall x \exists y\ \phi(x, y)$

(ii) $\exists y \forall x\ \phi(x, y)$

実はこれは論理学の学習に際しての躓きの石のひとつである。というのは、こうした式が正しいかどうかをみるときには、「x」と「y」とに同じ値が入る場合も考えなければならないというのが腑に落ちないという学生が必ずいるからである。そうした学生は「だってxとyは違うじゃないですか」と言うだろう。そこで教師は、こう答えることになる。——xとyが違うなどと、この式のどこにも書かれていない。「x」と「y」とに同じ値を入れてはならない——xとyは違う対象である——のであれば、そのときには、同一性「=」を用いて、

(iii) $\forall x \exists y\ [x \neq y \wedge \phi(x, y)]$

(iv) $\exists y \forall x\ [x \neq y \rightarrow \phi(x, y)]$

のように表さなければならない。

しかし、これがよくある躓きの石であるということは、異なる変項には異なる対象を代入すべきだという考えがむしろ自然なも

のであることを示している。それは、ちょうど(1)・(2)を(1′)・(2′)と解釈するのが自然であるのと同じである。同じような例を挙げることもむずかしくない。

(v) 花子ほどアリクイに詳しいひとは誰もいない。
(vi) どんなひとだって、誰にも知られたくない秘密をもっている。

(v)の「誰も」は花子を含まないし、(vi)の「誰にも」の中に秘密をもっているひと当人は入っていないだろう。もしそうでなかったら、(v)も(vi)も矛盾したことを言っていることになってしまうが、そうは聞こえない。

『論理哲学論考』(五・五三〜五・五三五二)でウィトゲンシュタインは、論理的に正しい記号法のもとでは、同一性の記号「=」は記号法から排除されるべきであると主張した。こうした主張の背後には、同一性を、任意の対象がそれ自身に対してもつ二項関係であると考えることへの根本的な疑いがある。具体的には、かれは次のような記号法を提案する。

五・五三 対象の同一性を私は、同一性の記号によってではなく、記号の同一性によって表す。対象の相違は、記号の相違によって。

こうすれば、(i)・(ii)のような式はそのままで、現在標準的な論理学の言語で(iii)・(iv)が表すことを述べることになる。また、(v)や(vi)も素直に記号化できる。

同一性を記号法から追い出しても大丈夫だということを『論理哲学論考』はもちろん証明したりしない。このことは、一九五六年に発表されたヒンティッカの論文(J. Hintikka, "Identity, variables, and impredicative definitions" *Journal of Symbolic Logic* 21 (1956) 325-345)で証明された。この証明の概略、ならびに、最近の議論については、次の興味深い論文を見られたい。K. F. Wehmeier, "How to live without identity—and why" *Australasian Journal of Philosophy* 90 (2012) 761-777.

(補註2)

じつは、ここでの議論の出発点になった

(1) 誰もが、誰かをねたんでいる。

にも同様の多義性がある。それは、これを次のように続けられることからわかる。

(i) その誰かって、誰のことだい?

このように(1)に反応するひとは、「誰か」のスコープが、「誰も」のスコープよりも広く、文全体に及ぶと解釈している。

このように、自然言語において量化が重なって使われる場合、いくつもの解釈が可能であるのがふつうである。フレーゲが作った論理学の言語は、こうした多義性が生じないように作られているために、自然言語がそれと対比されるべきモデルとしてはたらく。つまり、異なる解釈に対応する論理学の文をみることによって、解釈の違いが何に存するのか、また、そうした異なる解釈が出てくる原因が明らかになる。(1)の例で言えば、前者については、「誰も」と「誰か」の相対的なスコープの違いであり、後者については、そうしたスコープの違いが、それぞれの量化がどのような順序でなされるのか、すなわち、文の形成史の違いに由来することである。

しかし、論理学の言語との比較が教えてくれるのは、ここまでである。異なる解釈のうちの一方が、他方よりも一般的に選ばれる理由があれば、それは何かとか、特定の場面で、どちらか一方の解釈の方だけが好まれるのは、どのような要因によるのかといった、より具体的で、経験的な言語学的探究は残るからである。

たとえば、本文で(1)と対比されている受動形の文

(2) 誰かが、誰もからねたまれている。

と、(1)から「かきまぜ(scrambling)」によって得られる文

(ii) 誰かを、誰もがねたんでいる。

とを考えてみよう。(ii)については、たしかに、語順で先に来る「誰か」が、後に来る「誰も」よりも広いスコープをもつ読みがすぐに出てくるが、逆の読み、すなわち、「誰も」が「誰か」より広いスコープをもつ読みも十分可能である。この点で、(ii)は、(1)と同様に多義的である。しかし、少なくとも私にとって、(2)にはそうした多義性はないようにみえる。つまり、「誰も」が「誰か」よりも広いスコープをもつように(2)を読むことは、私にはできない。

また、(2)をやはり「かきまぜて」作った

(iii) 誰もから、誰かがねたまれている。

についても、「誰も」が文の先頭に来るにもかかわらず、これが「誰か」よりも広いスコープをもつように読めるだろうか。少なくとも私には無理である。

ここに必要なのは、こうした私の判断が、日本語の話者一般に共通するものかどうかについての経験的調査に加えて、受け身のような態(ボイス)が量化にどのような影響を与えるかについての理論的探究である。日本語のような自然言語においては、論理学の言語とは違って、量化はさまざまな言語現象と相互に複雑に関連しながら現れる。したがって、多重量化のように複数の文構成法がひとつの文に現れているときに、多義性が出現するかどうか、また、多義性が出現しない場合は、それがなぜかを説明する理論を作ることはむずかしい。

だが、それだけに、これはやりがいのある仕事である。そして、論理学の単純な言語が、こうした自然言語における量化の複雑さの探究への端緒を与えたことに、われわれは感謝してもよい。

(補註3)

「Argument」と「Function」という一対の語に関しては、疑問をもたれた方が多いだろう。第一に、なぜ日本語になっていないのか。第二に、この二つの語は何語なのか。

まず、ここで論じているのは、一八七九年の『概念記法』に出てくる「Argument」と「Function」である。したがって、この二つの語はドイツ語である。ドイツ語ならば「Funktion」だろうと言われるに違いないが、ここでのスペリングは一八七九年に

出版された際のものである。なぜ今では標準的でないスペリングに固執するかと言えば、それは、この「Function」が、同じ語――「Function」と「Funktion」は同じ語である――の後年でのフレーゲの使い方と違って、言語表現を指すことを暗示したかったからである。

では、なぜ日本語になっていないのか。いまの説明からは「Function」を「関数表現」と訳することが考えられる。私もこれは妥当な解決だと思う。ただし、ドイツ語の「Funktion」にも英語の「function」にも、数への参照はないのに、日本語の「関数」では「数」がどうしても出てきてしまう（昔使われていた「函数」でも同じである）。だが、日本語でこれに代わる表現は見当たらないから、ここでの「関数」とはごく一般化された関数概念だという了解のもとで「関数表現」という言葉を使うことに私は反対ではない。問題はむしろ「Argument」の方にある。というよりは、一方で伝統的論理学、他方で初期のラッセルも話題になるという、本書のコンテキストの中で、「Argument」をどう訳するかということにある。このコンテキストがなければ、「Argument」の訳語として私は「項」を採用する。そうすると、「Argument と Function」というこの節の表題は「項と関数表現」となっていたはずである。しかし、本書で「項」は、まさにこの同じ節で伝統的論理学の繋辞（コプラ）で結合される主語と述語を指すものとして使っているだけでなく、ラッセルの『数学の原理』の存在論の基礎的カテゴリーを指す「term」の訳語としても使っている。本書の3・1節でも断ったように、この両者に直接の関係はなく、それぞれの場所でどちらの意味で「項」が使われているかはわかるはずである。しかし、これに加えて、同じ本の中で「Argument」の訳語として「項」を使うことは、やはり避けたいと思うのが普通ではないだろうか。

一八七九年の『概念記法』の用語法にこだわらずに、この節で問題となっているような文の分解法について説明するとすれば、どういう用語を使うだろうか。私ならばたぶん、「項と述語への分解」と言って、注釈として、フレーゲにとって述語は関数表現の一種であると付け加えるだろう。

（補註4）

（本書のなかで、この箇所ほど真剣な読者の頭を悩ませた箇所はないかもしれない。説明を求められたことも一度にとどまらない。問い合わせにすぐ応じられるように回答を用意するまでとなった。以下は、それをほぼ再録したものである。事柄の性質上、記号の操作は避けて通れない。どんな感じの話なのかさえわかってもらえれば、それで十分である。）

もっとも単純な例として、次の文を取り上げる。

(i)　花子が笑った。

この文をArgumentとFunctionに分解するもっとも簡単なやり方は、これを、一階述語「xが笑った」と名前「花子」からなる文とするものである（そして、分解と分析とを本文でのように区別するならば、これは、この文の分析でもある）。述語論理の言語で、この二つの表現を「Fx」と「a」で表そう。述語を表現するのには、ラムダ計算の記法を用いるのが、以下の説明では便利なので、この二つを次のように表記することにしよう。

λxFx

a

そうすると、(i)は、次のように表される。

$(\lambda xFx)\,a$

ラムダ計算では、これは

Fa

と簡単化することができる。ラムダで示されている変項――この場合は「x」――を、後続する表現――この場合は「a」――で置き換えてよいという規則が、ラムダ計算にあるからである。

(i)は、「xが笑った」という一階述語に、ある二階述語を適用してできた文だと考えることもできる。この二項述語は「花子……」という形になるが、これをラムダ計算の式として書けば

$\lambda \Phi^1 \Phi^1 a$

となる。「Φ^1」は、一階述語を値として取る変項である。添え字の「1」は、このことを示す。「$\lambda \Phi^1 \Phi^1 a$」という表現は二階述語であることに注意されたい。この二階述語を一階述語

$\lambda x F x$

に適用すると

$(\lambda \Phi^1 \Phi^1 a)\ \lambda x F x$

となる。ラムダで示されている変項は「Φ^1」であるから、この「Φ^1」に、「$\lambda x F x$」を代入すれば

$(\lambda x F x)\ a$

となるが、これは先にも見たように

Fa

と等しい。

これより先は、自然言語の表現を見つけることはむずかしいが、原理的には同じことで、(i)を、いま出てきた二階述語

$\lambda \Phi^1 \Phi^1 a$

に、さらに高階の三階述語

$$\lambda\Phi^2\Phi^2\,\lambda xFx$$

を適用してできた文だと考えればよい。このことは次で示される。

$$(\lambda\Phi^2\Phi^2\,\lambda xFx)\,\lambda\Phi^1\Phi^1\,a = (\lambda\Phi^1\Phi^1\,a)\,\lambda xFx = (\lambda xFx)\,a = Fa$$

もう一段昇るには、四階述語

$$(\lambda\Phi^3\Phi^3)\,\lambda\Phi^1\Phi^1 a$$

を考え、これを、ついいま出てきた三階述語

$$\lambda\Phi^2\Phi^2\,\lambda xFx$$

に適用すればよい。具体的には、次のようになる。

$$((\lambda\Phi^3\Phi^3)\,\lambda\Phi^1\Phi^1 a)\,\lambda\Phi^2\Phi^2\,\lambda xFx$$
$$= (\lambda\Phi^2\Phi^2\,\lambda xFx)\,\lambda\Phi^1\Phi^1 a$$
$$= (\lambda\Phi^1\Phi^1 a)\,\lambda xFx$$
$$= (\lambda xFx)\,a$$
$$= Fa$$

それぞれの移行について説明しておく。

1行目から2行目：「Φ^3」に「$\lambda\Phi^2\Phi^2\ \lambda xFx$」を代入する
2行目から3行目：「Φ^2」に「$\lambda\Phi^1\Phi^1\ a$」を代入する
3行目から4行目：「Φ^1」に「λxFx」を代入する
4行目から5行目：「x」に「a」を代入する

以下同様にして、どこまでも高階の述語を考えることができる。
よって、(i)のような単純な文でも、無限に異なる分解が可能であることがわかる。もっとはっきり言えば、任意のn（$n \geqq 0$）について、(i)は、n階の述語に$n+1$階の述語が適用されてできた文であると考えることができる（0階の述語は単称名であるとみなす）。

第2章

（補註1）

意義（Sinn）をもちながらイミ（Bedeutung）を欠く日本語の表現として、「現在の日本国大統領」という例を挙げたのは、完全に間違いである。本書の初版が出た一九八七年の時点でも、この註を書いている二〇二一年の時点でも、「このひとが現在の日本国大統領だ」と正しく言えるような人物は存在しない。だが、そのことをもって、この表現がイミを欠くと結論するのは誤りである。たしかに、この表現が単称名であるならば、フレーゲに従えば、この表現はイミを欠く。しかし、そもそも「現在の日本国大統領」は単称名だろうか。

ある表現が単称名であるためには、それが、ある特定の対象を指す確定表現（definite expression）でなくてはならない。しかしながら、「現在の日本国大統領」という句がそれ単独で出されたのでは、それが確定表現であるのか、それとも、特定の対象ではなく、ある条件を満足する対象一般を指す不確定表現（indefinite expression）であるかは、答えようがない。日本語においてこの区別は表現が置かれたコンテキストに大きく依存するからである。このことをよく示すのは、同じ名詞句が繰り返し現れる、次のような会話の場面である（「現在の日本国大統領」は、会話で使われて不自然でない表現に変えている）。

A：日本のいまの大統領に札幌できのう会った。

B：日本のいまの大統領は何で札幌に来たんだい。

この会話の前に、日本のいまの大統領が話題になっていないとすれば、Aの発言での「日本のいまの大統領」は不確定表現である。それに対して、Bの発言での同じ表現は、確定表現である。

つまり、「日本のいまの大統領」のような表現は、それ自体で確定表現か不確定表現かが決まっているわけではない。表現自体を見て、それが確定表現として用いられているはずだとわかるのは、「この学生」とか「あの本」のような指示表現か、「私」とか「ここ」といった指標表現であるが、こうした表現が何を指示するかは、それが用いられるコンテキストによって決まるから、2・4節の最後で論じたところからもわかるように、フレーゲとしては単称名の典型とはしたくなかった種類の表現である。

Bの発言に現れる「日本のいまの大統領」は、Aの発言の中の「日本のいまの大統領」に照応することを明示して、「その日本のいまの大統領」と言い換えることができる。こうした照応の意味で使われる「その〜」も指示表現の一種と考えるならば、日本語における典型的な確定表現とは、指示表現であると言える。そして、こうした表現に関して、意義をもつがイミをもたない場合は十分に考えられよう。

たとえば、友人が、綺麗に何も載っていない机を指して、「その本は面白いよ」と言ったとすれば、私は、どう返事したらよいだろう。「本当に面白いのか」と聞き返すとは思えない。むしろ、「その本って、どの本のことだい」と聞くだろう。そこで「そこの机の上の本だよ」と友人が答えたとしたら、どうなるだろうか。友人が、特定の対象を指そうとしていることは疑いない。したがって、「その本」も「そこの机の上の本」も確定表現として使われている。しかし、これらの表現が指示に失敗していることも明らかである。

AとBの会話が最近なされたのだとすると、日本は大統領制ではないのだから、日本のいまの大統領などはいない。Aの発言は、述語論理の式風に——複数変項Xを用いている点で標準のものとは違うが——書けば、

$$\exists X[\text{日本のいまの大統領}(X)\ \wedge\ \text{きのう札幌で会った}(\text{私}, X)]$$

といった存在文であるから、Aの発言は偽である――ここで「日本のいまの大統領」は確定表現ではなく不確定表現として使われていると仮定している。このとき、Bの発言はどうなるだろうか。Bの発言の中の「日本のいまの大統領」は、Aの発言中の同じ表現に照応しているのだから、この表現が述べている条件を満足する対象のどれかを指示しているはずである。しかしながら、「日本のいまの大統領」という条件を満足する対象は存在しない。よって、Bの発言中の「日本のいまの大統領」は指示に失敗している。

ただし、ここでの例はどちらも指示表現なので、2・4節および2・5節で論じたように、意義[1]と意義[2]という二種類の意義がかかわっている。そして、どちらの指示表現についても、理解可能なのはそれが意義[1]をもつからであって、イミ（Bedeutung）を決定する意義[2]をもつと考えなくてもよいと論じる道が残っているようにみえる。

よって、意義をもちながらイミを欠く日本語の表現として、もっと適切なものがないだろうかということになる。すぐに思いつくのは、「ヴァルカン」とか「神武天皇」といった固有名詞だろうが、こうした表現には厄介な問題がいろいろとある（これについては、本章の次の補註2を見られたい）。あまり問題を引き起こさないと思われるのは、次の文に現れる「日本の歴代の大統領」のようなものである。

(i) 日本の歴代の大統領の大部分は男性だ。

「大部分」は、「半分」や「三割」といった名詞と同じく、ある全体のうちのどれだけが問題となっている条件を満たすかを表すはたらきをもっている。この名詞の使い方で特徴的なのは、その意味から言って当然なのだが、

名詞句 ＋ の ＋ 大部分（半分、三割、……）

という形で現れる名詞句は確定表現になるということである。なぜならば、この名詞句は、その名詞句があてはまるものの全体を指すからである。もちろん、この名詞句そのものが確定表現なのではない。それが、この文脈で現れるときには確定表現となるというだけである。

「日本の歴代の大統領」はたしかに日本語の表現として了解可能であるから意義[1]をもっている。また、この表現は(i)で「日本のこれまでの歴代の大統領」の意味で用いられているから、コンテキストへの依存がまったくないわけではないが、これがもつ意義は、意義[1]だけでなく、意義[2]ももっている――(i)が二〇二一年に発せられたとすれば、それは「二〇二一年までの日本の歴代の大統領」のもつ意義と同じ――と考えてよいだろう。さらに、(i)で、この表現は、日本の歴代の大統領一般について何かを言うために用いられているのではなく、日本の歴代の大統領の全体という、複数の人物から成ると想定されているにせよ、あるはっきり決まった全体を指示するために用いられている。だが、あきらかに、そうした全体は存在しない。つまり、この表現はイミを欠く。

要するに、フレーゲの言うような「意義は有するがイミを欠く単称名」の実例を日本語で探そうとすると、二つの問題に出会う。第一に、日本語の文法には単数と複数という体系的区別がないために、単数・複数の別なく、ある特定の対象を指す「確定表現」が、単称名の代わりをするしかない。第二に、ある表現が、確定表現なのか、それとも、不確定表現なのかは、コンテキストに大きく依存する。先に見たように、同一の表現が、会話の中で最初に現れるときは不確定表現で、二度目に現れるときには確定表現であったりする。よって、「こうしたコンテキストに現れるこれこれの表現」という形でしか求められている表現を提示することはできないのである。

関連する議論として、第3章補註2も参照されたい。

（補註2）

フレーゲの言う「意義を有しながらイミを欠く表現」の中でも、指示対象をもたないと思われる固有名は、言語哲学の中で「空である固有名 empty proper name」と呼ばれて、議論の対象となってきた。この議論の初期の段階では、「ヴァルカン」（水星の内側に存在すると想定された惑星、本書一六二頁参照）のような固有名と、「オデュッセウス」のようなフィクションに属する固有名――虚構名（fictional name）――とは区別されず、どちらもひとしなみに空である固有名として論じられていた。本書の初版が出た頃もそうだったと記憶している。クリプキが虚構名について興味深い議論をしているということは知られていたが、その議論を含むジョン・ロック講義（一九七三）が公刊されたのは四十年後の二〇一三年（Saul Kripke, *Reference and Existence*, 2013, Oxford University Press）であり、その原稿に触れることのできたひともごく少数だった。

現在では、この二種類の固有名は、まったく違う種類の問題を提起することが広く認められている。「オデュッセウス」のような虚構名が提起する問題は、第一に、フィクション（虚構）とは何かという問題であり、第二に、フィクションに現れる言語表現の意味論をどう考えるかという問題である。このどちらも「ヴァルカン」のような固有名には関係のない問題である。したがって、空である固有名の問題は、虚構名の問題とは別の問題として議論されなければならない。

フィクション（虚構）とは何か、あるいは、何がフィクションとノンフィクションとを区別するのかという問題についてここで論じることはしないが、この区別がそれほどきっぱりしたものでないことは注意しておきたい。「オデュッセウス」はフィクションに属する固有名だと述べたが、この名前が現れる叙事詩が近代以降で言われるようなフィクションであると言えるかどうかは微妙だろう（拙著『虹と空の存在論』二〇一九、ぷねうま舎、一八～二〇頁、参照）。ここでは、ヨーロッパの近代以降、フィクションというものが制度的に確立してからのことに話を限りたい。つまり、フィクションとは、そこで描かれる人物や事物は架空のものとして意図されて、特定の作者によって作られた作品のことである。

言語の観点からフィクションを見たとき、それをフィクションとするような、言語の部分的特徴があるわけではない。語彙にも文法にも、フィクションにしか現れない特徴はないし、また、フィクションでしか用いられなかったり、逆に、フィクションでは用いられない言語行為があるわけでもない——陳述、疑問、命令のいずれもフィクションに現れることができる。フィクションの言語のこうした特徴を説明する、ひとつの有力な考え方は、フィクションの言語を操るとき、われわれは「ふりをする pretend」というものである。つまり、フィクションの中でpと主張されるとき、それはpと主張するふりをしているのであり、pに現れる固有名が対象Aを指示するとみえても、それは指示するふりをしているにすぎないというのである。こうした説は、Kendall L. Walton, *Mimesis as Make-Belive* (1990, Harvard University)（邦訳：ケンダル・ウォルトン『フィクションとは何か——ごっこ遊びと芸術』田村均訳、二〇一六、名古屋大学出版局）に含まれている（ついでに言えば、この本は「フィクションの哲学」というものがあるとすれば、それを代表するものだろう）。この考えの大きな利点は、フィクションではない言語使用について成り立つと考えられる事柄をすべて、そっくりそのまま、「ふりをする」対象として認められるという点にある。たとえば、固有名についての直接指示説が正しいならば、夏目漱石の『三四郎』の中で、固有名「三四郎」は、三四郎を直接指示するふりをしている。あるいは、ラッセルのように、「三四郎」はある記述の省略だと考えるならば、小説『三四郎』中で「三四郎」はそうした記述の省略であるふりをしているのである。よって、通常の言語使用——ノンフィクションにおける言語使用——に関してどんな意味論を採用しても、それはそのまま、フィクションの言語の意味論に反映される。

フィクションとノンフィクションとでは、語彙と文法に違いはないと述べた。新しい語を導入することに関しても両者のあいだに違いはない。新しい語を使い始めるには、すでに一般に使われている語を用いて意味を説明してやればよい。こうして、新しい動詞や形容詞や一般名が言語に導入される。ただし、他の語による意味の説明が不十分である場合もある。それは、人名や地名のような固有名詞と生物種や物質の種類を指す自然種名の場合である。ここでも、フィクションとノンフィクションのあいだで、こうした表現を言語に導入する方法に違いはない。特定の人や土地を示したり、種に属する個体や物質のサンプルを示して、それに名前を与えるというのが、その方法である。ただ、ここにはひとつ大きな違いがある。言うまでもなく、それは、フィクションでは、示される人や土地や生物種や物質がフィクション中でしか存在しない場合があるということである。しかも、こうした表現は、フィクションの中だけで使われるとは限らず、ノンフィクションの文脈にまで、いわば進出してくる。

次の二つの文を見てほしい。

(i) 三四郎は九州で育った。

(ii) 三四郎は小説『三四郎』の主人公である。

(i)は、フィクションに属する文であり、この文で「三四郎」は、ある人物を指示する「ふりをしている」。フィクションの中では、三四郎はもちろん実在するから、この「三四郎」は、空である固有名ではない。他方、(ii)は、ノンフィクションの文脈にある。よって、そこでは、主張も指示も述定も「ふり」ではない。では、(ii)の「三四郎」は、誰を指示しているのだろうか。三四郎はフィクション中の人物であって、現実に存在する——あるいは、存在した——人物ではない。そうするとやはり、ここにあるのは、空である固有名ではないだろうか。

そう考える必要はない。クリプキの一九七三年の講演ですでに説明されており、現在多くの支持者をもつ考え方によれば、虚構名はいずれも指示対象を明確にもつ。「三四郎」という虚構名は、一九〇八年に夏目漱石が『三四郎』という小説を書くことによって作り出した虚構の人物を指示する。この対象は、時間的な存在ではあるが、われわれが出会うことができるような存在ではない。つまり、抽象的存在である。要するに、虚構名は、虚構の作者が作り出した抽象的な人工物——虚構的対象(fictional entities)——を指示するのである。

「ふり」にフィクションにおける言語使用の本質をみる考え方にしても、虚構名は虚構の作者が作り出した人工物を指示するという考え方にしても、細かく見て行くならば、さまざまな問題が出てくることは疑いない。しかしながら、両者の組み合わせは、フィクションに現れる言語表現の意味論への、よりよい展望を与えてくれたことも事実である。

第3章

（補註1）

三十数年ぶりに本書を読み返すことになって、私がもっともおそれていたのは、日本語における量化について私がそこで書いたことが、いまから見るとあまりにも見当違いだったとわかるのではないかということだった。たしかにそうした点は多々あるのだが、疑わしい場合には予防線を張っておくという習慣のせいで、それほどひどいことにはなっていない。しかし、ラッセルの言う「表示句」に対応するとして挙げた日本語の名詞句の表は、いろいろと弁解が伴っているにしても、やはり、ちょっと恥ずかしい。

本書のこの章を書いたことがひとつのきっかけになって、この二十年余りの間、日本語の量化について考えてきた。そのいわば中間報告が、二〇一九年に出した『日本語と論理』（ＮＨＫ出版新書）である。この本で私は、日本語の量化表現は次の二種類に分かれると論じた。

(A) 数量名詞（「三人」、「少数」、「三割」、「半分」、「すべて」）を含むもの。たとえば、「三人の学生が笑った」、「出席者の半分が賛成した」、「すべての学生が帰った」。

(B) 不定表現（「だれ」、「いつ」、「どの学生」）と「も」あるいは「か」の組み合わせによるもの。たとえば、「だれかが笑った」、「いつも来る客」、「どの学生も帰った」。

本文のリストに挙がっている表現は、最初の「日本人のすべて」が(A)で、それ以外はすべて(B)に属する。よって、これらの表現は、いまの私がとっている基準に照らしても量化表現と認めることができる。だが、それらと英語の表現との対応は、そこでも断ったように、「便宜的なものにすぎない」というか、もっとはっきり言って、ただのつじつま合わせである。

実際のところ、日本語と英語のようにその語彙も文法も大きく違う言語のあいだで、量化にせよ、指示にせよ、その実現のされ方を比較するなどということが、はたしてできるのだろうか。

ここで教訓的なのは、日本語や韓国語の名詞はすべて、英語の「water」や「snow」のような質料名詞（mass noun）であるという「質料名詞仮説 mass noun hypothesis」の例である。これは、英語では可算名詞と質料名詞（不可算名詞）の区別があるの合と似た構成法を用いるから、日本語の名詞はすべて不可算名詞、つまり、質料名詞である。

この主張は誤りである。こうした主張が出てくるのは、言語の一部の特徴にだけ注目して、同じ言語の他の特徴との関連に十分注意を払わないためである。日本語にも可算と不可算の区別があることは、先に挙げた日本語の二種類の量化表現のうち、不定表現を用いるものは可算のものにしか使えないことからわかる。また、質料名詞仮説の根拠となっている、「三匹の犬」と「三リットルの水」が同じ形をしていることについても、そこに現れている「匹」と「リットル」という助数詞は、前者が分類辞、後者が計量辞という、意味論的に重要な違いをもつ異なる種類に属する。これ以上詳細にわたることは控えるが、日本語の名詞にも可算と不可算の区別はあると根拠をもって主張できる。これについては、私は何度も論じたが、前掲の『日本語と論理』の第1章、あるいは、拙論「日本語と言語哲学」(『哲学雑誌』一三五巻、八〇八号、二〇二二)を参照されたい。

この例を「教訓的」と呼んだのは、実際にここから教訓を引き出すことができるからである。まず、可算と不可算とか、量化の種類といった、意味論的特徴に関して、異なる言語間の比較を行おうとするならば、特定の言い回しに関して比較を行うのではなく、関連する言語現象を広く取り上げて比較しなければならないというのが、第一の教訓である。「三匹の犬」と「三リットルの水」がどちらも「three litres of water」と同じような構成をもっているからと言って、日本語には可算名詞と不可算名詞の区別がないと結論するのではなく、可算と不可算の区別が別の形で印づけられていないかを、より広範な言語現象にわたって探索しなければならない。

第二の教訓は、こうして集められたデータは体系化されなければ役に立たないということである。そうしたデータが互いにどう関係しているのかが明らかにされる必要がある。そうするのにもっとも有効な方法は、この言語的データをカバーするような言語の断片を構成して、明示的な意味論をそれに与えることだろう。つまり、関連する言語の部分について、その形式意味論を構成することである。しかし、実際には、完全な形式化を要求する必要はない。関連する代表的な語と構文の意味論的寄与が明らかになる形で、そうした要素を含む文の真理条件を体系的に導出できるような理論が構成できれば、それで満足してよい。重要なのは、関連する言語に属する文の真理条件をメタ言語で与えることによって、異なる言語どうしの比較ができるようになることである。

このためには、どのような言語に対しても共通のメタ言語がある必要はない。メタ言語は、その構成についてすでに理解されている言語でなければならない――したがって、論理学の言語のような、その意味論が明示的に与えられている言語となる公算が強い――から、異なるメタ言語が用いられていても、自然言語どうしの場合と違って、どこで一致し、どこで相違するかが容易に理解できるはずだからである。

そうすると、ラッセルの言う表示句に関して、日本語でちゃんと解説したいならば、どうすればよいだろうか。まず第一に言えることは、本文で過去の私がしたように、英語と日本語のあいだの無理な対応付けをするようなことはやめることだろう。次に、ラッセルの言う表示句が英語の量化表現として重要なクラスを形作ることを説明し（ここでは、S. Neale, *Descriptions* (1990, MIT Press) が参考になる）、その意味論を与えよう。そのうえで、日本語に関してラッセルが行ったことと同様のことをするには、この註の最初に挙げた二種類のクラスの量化表現の意味論を与える必要があるということをはっきりさせればよい。こうしたやり方は、ラッセルの記述の理論について何か手っ取り早くわかればよいという読者に向いていないことはたしかである。しかし、手っ取り早くわかったとしても、それに何の価値もないというのが、哲学的に豊富な内容をもつ理論の特徴である。そして、記述の理論はそうした理論のひとつである。

（補註2）

日本語の名詞句に単数と複数の区別はない――「こどもがひとり来た」と「こどもがたくさん来た」で「こども」の形は変わらない――が、特定のひとやものを指す表現として確定的に現れている場合と、不特定のひとやものを指す表現として不確定的に現れている場合との区別はある。しかも、この区別は広くみられるものでもある。「だれ」や「どのこども」のような不定表現を除けば、日本語の名詞句が現れる際は、その都度、確定的か不確定的のいずれかである。次の二つのやり取りをみてほしい。

(i) A：公園にこどもがいたよ。B：こどもは何をしていたんだい。

(ii) A：三人の学生が来たよ。B：三人の学生は何の用だったんだい。

(i)のAの発言で「こども」は、AとBのあいだで誰とわかっている特定のこどもである場合もあるが、誰とも特定しないこどもの誰かであってもよい。したがって、それは確定的に現れている場合も、不確定的に現れている場合もある。しかし、Bの発言での

「こども」は、Aとのあいだで共通に了解されているこどもでなければ、Aの発言で言われたこどもでしかありえない。つまり、いずれにせよ、この「こども」は確定的である。(ii)も同様であるが、ここで注目したいのは、「三人の学生」という量化表現もまた、確定的と不確定的の両方の仕方で現れることができるということである。

名詞句が確定的に現れているのかどうかをマークするために、本文でのような記号「#」を日本語に導入するということは可能である。ついでに言えば、本文でそうしたのに理由はある――表示句に対応する日本語を探すという見当違いの理由ではあるが――にせよ、この記号は名詞句の後に置くよりは、その前に置いた方がよい。そうすると、(ii)の解釈のひとつは、

(ii′) A：三人の学生が来たよ。B：#三人の学生は何の用だったんだい。

と表記され、ここの「#」は、「その」と読めばよい。

「その三人の学生」がよい例だが、日本語の名詞句のなかには、その形だけから確定的表現として現れていることがわかるものがある。「これ」や「その本」のように、「こそあ」で始まる直示もしくは照応表現、「私」や「いま」のような指標表現、それに、「田中さん」や「東京」のような固有名である。

さて、名詞句が確定表現として現れていることを表示するために「#」のような記号を導入するというのは、わるい考えではない。また、そうした名詞句のなかには、英語に翻訳するときに定冠詞「the」が付くものもあるだろう（しかし、「#大部分の学生」は「その大部分の学生」と読めるが、それを「*the most students」や「*the most of the students」と訳することはできない）。だが、過去の私がしたように、そうした名詞句を、ラッセルの言うような、唯一性を含意する確定記述句だと考えるのはまちがいである。

ラッセルの理論の核心には、確定記述句のような単数形の名詞句である場合、「the NP」の「the」は唯一性を表現するという考えがある。それに対して、単数と複数の区別が文法的な役割をほとんど果たさない日本語において、唯一性が意味論的に重要な役割を果たすなどということは考えにくい。日本語の場合に唯一性と確定性とが別のものであることを示す例として、次のやり取りを考えよう。

(iii) A：日本で一冊しかない珍しい本がこの図書館にある。B：その日本で一冊しかない珍しい本というのは、何の本だい。

Bの発言中の「その日本で一冊しかない珍しい本」は、「その」で始まっていることからもわかるように、確定表現として現れている。これは、Aの発言中の「日本で一冊しかない珍しい本」を受けている。そして、こちらの出現は不確定な出現である。つまり、「日本で一冊しかない珍しい本」という名詞句は唯一性の主張を含むのに、Aでは不確定的に現れ、Bでは確定的に現れている。

ラッセルの記述の理論には二つの側面がある。第一の側面は、ラッセルが「表示句」と呼んだ英語の名詞句の分析を与えたことであり、これは現在の言語理論に至るまで大きな影響を与えてきた。第二の側面は、自然言語の文の真理条件を論理学の言語のようなメタ言語で表現して、文の「論理形式」を明らかにすることによって、文の表層的構造にとらわれることから出てくる存在論や認識論上の問題を解決するというプログラムである。ラッセルが直接の分析の対象としたのは英語であるから、もしもわれわれがラッセルと同様のことを行いたいと思うならば、日本語を分析の対象として同様のことをするにはどうやればよいかを考えることになる。この補註とその前の補註は、ラッセルの記述の理論の第一の側面に関して、われわれに課される課題が何かを述べたものである。すなわち、それは、日本語における量化についての体系的分析と、日本語の名詞句に関して、確定と不確定という区別がどのようにして実現されているかの探究である。

文献案内

(補註1)

不思議なことに、本書の初版が出てからの三十年以上の間に、このクイズの答えは何かと聞かれたことは一度しかない。いまはもう故人になられた藤田晋吾さんから聞かれただけである。藤田さんは、「わかる、わかる」と思いながら本文を読んだのに、最後になってこのクイズにぶつかって、わかったという自信をすっかりなくされたという。

ラッセルについての第二問には答え合わせの必要はないだろう。問題は、フレーゲの「Bedeutung」についての第一問である。答えのヒントは索引の中に隠したつもりだった(索引には「クイズ」という項目があった)が、明らかにそれだけでは十分でなかった。私が考えていた解答をここで述べておこう。

いちばん端的な答えは、「Bedeutung」を「指示」と訳したのでは、SinnとBedeutungという区別が、意味論的単位のすべて——とりわけ、文と述語——に通用する区別であることが見失われるから、というものだろう。

この区別を導入するのにフレーゲが用いている「明けの明星」と「宵の明星」が、あまりにも有名になったせいか、この区別が、記述名や固有名以外にも適用されること、また、こうした区別が必要である根拠は、「明けの明星」を含む文と、「宵の明星」を含む文とが、同様に真でありながら、明らかに違う命題——フレーゲの「思想」——を表現していることにある点は忘れられがちである。「Bedeutung」を「指示」と訳することは、こうした傾向をさらに助長しかねない。よって、八九頁でも述べたように、私は、Sinn と Bedeutung の区別をまず文に関して行い、そのうえで文よりも小さな単位にこの区別を及ぼすという手順を取ったわけである。

一九七九年から一九八四年にかけてブラックウェル社から出版されたフレーゲの英訳で「Bedeutung」の英訳として「meaning」が採用されたのと同様、『フレーゲ著作集』でも「意味」が訳語として採用された。私はこの方針に賛成であるが、フレーゲだけを論じる場合にはこれで問題はあまり出てこないにしても、もっと一般的な設定のもとで論じる場合には困ることもいろいろある。本書で私が採用した「イミ」が一般に使われるようにならなかったことは、もっともだし、それでよかったと私は思う。いちばん無難なのは、「意味（Bedeutung）」のように原語を添えるという方法だろう。歴史的ではなく理論的な議論のコンテキストでは、フレーゲの「Bedeutung」に概念上もっとも近いと私が思うのは、「意味論的値 semantic value」であるが、「Bedeutung」が日常も使われるふつうの語であるのに対して、テクニカルタームであることが明白なこの語を、訳語として一般に使うのは無理だろう。

二〇一三年に出た『算術の基本法則』の英訳では、「Bedeutung」の訳は「reference」になっている。「Bedeutung」の訳語の問題に決着がついたわけではなさそうである。この問題の歴史については、次を参照されたい。M. Beaney, "Translating 'Bedeutung' in Frege's writings: a case study and cautionary tale in the history and philosophy of translation" in P. A. Ebert and M. Rossberg (eds.), *Essays on Frege's Basic Law of Arithmetic*. 2019, Oxford University Press. pp. 588-636.

後記　二〇二二年

1　分析哲学史の中のフレーゲとラッセル

本書の初版が出たのが一九八七年であるから、それから三十五年も経ったことになる。自分のいる年を「二千何年」と言うことに慣れることなどないだろうと思っていたのが嘘のようである。

これだけの年月が経てば、いくら進歩がないと言われる哲学でも、いろいろな変化がある。その中には、ただの流行によるものもあるが、そうとは片付けられないものもある。本書で扱っている事柄と密接に関係する変化として、二つを挙げることができる。

まず、ジャンルとしての「分析哲学史」の確立ということがある。このジャンルの中にもいくつかのサブジャンルがあるが、とりわけ盛んなのは、「初期分析哲学史」というサブジャンルである。その主要な研究対象である、フレーゲ、ラッセル、ウィトゲンシュタインという三人組は、哲学史研究のなかでは、いまや、デカルト、スピノザ、ライプニッツの三人組や、ロック、バークリー、ヒュームの三人組に匹敵する存在である。つまり、三人のあいだの影響関係、および、三人それぞれの、とりわけ三人組の筆頭に来る人物の、それ以前の哲学との関係が、事実考証をもとにであったり、あるいは、大胆な仮説を提起することであったりと、やり方はさまざまだが、重要な研究課題になっている。

よく言われることだが、哲学史研究には、歴史寄りのそれと、哲学寄りのそれとがある。歴史寄りの哲学史研究に私はあまり魅力を感じないので、主に哲学寄りの哲学史研究に話を限る。この種類の哲学史研究は、いわゆる「後知恵からの哲学史」で、過去の哲学を、それが現代の哲学をどれだけ先取りしているかという観点から見ると思われがちだが、全部が全部そうであるわけではない。第一、それでは、哲学として得るところが何もなくなってしまう。哲学としての哲学史研究が面白いのは、それが過去の哲学の中に、現在では見失われてしまった問題や問題への解決、あるいは、萌芽としてありながらも、その後の進展の中で展開されないままに終わってしまった発想を見つけてきてくれるからである。

こうした哲学史研究の、この間に生じた目覚ましい例として、フレーゲの数学の哲学の再評価がある。本書におけるフレーゲへの見方を決定したダメットの『フレーゲ――言語哲学』の初版が出たのは一九七三年だが、そこでかれは、フレーゲの数学の哲学は、その言語哲学と違って、現代的な興味をもたないと書いている。ダメットのこうした評価は、その十年後に出たライトの『フレーゲと対象としての数』(1)(一九八三)、および、一九八〇年代半ばから発表され出したブーロスの一連の論文(2)によって、覆されることになった。

よく知られているように、フレーゲの主著『算術の基本法則』は「法則Ｖ」と呼ばれる公理のために矛盾が生じることがわかった。ラッセルのパラドックスである。このために、フレーゲの体系は長らく救いがたいものとみなされてきた。この「常識」を覆したのが、ライトとブーロスである。かれらは、フレーゲの体系のすべてを捨て去る必要がないことを示した。すなわち、ブーロスが「ヒュームの原理」と名付けた命題さえ仮定すれば、二階の論理の中で「二階ペアノ算術」と呼ばれる算術の公理がすべて導出できる。フレーゲは、ヒュームの原理を法則Ｖから導出したが、法則Vと独立にヒュームの原理を論理的真理として正当化できれば、フレーゲとラッセルが目指した論理主義を改めて擁護する可能性が出てくる。よって、この発見は、フレーゲの業績の再評価にとどまらず、論理主義を現在の数学の哲学に復活させる効果ももった(3)。

いまやフレーゲが分析哲学の祖とされているせいか、フレーゲへの入門書は、この間に数多く出版された(4)。「デカルトからフレーゲまで」と謳った哲学史の本まである。だが、本書の主題である言語哲学に関しては、ダメットの存在が大きすぎるせいなのか、かれの『フレーゲ——言語の哲学』が与えたような衝撃とまでは言わなくとも、フレーゲに対する新鮮な見方を提供してくれるものは多くはない。私が読んで感心したものには、ダイアモンドとリケッツの仕事がある(5)。どちらも、ウィトゲンシュタインがフレーゲから何を学んだのかという点に焦点をあてている。

フレーゲの著作の数はそれほど多くないし、さらには、その遺稿の半数以上が第二次大戦中の空襲で焼けたという事情もあって(6)、二〇二一年現在、世界で唯一のまとまった著作集として、日本が誇ってよい『フレーゲ著作集』は、それほど厚くない本六冊ですんでいる。また、ラッセルのパラドックスの出現のような劇的な出来事はあるにせよ、フレーゲの人生が、とくに大きな事件のない、一九世紀ドイツの学者の典型的なものであったことは、決定版の伝記として長年待たれていたクライザーのものが(7)、多くの人から、うんざりするほど退屈だと思われたことからもわかる。

言うまでもなく、ラッセルは、これらすべてと対照的である。まず、ラッセルは百歳近くまで生き、その間にさまざまなジャンルにわたって多数の著書を著しただけでなく、じつに多くの論文や論説を残した。発表されずに終わって遺稿として残されたものも数多い。そうした文章を集大成する *The Collected Papers of Bertrand Russell*(正確には、「ラッセル全論文集」だが、以下では「ラッセル全集」として参照する)は、一九八三年に刊行が始まっているが、索引の巻も含めて全部で三十六巻から成る予定だという。見たことのあるひとならばわかるように、たいていの巻は厚くてずっしりと重い。とりわけ、本書と関係の深い巻は際立っている。『数学の原理』を準備していた時期(一九〇〇〜一九〇二)の第三巻(一九九三年刊行)は千頁近くあり、続く「表示について」に至る時期(一九〇三〜一九〇五）の第四巻（一九九四年刊行）も八百頁の厚さである。

ラッセルの生涯がさまざまな事件に富んでいることもよく知られている。かれは、大学の職を二度も追われている——一度目は、第一次大戦中の反戦活動のせいでケンブリッジ大学から、二度目は、第二次大戦の直前に自由主義的な道徳観のために、ニューヨーク市立大学から。他方でかれは、ノーベル文学賞を受賞している（一九五〇）。ラッセルは生前、分析哲学の創始者のひとりとしてよりもむしろ、相対性理論から結婚論に至るまでの幅広い主題にわたる著書をもち、婦人参政権運動からベトナム戦争反対運動まで一貫してリベラルの立場で活動した「哲学者」として知られていた。

ウィトゲンシュタインの優れた伝記を書いたモンクが、次の主題としてラッセルを選んだのは自然にみえる(8)。やはり一巻本では無理だったのだろう。第一巻が一九九六年に、続く第二巻は二〇〇〇年に出ている(9)。ただし、この本も、フレーゲについてのクライザーの伝記とはまったく別の意味で残念なものと私には思われる。たしかにそこで描かれている人生は退屈なものではないが、この伝記が残す後味は決して気持ちの良いものではない。モンクはラッセルに対してフェアではないのではないかという印象が強く残る伝記だった(10)。

このように、本書の初版が出てからの三十五年ほどのあいだに、ラッセルについての基礎資料と伝記的事実には、前よりもずっと近付きやすくなっている。ラッセルと一九世紀末イギリスの観念論哲学との関係に焦点をあてた優れた研究書が一九九〇年代初頭に二冊世に出たが、これが、ラッセル全集の第一巻が刊行された後であるのは、偶然ではないだろう(11)。

同じ頃に出版されたニールの『記述』(12)は、哲学史的研究というよりは、言語哲学に属する本であるが、ラッセルの記述の理論に対するストローソンの批判（一九五〇）以来、支持者を失ったようにみえた、この理論を言語哲学の現場に復帰させる効果をもった。二〇〇五年は、記述の理論が最初に述べられた「表示について」が出版されてから百年経ったというので、この論文がもともと発表された『マインド』誌が四百頁以上の特集号を出した(13)だけでなく、前年には分厚い論文集も出版された。[14] だが、ここに収められた論文の多く——後者の場合はほぼ全部——は、ラッセルの理論そのものというよりは、著者の関心に応じて、それをさまざまな場面に適用するために拡張したり変更したりすることに専念しているようにみえる。『数学の原理』から「表示について」までの時期をカバーしている全集の第三巻と第四巻をもとにした大部の研究書の出版が待たれるところである。

もちろん、フレーゲとラッセルは、後知恵からの哲学史、つまり、哲学のなかで最近になって出てきた理論や見方が、過去の哲学のなかで先取りされていたり、その逆に、無視されていたりすることに焦点を合わせる哲学史研究の格好の標的である。数学の哲学に関連する話題が多いが、言語哲学の中でとくに議論になってきたのは、自然言語に対するかれらの態度である。

ここでも、フレーゲの方が取り上げやすいとみえて、議論が集中している感じがする。ひとつには、ラッセルの言語哲学は、『数学の原理』（一九〇三）から『数学原理』（一九一〇〜一九一三）の時期、ウィトゲンシュタインからの大きな影響を受けた『論理的原子論の哲学』（一九一八）を中心とする時期、それに『意味と真理の探究』（一九四〇）以後と、少なくとも三つの異なる時期に区分することができ、その間にさまざまな違いがあるからである。自然言語とラッセルとの関係が問題となるとき取り上げられるのはやはり、最初の時期、なかでも「表示について」を中心とする記述の理論である。

フレーゲとラッセルの論理学は、数学の証明を表現するために作られたために、そのために必要ではない自然言語の特徴は切り捨てられた。こうして論理学の言語から追放されたものの中には、時制を始めとする文脈依存表現、「なければならない」とか「かもしれない」といったさまざまな種類の様相表現、「〜と思う」や「〜ことを望む」といった間接話法を構成する表現などがある。こうした表現についてフレーゲが何を語ったかは、多くの言語哲学者の興味を引いてきた。とりわけ、文脈依存表現と間接話法を構成する表現について論じる際にフレーゲから始める哲学者も多い。これらの特徴については、本書および後続する巻でも触れているので、ここでは、どの巻でも触れていない自然言語の重要な特徴についてのフレーゲとラッセルの対応について簡単に述べたい。

自然言語の中には、複数性を表示するための特別の機構を備えた言語がある。フレーゲのドイツ語、ラッセルの英語、どちらもこの種類の言語である。したがって、ひとりの人やひとつの物について話しているのか、それとも、複数の人や物について話しているのかは、言葉の形によって区別される。だが、フレーゲとラッセルの論理学の言語に単数と複数の区別はない。その理由は、この言語が数について中立的だからではなく、単数を基本とする言語だからである。複数の人や物について語っているようにみえる命題は、それが、ひとりの人やひとつの物についての命題から、この言語に備わっている論理的操作によって構成できるもの以外は、この言語に属する命題であるとは認められない。たとえば、英語の文、

(1) John and Tom are students.

という文の主語は「John and Tom」という複数であるから、動詞は複数形「are」であり、補語も複数形の「students」であるが、この文は、次のように単数形しか現れない二つの文の連言と同値である。

(2) John is a student and Tom is a student.

したがって、(1)は、(2)に対応する文があることによって、論理学の言語でも表現できる。

しかし、次の文はどうだろうか。

(3) John and Tom are married.

この文には、(2)と同じように単数形だけが現れる文の連言に書き直せる読みもあるが、そのようには書き直せない読みもある。そちらの読みは、複数形を用いなければ表現できない事態を表している。

(3)のこうした読みを、フレーゲと（一時期の）ラッセルがどう扱ったかを知る材料は揃っている。面白いことに、二人の対応は対照的である。本書の初版が出た頃は、たぶんフレーゲの対応が正しく、ラッセルのそれは興味深いが無理だろうと判断されただろう。当時の私もそう判断したに違いない。しかし、この間に、この評価は（私も含めて）逆になったように思われる。そして、これは、典型的な後知恵の哲学史の産物である。つまり、この二十年ほどの間に哲学で市民権を獲得した複数論理（plural logic）の観点からは、『数学の原理』[15]のラッセルは先駆者とみなされ、フレーゲは敵対者とみなされるからである。

単数形の文の論理的結合で表せない文をフレーゲがどう扱うかは、遺稿の『数学における論理』[16]から、もっとも明瞭に見て取ることができる。この中でフレーゲは、「ジーメンスとハルスケは最初の大きな電信網を建設した」という文——もちろん、これに対応するドイツ語の文——を取り上げ、「ジーメンスとハルスケ」によって表示されているのは、ある複合された対象であり、この対象について言明がなされていると述べている。[17]フレーゲのこうした対応は、現在では、典型的な単称主義（singularism）の立場であり、私は、複数論理の他の支持者と同様、複数性の扱い方としては誤っていると考える。[18]

他方、ラッセルの『数学の原理』での扱い方は、フレーゲと対照的である。かれは

(4)　Brown and Jones are two of Miss Smith's suitors.

という文を取り上げて、「二人である being two」と言われているのは、ブラウンとジョーンズであり、この述語は、

ブラウンとジョーンズのひとりひとりにあてはまるのでもなければ、ブラウンとジョーンズから成るひとつの全体にあてはまるのでもないと言う。[19] こう言うことでラッセルは明らかに、複数論理を先取りする形で、一度に複数の対象に関して述語づけを行うという複数述定（plural predication）を認めている。『数学の原理』の多くの読者を悩ませてきた、一としてのクラスと多としてのクラスという区別も、ラッセルが最近の複数論理と同じ方向で考えているのだとわかれば、謎ではなくなる。ブラウンとジョーンズを要素としてもつ集合について語るとき、われわれは一としてのクラスについて語っており、他方、ブラウンとジョーンズという二人の人物について語るとき、われわれは多としてのクラスについて語っているのである。

だが、一としてのクラスと多としてのクラスという区別を堅持するためには、複数のものへの指示や述定についての明晰な理解が必要である。『数学の原理』でラッセルが苦心しているのは、まさにこの点であると思われる。もしもラッセルがこの路線で進んだならば、かれは、フレーゲのような単称性に基づく論理とは異なる論理——複数論理——の創始者になったかもしれない。だが、そうならなかったことは言うまでもない。「表示について」（一九〇五）以降、ラッセルはむしろ、複数性は自然言語の表面に属する現象にすぎないとみなすようになったとみえる。[20]『数学の原理』には、これ以外にも、その後標準となった見方から自由になって見直してみれば、有望でありながら未開拓に留まっている発想が、まだまだ、ころがっていそうである。これからの研究に十分期待できるところである。

2　言語哲学の「自然化」

この間に生じたもうひとつの大きな変化は、言語哲学の「自然化」の急速な進行である。「自然化 naturalization」という言葉は、クワインの論文「自然化された認識論 Epistemology naturalized」[21]（一九六九）から使われるようになった言葉である。そこでクワインは、経験的言明のすべてを観察言明に還元するという、ヒュームからカルナップまでの認識論的プロジェクトが失敗に終わったと述べた後で、次のように言う。(22)

認識論、あるいは、それに類したものは、いまや心理学の一章としてその場所を得る。よって、それは自然科学の一部である。認識論が研究するのは、ある自然現象、すなわち、身体を備えた人間主体である。

したがって、哲学の一分野が「自然化」するということは、それが何らかの自然科学の部分になるという意味だと思われる。だが、他方で英語の「naturalization」には、「帰化」という意味もある。こちらの意味を尊重するならば、「自然化」とは、哲学の一分野が、哲学から離れて、必ずしも自然科学とは限らない別の学問の一部となることと一般化することもできる。この一般的な意味での「自然化」として、いちばんありそうなのは、ある特定の学問と密接に関連する哲学の分野が、この学問の一部となることである。そして、これは、数学の哲学が数学基礎論として数学の一分野となったり、音楽の哲学が音楽学の一分野となる形で現実に生じていることでもある。

ここで「言語哲学の自然化」と言うのは、後者の広い意味でである。つまり、言語哲学が言語学の一章となるという事態を指している。(23)

だが、こうした事態はたぶん、いまから四十年前ぐらいまで、つまり、一九八〇年あたりまでは、いくつかの予兆はあったにせよ、多くの哲学者には予想されなかったことだろう。というのは、「分析哲学者」は一貫して、現実の言語学を無視してきたからである。

「初期分析哲学」の三人が、同時代の言語学に興味をもった形跡はない。三人それぞれに理由は違うが、言語学の研究対象である自然言語は、真理の探究にとって障害としてしかはたらかないと考えたためだろう。本書の1・3節でも触れたように、フレーゲが論理学のための言語を作ったのは、自然言語が「思想」を表現する道具として欠陥だらけだとかれが考えたためである。『数学の原理』(一九〇三)で「概して、文法は、哲学者達の間で現在流布している意見よりもずっと良く、正しい論理へとわれわれを導くように、私には思われる」と書いていたラッセルが、その後まもなく、「文法」、つまり、自然言語に対して正反対の態度を取るようになったことは、本書第3章(とくに3・2・2節)で述べた通りである。『論理哲学論考』のウィトゲンシュタインは、自然言語に対して二人ほど否定的ではないようにみえる——「日常言語の命題はすべて、実際、そのままで論理的に完璧である」(五・五五六三)。しかし、ウィトゲンシュタインの関心事は、自然言語であろうが人工言語であろうが、あらゆる言語に共通の構造にあった[24]から、異なる言語の比較を行ったり、言語の歴史的変化を問題にするような経験科学としての言語学は、まったく関心の外にあったと思われる。

こうした言語学無視の傾向は、一方で、カルナップからクワインに至る流れの中でも、他方で、第二次大戦後のオックスフォードを中心とする「日常言語学派」の中でも、変わることがない。言語学との接点がなかったわけではない。論理実証主義の「百科全書」となるはずであった「統一科学の国際事典 *International Encyclopedia of Unified Science*」には言語学者のブルームフィールドが寄稿しているし、翻訳の不確定性についてのクワインの有名な議論にも、フィールドではたらく言語学者が登場する。もっと真剣に言語学を取り上げたオックスフォードの哲学者として、オースティンとグライスを挙げることができる。しかし、オースティンの言語行為の理論も、グライスの会話の理論も、今でこそ言語学のカリキュラムの一部となって、この二人が哲学者であるとは知らない学生までいる始末だが、かれらは同時代の言語学から自身の理論を発想したわけではない。それでも、オースティンが自らの仕事を言語学と隣接するものと考えていたことは、かれが、来る世紀——二一世紀、つまり、いまの世紀——において、哲学者や言語学者が共同して「真の包括的な言語科学」が誕生するだろうと書いている[25]ことからわかる。

同時代の言語学に分析哲学者も興味をもち出したのは、一九六〇年前後に生じた、チョムスキーによる言語学の「革命」からだろう。言語能力を人間の生得能力とみなすチョムスキーの考えは、哲学者から多くの批判を招いたが、重要なのは、かれが、自然言語の文法の厳密な定式化を目指していたことにある。

チョムスキーのこの企てが、論理学での形式言語の使用にインスピレーションを得たことは疑いない。[26] 論理学の言語と同様の厳密さで自然言語を特徴づけるという考え、さらに、その考えを実行に移そうとする言語学者が出てきたということは、哲学者の興味を引かないわけがない。実際、言語哲学の自然化を結果として引き起こすことになった哲学者の中でも、もっとも大きな影響力をもったひとり、つまり、モンタギューが、自然言語の意味論に興味をもつようになったきっかけは、一九六六年にかれがサバティカル中に滞在していたアムステルダムでのセミナーで、クワインの『ことばと対象 *Word and Object*』（一九六〇）とチョムスキーの『文法理論の諸相 *Aspects of the Theory of Syntax*』（一九六五）を取り上げたことだったという。[27] モンタギューは、チョムスキーの本――とくに、そこでの意味論の扱い――を見て「自分ならばもっとずっとちゃんとやれる」と思ったにちがいない。こうして、英語のような自然言語と論理学の人工言語とのあいだに本質的な相違を認めず、どちらも形式言語として扱うというモンタギュー文法が誕生した。[28]

これほど直接的な関係があるとは伝えられていないが、モンタギューとほぼ同時期に、自然言語の意味論についての有力な研究プログラムを提唱したデイヴィドソンの場合にも、チョムスキーの存在が意識されていなかったわけはない。デイヴィドソンのプログラムが最初に提示された有名な論文「真理と意味」（一九六七）にチョムスキーの名前は数回にわたって出てくる。[29]

モンタギューとデイヴィドソンは大きく違った哲学的背景をもっている。それは、アメリカの哲学の中での、西海岸と東海岸の違いと言ってもよい。モンタギューは、ＵＣＬＡでタルスキのもとで学位を取った論理学者であるのに対して、デイヴィドソンは、もともとプラトン研究で学位を得たものの、クワインの影響のもとに、より現代的な問題に関心を向けるようになった、哲学者らしい哲学者である。二人の哲学的背景の違いは、かれらが用いる分析的道具の違いにもっとも明瞭に表れている。モンタギューは、一九六〇年前後に成立した可能世界意味論によって急速に発展を遂げたさまざまな内包論理を積極的に用いるだけでなく、量化の範囲を個体に限る一階述語論理を越える高階論理の使用もためらわない。それに対して、デイヴィドソンは、一階述語論理のみが論理であるというクワインの主張を尊重してか、様相的語法を用いることにきわめて慎重であり、また、高階の量化に訴えることもしない。

言語学者がまず反応したのはモンタギューの方にである。中心となったのは、チョムスキーの学生でもあったパルテー（B. H. Partee）である。彼女は言語学者のあいだにモンタギュー文法を普及させただけでなく、必ずしもモンタギュー文法には限らない意味論的主題に関して、言語哲学者と言語学者とが一堂に会して議論する定期的な会合を組織した。パルテーの次のような回想からは、こうした会合が知的興奮に満ちたものだったことが伝わってくる。

> 哲学者たちは、指示、量化、指標性、内包性、疑問文の意味論といった、言語学者にとっては新しい事柄について、すでに深く考えていた。概して言語学者は、統語構造と可能な解釈への統語論的制約について、よりよい知識をもっていて、提案される一般化への反例を生み出すのがうまかった。(30)

一九七七年に創刊された雑誌『哲学と言語学 *Philosophy and Linguistics*』は、言語学者と言語哲学者の交流の中心としてはたらいた。言語学者は、言語哲学者から学べることを急速に吸収した。一九八〇年代に入ると、新しい理論が次々と登場して、自然言語の意味論は活気に満ちた。次のような理論を挙げることができる。バーワイズとクーパーの一般化された量化子の理論（Generalized Quantifer Theory）(31)、カンプの談話表現理論（Discourse Representation Theory）(32)、ハイムのファイル・チェンジ・セマンティクス（File Change Semantics）(33)、バーワイズとペリーの状況意味論（Situation Semantics）(34)などである。

これらの理論はいずれも、モンタギュー文法と同じく、言語とそのモデルという発想に基づく。そうした発想を共有しないデイヴィドソンのプログラムは当初、もっぱら哲学者のあいだで議論されていたが、同じく一九八〇年代に入って、言語学者のサークルにも知られるようになり、ヒギンボサムのような強力な推進者を得るまでになった。[35]一九九二年に新しい雑誌『自然言語意味論 *Natural Language Semantics*』が創刊される頃までには、「形式意味論 formal semantics」と呼ばれる分野が言語学の中で確立をみた。言語学者と言語哲学者との関係がこれで断ち切られたわけではないが、以前のように活発な交流は珍しいものとなった。

このことには、哲学内部の事情もある。言語哲学者がその専門を、言語哲学から、こころの哲学に移すという傾向が、一九八〇年代より顕著となってきた。これには、いろいろな原因があるだろう。ひとつには、「こころの総合科学」という触れ込みをもった「認知科学」の成立である。新しい学問分野の成立ということは、いつでも大きな知的興奮を引き起こすものだが、この場合には、高額の研究費の獲得の見込みも伴っていた。もうひとつは、言語学の中での意味論的研究の活発さにもかかわらず、言語哲学そのものが行き詰まりの状況になっているのではないかという疑念が広がりつつあったことである。

3　言語論的転回の終わり

一九九〇年とその翌年と相次いで、デイヴィドソンとダメットの、どちらも連続講義に基づいた仕事が公表された。デイヴィドソンのものは「真理の構造と内容」と題され、アメリカ哲学会の機関誌『哲学雑誌 *Journal of Philosophy*』の一号全体をつぶして掲載された。[36]これが、前年行われたジョン・デューイ講義に基づくのに対して、ダメットの著書『形而上学の論理的基礎』[37]は、一九七六年のハーヴァード大学でのウィリアム・ジェームズ講義に大幅な改訂と増補を加えたものだった。デイヴィドソンとダメットは、一九六〇年代後半より、言語哲学を、哲学の中でももっとも活気に満ちた分野とするのに中心的な役割を果たした哲学者である。したがって、この二つの仕事は、話題を呼び、議論の中心になってよいはずである。しかし、そうはならなかったというのが、私の印象である。もちろん、無視されたわけではない。二つとも多くの紹介や論評に迎えられた[38]。しかし、そこに欠けていたのは、わくわくさせるような新しい展開への期待だった。

哲学にとって、二〇世紀は「言語論的転回の世紀」と特徴づけられる。言語哲学が二〇世紀の哲学の中でクローズアップされたのも当然である。しかし、この世紀が終わりに近付くにつれて、哲学者の多くは、もはや言語哲学に多くを期待しなくなったようにみえる。言語論的転回の世紀が終わるのとともに、言語論的転回そのものも終焉を迎えたと認めるべき兆候はさまざまにあるが、そのひとつがここにある。

何が言語論的転回を終焉に導いたのだろうか。内的な要因と外的な要因の両方を認めることができる。言語論的転回とは何であったかと言えば、それは、次の二つの主張に要約できる[39]。

(A) 哲学の問いは、言語の論理の誤解から生じる。

(B) 哲学の問いに答えることは、言語的な事柄についての考察を通じてなされる。

この二つの主張をもっともよく体現していると考えられたのは、ラッセルの記述の理論である[40]。これが「分析哲学のパラダイム[41]」と呼ばれたのも理由がないわけではない。本書第3章で説明したように、ラッセルによれば、「the round square」が指すような特別の種類の存在者があるといった主張が出てくるのは、「the round square」のような句を含む文の論理的構造を誤解したからであり、こうした主張の根拠のなさを示すには、こうした文を、論理的に完全な言語である論理学の言語に翻訳してやればよい。

前節で述べたような理由で、哲学者は、論理的事柄が自然言語で具体的にどう表現されるかについて、あまり真剣な興味を払ってこなかった。自然言語の文の「論理形式」を明らかにするには、それを論理学の言語に翻訳する必要があるにもかかわらず、そうした翻訳は体系的なものではなく、その場その場のアドホックなものでしかなかった。

他方、論理学の言語のような人工の「言語」は、言語学者にとってはそもそも研究の対象ではなかった。したがって、言語学者に期待することもできなかった。

チョムスキーとモンタギュー（とデイヴィドソン）のおかげで、こうした状況は大きく改善された。その結果、論理学の標準言語（一階述語論理の言語）がごく貧弱な表現力しかもたないこと、また、それに比べて自然言語はずっと複雑で繊細なやり方で論理的な相違を印づけることがわかってきた。

これが意味することは、(A)で言われている「言語の論理の誤解」をどう理解するかは単純ではないということである。とりわけ、ラッセルのように、自然言語に属する文の「論理形式」は、論理学の言語へのその文の翻訳によって明らかになると考えることはできない。論理学の言語への「翻訳」は、自然言語の文がそれとしてもっている「論理形式」をむしろ破壊する公算の方が強いからである。では、日常言語学派の哲学者たちのように、日常の言い回しの中に「言語の論理」は見出され、哲学の問いは、そこに現れる言葉を日常の場面に引き戻してやれば、自然と消え去ると考えるべきだろうか。

しかし、「日常の言い回し」とか「日常の場面」が何であるかは、はっきりしていない。このことは、日常言語学派に属すると目されていたオースティンやグライスが、この学派の議論に広くみられる、取り扱いの断片性と体系的志向の欠如に強く批判的であったことからもわかる。一九六〇年代以降の言語哲学の展開の中で、日常言語学派の哲学者が、形式的取り扱いが不可能だと考えた自然言語の特徴の多くが、形式的扱いを受けるようになった。その結果、日常の言い回しにしか通用しない「非形式論理学」のようなものは存在せず、「形式論理学」の拡張で十分であることがわかった[42]。

しかし、どのような拡張が必要であるかは、ア・プリオリに決まっていることではない。自然言語の経験的研究以外に、それを明らかにする方法はない。これは、言語の論理の誤解が哲学的問いを生むというテーゼ(A)に関して、それが仮に正しかったとしても、その魅力を奪うことになる。拡張された意味での「言語の論理」が経験的に決まるものだとしたら、それを誤解することにどんな哲学的意味を見つけることができるのだろう。言語の論理が、経験を超越したア・プリオリに知られうるものであると考えられたからこそ、その誤解に哲学的意味を見出せたのではなかっただろうか。そうではないのだとしたら、言語の論理の誤解の帰結を探究することは、心理学にまかせておけばよいのではないだろうか。

こうして、(A)を信じる理由は大部分失われた[43]。言語論的転回を特徴づけるもうひとつのテーゼ(B)、すなわち、哲学の問いに答えることは、言語についての考察を通じてなされるというテーゼは、どうなっただろうか。

哲学的な問いにも小さなものから大きなものまである。(B)は哲学的な問いのすべてをカバーするのだから、当然、大きな問いもまた、言語的な事柄の考察を通じて答えられるべきだということになる。そうした問いと答えの典型的な例を、デイヴィドソンとダメットにみることができる。

この二人とも、言語論的転回を推進したり、それに同調したりした他の多くの哲学者と同様、世界の一部としての言語について何かを知るということよりも、言語を含む世界全体にかかわる結論を得ることの方に、本当の関心があると言ってよいだろう。そして、二人とも、言語こそが、世界全体を理解するための鍵を与えるという確信のもとに、きわめて体系的な哲学を作り出した。一九七〇年代を通じて、二人の仕事は、多くの興奮と期待をもって迎えられた。一方で、デイヴィドソンは、オックスフォードでジョン・ロック講義[44]（一九七〇）を行い、他方で、ダメットは逆にアメリカに向かって、ウィリアム・ジェームズ講義[45]（一九七六）を行った。その後も、一九七〇年代と一九八〇年代を通じて、デイヴィドソンの場合は数多くの論文が、ダメットの場合には多くの著書と論文が現れた。

デイヴィドソンは、言語哲学から、こころと行為の哲学、知識の哲学、倫理学といった多様な主題について論じたが、そうした議論が集まってひとつの全体を成しているのに驚かされる[46]。ダメットの場合、かれの哲学上の著作[47]はすべてひとつの問いに答えようとする試みである。その問いとは、実在論と観念論のどちらが正しいかという形而上学的問いにほかならない。ダメットによれば、この問いに答えるためには、どのような論理法則が正しいのかという問いに答えなければならず、そして、こちらの問いに答えるためには、正しい意味理論とは何かという問いに答えなければならない。

デイヴィドソンの哲学にしても、ダメットのそれにしても、その構想の壮大さを誰も否定することはできない。しかし、どちらも、進行中の哲学上のプログラムの常として、明示されていない前提や、議論の埋められていないステップ、そして、不明瞭な部分に満ちている。一九八〇年代が終わる頃には、それまで熱心に二人の仕事を追いかけてきた読者も疲れてきたとしても不思議ではない。

前節の最後で述べたように、一九八〇年代は、認知科学の流行と、言語哲学からこころの哲学への流出が目立った時期でもある。これは、ほぼ一世紀ぶりに自然主義が哲学の中で復活してきたことの現れでもある。[48]「認知科学」という名称のもとに集まる心理学者、脳科学者、計算機科学者に伍してはたらくことで、哲学者は、概念についての、より自然主義的な見方を積極的に採用するようになった。こうした哲学者にとって、言語の分析を通じて世界と世界についてのわれわれの知識のあり方を明らかにしようなどということは、時代遅れとしか映らないだろう。

哲学上のプログラムは、内から破綻したり、外から反証されたりする場合も、まったくないわけではないが、いつの間にか下火になっていたのに気付くということが多い。そうしたことが起こるのは、プログラムの推進者が亡くなるとか、力を失うというせいもあるが、それ以上に多いのは、流行の仕業の場合である。言語論的転回が終わったのは、その原動力であったプログラムが力を失ったからであるが、その後押しをしたのは、すなわち、外的要因としてはたらいたのは、まさにこれだろう。

しかし、哲学の場合によくあることは、いったんは葬り去られたと思われた考え方や主題が、かなりの年月が経過した後になって、また復活してくることである。自然主義の現在の復興ぶりがまさにその例であるが、同じことが、デイヴィドソンやダメットのような哲学についても生じないとは言えない。どちらも、未解決の問題と、その解決のためのさまざまな手がかりを残している。そのまま顧みられずに埋もれてしまうとは思えない。

4　言語論的転回の世紀の後で

言語論的転回の終わりとともに、言語哲学が「第一哲学」の座を占めなくなってから、言語哲学に関心をもつひとはだいたい、言語そのもの、とくに言語の具体相に興味をもつひとになった。そうしたひとにとって「第一哲学」でない言語哲学にどのような哲学的興味が残るのだろうか。

まず、言語哲学の一部は、言語学と融合して、オースティンの予言した「真の包括的な言語科学」の部門を構成するだろう。この包括的な言語科学の中には、日本語や英語のような特定の言語についての意味論的研究が当然含まれる。さらに、個別の言語だけにとどまらず、複数の言語に共通する特徴を探究することも、ここには入るだろう。たとえば、名詞句や動詞句といったカテゴリーは、言語を越えて意味論的に特徴づけることができるのかとか、量化や照応といった現象は、異なる言語で、どのように実現されるのかといった事柄が、探究の対象となるだろう。こうした探究が、自然言語すべてに共通する特徴はあるか、あるとすればそれは何かという問いに収斂していくことは、十分にありそうなことである。

もちろん、言語哲学者がこうした探究に寄与して悪いわけはないが、哲学者ならば、もっと「哲学らしい」研究課題がほしいと思うのは自然である。そうした課題を追求する分野にあつらえ向きの名称がないわけではない。「メタ意味論」がそれである。この名称を冠した論文集がすでにあるが、その編者による序論によれば、メタ意味論の中核的課題は、「意味論的事実の形而上学的基礎を与えること」だと言う(49)。後に述べるように、こうした特徴づけに問題がないとは私は思わない。したがって、最初からこの名称に実質的な意味を負わせるのはやめて、とりあえず、これは「意味論についてのメタ理論的考察」のことだと理解しておこう。

第Ⅳ巻『真理と意味』で、私は「意味論」と「意味の理論」を区別した（2・2節）。「意味論」とは、「日本語の意味論」のように、ある特定の言語を対象とする理論を指す。それに対して、「意味の理論」とは、意味とは何かという一般的な問いを探究する理論であり、ダメットとデイヴィドソンによれば、この探究は、言語の意味論がどのような形を取るべきかについての理論である。「メタ意味論」は、こうした意味での意味の理論を当然含むだろう。

ただし、メタ意味論が探究される仕方は、ダメットやデイヴィドソンの「意味の理論」のそれとは違ってくる。ダメットにしてもデイヴィドソンにしても、それを言うならば、言語哲学が全盛だった時代の哲学者の誰についても言えることだが、その考察の仕方は多分にア・プリオリである。その理由は、言語論的転回以後の哲学の中での、論理学の言語の特権的位置にある。どのような言語であろうが、それが言語であるならば、そこに論理学の言語——はっきり言えば述語論理の言語——の骨格を透かし見ることができなくてはならないという考えは、言語論的転回以後の哲学に特徴的である。この考えのもとでは、個別言語の意味論の課題は、その言語に特有の仕方で隠されている、どのような言語も備えているはずの述語論理の言語と同型の構造を取り出すこととなる。ラッセルの記述理論以来の「論理形式」の探求という発想が、デイヴィドソンにまで続いていたことは、かれが、自然言語の意味論を与えることを、これまで勘と経験に基づいてなされてきた、論理学の言語への翻訳を機械化することになぞらえていることに[50]、よく表れている。

自然言語の形式意味論という分野の成立と展開のなかで明らかになってきたのは、自然言語が述語論理の言語のような貧弱な言語とはくらべものにならない豊富で繊細なものであることである。それは同時に、個々の言語についての豊富できめ細かい経験的データをもたらした。そうしたデータをもとに言語の意味論を構成する際には、ほとんど常に、何らかの理論的選択をする必要が出てくる。メタ意味論的考察が求められるのは、こうした場面においてである。

いい例が、「学生」や「机」のような日本語の名詞の意味論を与える場面である。日本語には単数と複数の文法的区別がないから、「学生」という名詞は、ひとりの学生にも、二人以上の複数の学生にもあてはまる。英語の場合に、単数形の「student」があてはまるのはひとりの学生だけであり、二人以上の学生について話すときには複数形の「students」を用いなければならないのとは対照的である。問題は、日本語の名詞のこうした特徴をどのようにして日本語の意味論に反映させるかである。

いま太郎と花子が学生であり、考えている範囲には他に学生はいないとしよう。このとき、名詞「学生」があてはまる対象（人や物）の中には、太郎と花子が入る。伝統的な用語を使えば、「学生」の外延には、太郎と花子が含まれる。それ以外に「学生」の外延に入る対象はないだろうか。太郎と花子以外に学生はいないと言っているのだから、「ない」と言ってよさそうに思われるかもしれない。しかし、日本語の「学生」は、英語の「student」と違って、複数の学生についても言えることを思い出そう。そうすると、太郎と花子に加えて、太郎と花子から成る二人もまた、「学生」の外延に属すると言わなければならないだろう。つまり、日本語の名詞「学生」の外延は、いまの場合、

太郎、花子

ではなく、

太郎、花子、太郎＋花子

という三つの要素から成るのでなくてはならない。ここで、「太郎＋花子」は、太郎と花子の二人から成る対象であり、「複数的対象」と呼ばれる特別の種類の対象である。

だが、こう考えるのが唯一の道ではない。名詞の外延とは、その名詞があてはまる、あるいは、その名詞によって指される対象の全体のことである。「学生」のような日本語の名詞は、ひとりひとりの学生だけでなく、複数の学生

にもあてはまるから、複数の学生もまたひとつの対象と考えて、外延のなかに数え入れるというのが、いまのやり方だった。ここには、名詞が対象に「あてはまる」のは、ひとつずつだという前提がある。「学生」は、太郎にあてはまり、花子にあてはまり、そして、太郎と花子から成る複数的対象にあてはまるというわけである。しかし、なぜわざわざ、花子と太郎から成る複数的対象などというものを考える必要があるのだろうか。「学生」が、花子と太郎の両方に、いっぺんにあてはまることができると考えて何がいけないのだろうか。つまり、「学生」のような日本語の名詞が対象にあてはまるのは、別にひとつずつではなく、複数のものにいっぺんにであってもよいとするのである。そうすると、「学生」の外延は、

太郎、花子

という二つの対象から成るが、「学生」は、外延を構成する個々の対象にあてはまるだけでなく、複数のそうした対象にも「同時に」いっぺんにあてはまると考えるのである。

複数的対象というものを外延に含めることで「学生」が複数の学生も指せることを示すのが、前者のやり方であるのに対して、後者は、「あてはまる」という、言語表現と対象との関係を、ひとつの表現とひとつの対象ではなく、ひとつの表現と複数の対象との間の関係として解釈し直すやり方である。「あてはまる」とか「指す」といった関係の解釈を変更することは、「述定 predication」とか「指示 reference」といった意味論上基本的な関係を変更することであるから、論理そのものの変更を伴わざるをえない。こうした変更によって結果する論理を「複数論理 plural logic」と呼ぶ[(51)]。クワインの言い方を借りれば、複数的対象のようなものを導入する前者のやり方はオントロジーを変更するのに対して、論理を変更して複数論理を採用する後者のやり方は、アイデオロジー（イデオロギー）を変更するのである。

経験的に言って、たいていの場合、一方のやり方で与えた分析は、他方のやり方での分析に移すことができる。しかし、それは、この二つのやり方が同等だということを意味しない。ひとつには、前者のやり方での拡張された存在論が矛盾に導くのではないかという懸念がある。だが、もっとも大きな争点は、前者のやり方では、複数の対象について語ることができるという、われわれの言語がもつ重要な特徴を正当に扱えていないのではないかという疑惑をめぐってのものである。結局、花子と太郎がひとつの複数的対象を構成すると主張することは、花子と太郎が二つ（二人）だということを否定することではないだろうか(52)。こうした議論は、日本語の意味論を構成するにあたって、どういう方針を取るべきかについての議論であるから、メタ意味論に属する議論である。議論そのものは大部分ア・プリオリであるにしても、問題自体は、日本語という個別の言語の意味論(53)に由来する。また、こうしたメタ意味論的議論の結論は、日本語の意味論の具体的な形にも影響を与えるだろう。

理論上、意味論とメタ意味論とは別物である。複数的対象を認める枠組みを採用して、日本語の量化の分析を与えたり、複数論理の枠組みで同様に量化の分析を与えることは、どちらも意味論に属する。どちらの枠組みを採用すべきかは、メタ意味論に属する問題である。しかし、実際のところ、意味論的探究の現場では、意味論とメタ意味論とを切り離すことはできない。特定の意味論的分析を採用する場合に、それとは異なる分析の可能性を考慮することはよくある。これはまさにメタ意味論に属する事柄である。ときには、これまでそれと意識されずになされていたメタ意味論的決定が考え直されることもある。個別言語に特化する場合でも、あるいは、言語横断的にでも、意味論的考察はその局面ごとにメタ意味論的論点を提起する。様相的語法の分析を与えるのに可能世界の概念に訴える以外の方法があるだろうか。出来事や状態といった存在者を認めなければ、動詞の意味論は構成できないのだろうか。

こうした事態は、物理学のような成熟した科学では、まれにしか生じない。よって、これは、意味論がまだ未熟な段階にあるからだと私は思う。「包括的な言語科学」は始まったばかりである。複数の理論的枠組みが競合していることからもわかるように、統語論（シンタックス）でも事態はそれほど変わらないのではないだろうか。哲学者の出番はまだたくさんある。言語哲学者が仕事がなくて困るなどということはないはずである。

しかし、これでも十分に哲学的でないと思う哲学者はいるだろう。そうした哲学者には、意味についてのもっと一般的な問題がある。典型的には、クリプキのウィトゲンシュタイン解釈によって有名になった、ひとがある表現で何かを意味している──たとえば、「＋」で足し算を意味している──というのは何によるのかという問いがそうである。あるいは、これもまたクリプキと関係のある問い、ある名前が特定の対象を指示する──「ソクラテス」がソクラテスを指示する──のは何によるのかという問いもそうである。

こうした問いは、意味論的事実の説明を求める問いと呼んでよいだろう。「メタ意味論」という呼称を積極的に用いる哲学者[54]によれば、これこそがメタ意味論の中核をなす問いだという。こうした問いが、メタ意味論に属する重要な問いであることはたしかだろう。しかし、こうした説明を与えることが、意味論的事実の「形而上学的基礎を与える」ことだと言われると、ちょっと待ってくれと言いたくなる。そう言いたくなるのは、言語論的転回の時代が終わった現在、言語哲学と形而上学、もしくは、存在論との関係に関して、私にはまだ考えを決めかねている部分があるからである。この点については、できれば、現在予定している第Ⅱ巻以降の増補改訂版への「後記」の中で戻ってきたい。

いずれにせよ、いま挙げたような問題が、特定の言語の意味論についての問いでないこと、また、そうした意味論を与えるための枠組みの問題でもないことは明らかである。言語の一般的特徴から世界の一般的特徴に至るという壮大なプログラムは、もはや信憑性をもたないとしても、言語によって世界について語ることができるのはなぜかは、変わらず問題であり続けている。仕事がないと言って言語哲学者が嘆く必要のない理由は、ここにもある。[55]

5 日本語と言語哲学

自分のことを「言語哲学者」と言うのはおこがましいのだが、もしもそう言わせてもらえれば、本書の初版の原稿を書いていた頃と、それから三十数年経った今とくらべて、言語哲学者として何がいちばん大きく変わったかと言えば、日本語の例文について、ずっと自信をもって議論できるようになったことである。これは、日本語の例文についての私の主張が正しいことに自信があるということではない。むしろ間違っている可能性の方が大きいと思っている。前は自信がなかったのに自信がもてるようになったのは、今の私の主張が間違っていても、正しい主張に至る道があるはずだということである。別の言い方をすれば、日本語の例文について、あれこれ論じていても、結局のところ、自分の主張が正しいとか間違っているということには、ちゃんとした根拠などないのではないか、そもそも日本語の文の客観的に正しい分析などというものはないのではないかと思い悩まなくなったのである。

ダメットに従って、フレーゲの言語哲学を体系的意味論の先駆として、本書で紹介した以上、私は、日本語についても体系的意味論がありうると考えていた。しかし、どのようにしたら、そうした理論を日本語について構成できるのか、そのためにはどう進めばよいのか、その頃の私には見当も付かなかった。英語については、すでにモンタギューとデイヴィドソンの仕事があったが、日本語にそれを応用するというやり方で納得の行くような結果が出せるという自信はなかった[56]。

これは、いま考えると、多分に私が、2節で述べたような言語学者側での形式意味論の仕事に目を向けるのが遅かったからではないかと思う。そうした仕事に興味をもつようになったきっかけは、1節でも名前を挙げたニールの『記述』（一九九〇）だった。この本で私は、一般化された量化子の理論（Generalized Quantifier Theory）が、自然言語における量化を扱うことのできそうなだけの柔軟性をもつ理論であることを知った。この本からもうひとつ学んだ

（と私が考えた）ことは、ラッセルの記述の理論から帰結すると思われていた、自然言語の文の表面的構造を信用してはいけないという教訓は誤りで、むしろ表面的構造をできるだけ再現できるような分析を自然言語の意味論では目指すべきであるということである。

新しい道具を手に入れたならば、それを試してみないといられないといった人がいるものだが、私もその口で、さっそく、日本語の名詞句はすべて一般化された量化子であるという仮説を立てて、日本語の文の分析を試みた。これは、いまから振り返るならば――いや、そのときでも――無理なところだらけのもので、日本語の意味論に積極的な何かを寄与するものではなかったのだが、私にとってはひとつ大きな収穫があった。それは、日本語を形式的に取り扱うということが、まったく望みのない企てではないと確信できたことである。この経験はまた、本書でもしばしば言及した、体系的意味論へのウィトゲンシュタイン流の懐疑への防壁としてもはたらいた。

この最初の試行から現在に至るまで、日本語意味論への私の試みを助けてくれたのは、一方では、言語哲学と形式意味論の中で開発されたり使われたりしてきた分析的道具であり、他方では、日本語学からの豊富なデータである。まだ英語で書かれたものが多いのだが、日本語を対象とした形式的意味論の仕事からも、刺激を受けたり、啓発されたりした。

初版の「まえがき」で私は、現代の言語哲学は「具体的な問題と取り組む際にも役に立つような洞察や理論を含んでいる」と書いた。日本語を理解する読者に向けて、日本語で書かれた本であるから当然、「具体的な問題」として私が主に考えていたのは、日本語にかかわる問題である。そうした問題は、ほかの言語と同様に日本語でも出てくる問題である場合もあれば、日本語特有と思われる問題である場合もあるだろう。そうした問題に取り組むひとがさらに出てくることを願ってやまない。

（1）C. Wright, *Frege's Conception of Numbers as Objects*. 1983, Aberdeen University Press. これは、本書第1章の註83でも参照している。

（2）これらは、惜しくも急逝したブーロスの死後にまとめられた論文集 G. Boolos, *Logic, Logic, Logic*（1998, Harvard University Press）に収められている。

（3）こうした立場は「ネオ論理主義」あるいは「ネオフレーゲ主義」と呼ばれる。次は、そうした立場の代表的な論文を中心とする論文集である。岡本賢吾・金子洋之編『フレーゲ哲学の最新像』二〇〇七、勁草書房。

（4）中では、邦訳もある次を勧めたい。A. Kenny, *Frege*. 1995, Penguin. 邦訳：A・ケニー『フレーゲの哲学』野本和幸訳、二〇〇一、法政大学出版局。

（5）ダイアモンドについては、本書第1章註17で参照を求めている。どちらの仕事についても、リケッツが共編者のひとりである次を見るとよい。T. Ricketts and M. Potter（eds.）, *Cambridge Companion to Frege*. 2010, Cambridge University Press. この本の他の章のどれも十分読む価値がある。

（6）こう断じる根拠とされている証言は必ずしも信用できないという説もある。もしそうならば、フレーゲの知られていない遺稿がこれから発見されるという可能性もある。

（7）L. Kreiser, *Gottlob Frege: Leben, Werk, Zeit*. 2001, Meiner. 幸いなことに、われわれは、これよりもずっと読みやすい本から、フレーゲについての基本的な伝記的事項を知ることができる。野本和幸『フレーゲ入門――生涯と哲学の形成』二〇〇三、勁草書房。

（8）しかし、別の事情があったのかもしれない。次を参照。A. C. Grayling, "A booting for Bertie" *The Guardian* 28 Oct. 2000.

（9）R. Monk, *Bertrand Russell: 1872–1920 The Spirit of Solitude*. 1996, Jonathan Cape; *Bertrand Russell: 1921–1970 The Ghost of Madness*. 2000, Jonathan Cape.

（10）先の註で挙げたグレーリングの書評によれば、私のこの印象は正しいという。

（11）P. Hylton, *Russell, Idealism, and the Emergence of Analytic Philosophy*. 1990, Clarendon Press; N. Griffin, *Russell's Idealist Apprenticeship*. 1991, Clarendon Press. 後者の著者は、ラッセル全集の第一巻の編者のひとりでもある。

（12）S. Neale, *Descriptions*. 1990, MIT Press.

（13）*Mind*, Vol. 114, Issue 456, October 2005.「表示について」そのものがこの号にそのまま収録されているが、それは全部で十六頁である。
（14）A. Bezuidenhout and M. Reimer（eds.）, *Descriptions and Beyond*. 2004, Oxford University Press.
（15）B.-U. Yi, "The logic and meaning of plurals" *Journal of Philosophical Logic* 34（2005）459–506 and 35（2006）239–288; T. McKay, *Plural Predication*. 2006, Clarendon Press; A. Oliver & T. Smiley, *Plural Logic*. 2013（2nd ed. 2016）, Oxford University Press.
（16）一九一四年の夏学期の講義を基礎とする。この講義に出ていたカルナップによる講義録が、他の講義録とともに二〇〇四年に出版されている。S. Awody & E. H. Reck（eds.）, *Frege's Lectures on Logic: Carnap's Jena Notes*, 1910–1914. 2004, Open Court.
（17）『フレーゲ著作集5 数学論集』野本和幸・飯田隆編、二〇〇一、勁草書房、二五七〜二五八頁。ここで「Siemens und Halske」は、「John and Tom」のように二人の人物を指すのではなく、この名前をもつ会社を指すのだからフレーゲの言うところは正しいと主張できるかもしれない。しかし、このすぐ後の箇所で「地球と月」を挙げていることから、ここでフレーゲが指しているのは、会社ではなく、二人の人物から複合された対象であると解釈できる。
（18）拙論「複数論理と日本語意味論」西日本哲学会編『哲学の挑戦』二〇一二、春風社、四〇一〜四三七頁。
（19）B. Russell, *The Principles of Mathematics* §59.
（20）この点についてごく簡単に論じたのが次である。T. Iida, "Russell on plurality" *CARLS Series of Advanced Study of Logic and Sensibility* 4（2011）Keio University, pp. 273–282. https://researchmap.jp/read0162150/published_papers/35918546 からダウンロード可能。
（21）W. V. O. Quine, *Ontological Relativity and Other Essays*. 1969, Columbia University Press, Chap. 3. 邦訳：W・V・O・クワイン「自然化された認識論」伊藤春樹訳、『現代思想』一六（八）、一九八八、四八〜六三頁。
（22）*Ibid*., p. 82.
（23）よって、言語学が自然科学かどうかという議論をする必要はない。心理学に関しても、多くの心理学者の自己理解とは反対に、それが自然科学ではないと主張する哲学者は結構いそうである。
（24）この点については、拙稿「論理の言語と言語の論理」（『分析哲学 これからとこれまで』二〇二〇、勁草書房、一一七〜

一二二頁を参照されたい)。

(25) J. L. Austin, "Ifs and cans" in his *Philosophical Papers*, Second Edition, 1970, Oxford University Press, p. 232. 邦訳:『オースティン哲学論文集』一九九一、勁草書房、三七二頁。

(26) 次を参照。M. Tomalin, *Linguistics and the Formal Sciences: The Origins of Generative Grammar*. 2006, Cambridge University Press.

(27) モンタギューの伝記を準備している Ivano Caponigro による。

(28) 第Ⅲ巻『意味と様相(下)』6・1節を参照。

(29) その名前が出るたびにチョムスキーを罵ったと伝えられるモンタギューと対照的に、この論文でのチョムスキーへの言及はいずれも好意的である。

(30) B. H. Partee, *Compositionality in Formal Semantics*. 2004, Blackwell, p. 8.

(31) J. Barwise & R. Cooper, "Generalized quantifers and natural language" *Linguistics and Philosophy* 4 (1981) 159–219.

(32) H. Kamp, "A theory of truth and semantic representation" in *Formal Methods in the Study of Language* ed. by J. A. G. Groenendijk, T. M. V. Janssen, and M. B. I. Stokhof, 1981, Amsterdam: Mathematical Centre. pp. 277–322.

(33) I. Heim, *The Semantics of Definite and Indefinite Noun Phrase*. PhD dissertation. University of Massachusetts, 1982.

(34) J. Barwise & J. Perry, *Situations and Attitudes*. 1983, MIT Press. 邦訳:ジョン・バーワイズ&ジョン・ペリー『状況と態度』土屋俊・鈴木浩之・白井英俊・片桐恭弘・向井国昭訳、一九九二、産業図書。

(35) J. Higginbotham, "On semantics" *Linguistic Inquiry* 16 (1985) 547–592.

(36) D. Davidson "The structure and content of truth" (The Dewey Lectures 1989), *Journal of Philosophy* 87 (1990) 279–328. これは後に D. Davidson, *Truth and Predication* (2005, Harvard University Press) の最初の三章となった。

(37) M. Dummett, *The Logical Basis of Metaphysics*. 1991, Duckworth.

(38) デイヴィドソンの場合は、十五年後になって、註36に挙げた本に収録されてからのものの方が多い。

(39) 拙著『分析哲学 これからとこれまで』一一三頁、一六〇頁。

(40) ウィトゲンシュタインの『論理哲学論考』(『論考』)こそが、言語論的転回の最初の明確な主張であると言いたくなるが、『論考』の、いわゆる「断固読み resolute reading」を採用する解釈者によれば、そもそも『論考』は主張を含まない。いずれにせよ、ここで問題にする時期——一九六〇年代以降——の言語哲学において、ウィトゲンシュタインの影響は無視できる程度のものでしかない。

（41）本書第3章の表記法では「丸い四角#」と日本語に「訳され」る。

（42）第Ⅲ巻『意味と様相（下）』6・1節参照。

（43）『論考』が普通の意味での主張から成り立っているのではないとしても、字面からは(A)と同じ主張をなしているとみえるウィトゲンシュタインの発言もまた、同様の運命を辿るべきかどうかはわからない。そこに現れているようなウィトゲンシュタインの思考は、いま跡付けてきたような展開とは大部分無関係であるように私にはみえる。

（44）これはちょうど半世紀後に D. Davidson, *The Structure of Truth: the 1970 John Locke Lectures* (2020, Oxford University Press) として出版された。

（45）註37を見よ。

（46）デイヴィドソンの哲学のこうした特徴については、第Ⅳ巻『真理と意味』の「文献案内」で（23）として紹介したエヴニンの本を見られたい。

（47）ダメットには、人種差別問題、投票理論、タロットカードについての著作もあるが、ここでは、いちおう哲学上の著作からは除外した。

（48）拙著『分析哲学 これからとこれまで』一二三～一二四頁。

（49）A. Burgess & B. Sherman (eds.), *Metasemantics: New Essays on the Foundations of Meaning*, 2014, Oxford University Press. p. 2.

（50）D. Davidson, "Truth and Meaning" in his *Inquiries into Truth and Interpretation*. 1984, 2nd ed., 2001, Clarendon Press. p. 29, 邦訳：D・デイヴィドソン『真理と解釈』野本和幸・植木哲也・金子洋之・高橋要訳、一九九一、勁草書房、一八～一九頁。論理学の言語は、対象言語の文の真理条件を与えるためのメタ言語として用いるのに適していることは事実である。ただし、十分なメタ言語としてはたらくためには、現在の論理学で標準とされる言語はさまざまに拡張される必要がある。

（51）先の註15を参照。

（52）拙論「複数論理と日本語意味論」（西日本哲学会編『哲学の挑戦』二〇一二、春風社）参照。

（53）実際には、英語でも、複数形の名詞の意味論をどう与えるかという問題があるから、日本語だけの問題ではない。

（54）先の註49を参照。

（55）言語哲学が扱うのは、個別の言語を超越した「言語の本質」ではなく、具体的な言語の具体的な使用であることが認識されてはじめて可能となった、もうひとつの分野は、応用言語哲学（applied philosophy of language）である。この分野は、一方で倫理学、他方で心理学や社会学といった領域と関係する。総称性（genericity）、前提（presupposition）、会話的および規約的含み（implicature）などの、言語哲学や形式意味論で研究されてきた概念が、具体的事例の分析に用いられるのを見ることは、それだけでも有益である。こうした応用から逆に、理論的概念を改訂したり、さらに発展させる展開にも期待できる。この分野の概観として、和泉悠『悪い言語哲学入門』（二〇二二、ちくま新書）を見られたい。

（56）モンタギュー文法をいち早く日本語に適用した坂井秀寿『日本語の論理と意味』（一九七九、勁草書房）があったが、残念ながらこれからあまり学ぶことはできなかった。

飯田　隆　分析哲学　これからとこれまで　四六判　二七五〇円

飯田隆編　リーディングス　数学の哲学　ゲーデル以降　Ａ５判　六〇五〇円

クワイン　論理的観点から　論理と哲学をめぐる九章　飯田隆訳　三八五〇円

デイヴィドソン　真理と解釈　野本・植木他訳　五五〇〇円

野本和幸　フレーゲ入門　生涯と哲学の形成　四六判　三五二〇円

野本和幸　フレーゲ哲学の全貌　論理主義と意味論の原型　Ａ５判　九三五〇円

日本科学哲学会編　野本和幸責任編集　分析哲学の誕生　フレーゲ・ラッセル　Ａ５判　四二九〇円

岡本賢吾・金子洋之編　フレーゲ哲学の最新像　岩本・小川他訳　四一八〇円

＊表示価格は二〇二二年九月現在。消費税10％が含まれております。

著者略歴

1948 年　札幌市に生まれる
1978 年　東京大学大学院人文科学研究科博士課程退学
現　在　慶應義塾大学名誉教授
著　書　『言語哲学大全 I～IV』(勁草書房，1987 ～ 2002 年)
『規則と意味のパラドックス』(ちくま学芸文庫，2016 年)
『新哲学対話』(筑摩書房，2017 年)
『日本語と論理』(ＮＨＫ出版新書，2019 年)
『虹と空の存在論』(ぷねうま舎，2019 年)
『分析哲学 これからとこれまで』(勁草書房，2020 年)ほか

増補改訂版 言語哲学大全 I　論理と言語

1987 年 10 月 20 日　第 1 版第 1 刷発行
2022 年 9 月 10 日　第 2 版第 1 刷発行

著　者　飯　田　隆
発行者　井　村　寿　人

発行所　株式会社　勁草書房

112-0005 東京都文京区水道 2-1-1　振替 00150-2-175253
(編集) 電話 03-3815-5277／FAX 03-3814-6968
(営業) 電話 03-3814-6861／FAX 03-3814-6854
三秀舎・中永製本所

ISBN978-4-326-10309-6　Printed in Japan

索引 I

本書の索引は、二部に分かれている。

「索引 I」は、一般の読者（?）のための、普通の索引である。「普通の索引」と称しているとはいえ、本書の「もうひとつの目次」としても使えるように配慮したつもりである。索引は、引くだけでなく、読むこともできる。この索引は、読んでも損のないはずである。

これに対して、「索引 II」は、（ひとつには同業者の便宜をはかるため）主に註において本書で参照されている欧米の論文の著者（編者も含む）を検索するためのものである。

あ 行

か　行

さ 行

た　行

な　行

ま 行

わ　行

A–Z

索引 II

Y